税收正义

——兼论中国遗产税征收的道德理由

杨盛军 著

湖南人民出版社

本作品中文简体版权由湖南人民出版社所有。
未经许可，不得翻印。

图书在版编目（CIP）数据

税收正义：兼论中国遗产税征收的道德理由 / 杨盛军著. —长沙：湖南人民出版社，2014.5（2025.7重印）
ISBN 978-7-5561-0156-6

I.①税… II.①杨… III.①税收理论—研究 IV.①F810.42

中国版本图书馆CIP数据核字（2014）第111162号

税收正义——兼论中国遗产税征收的道德理由

著　　者	杨盛军
责任编辑	章红立　马淑君
装帧设计	罗志义

出版发行	湖南人民出版社［http://www.hnppp.com］
地　　址	长沙市营盘东路3号
邮　　编	410005
印　　刷	永清县晔盛亚胶印有限公司
版　　次	2014年7月第1版 2025年7月第4次印刷
开　　本	710×1000　1/16
印　　张	12.75
字　　数	200千字
书　　号	ISBN 978-7-5561-0156-6
定　　价	38.00元

营销电话：0731-82683348　　（如发现印装质量问题请与出版社调换）

内容提要

现代国家在一定意义上是税收国家,税收既保证了国家机器本身的运行,又为社会公共服务提供了必要的资金,这两点使税收成为现代国家存在与发展的基础。但即使如此,国家本身并不是税收存在的理由,相反,国家的正当性需要税收的证成。如果一个国家的税收不正义,那么这个国家就不可能具备政治与道德上的正当性;同样,现代国家要获得政治与道德上的正当性,就必须建立正义的税收制度。

在本质上,税收是个人权利、公共利益与国家权力之间的博弈,而正义的税收应当是对三者关系的合理安排。我们认为税收正义必须如此安排:以个人权利为前提、以公共利益为目的,在保护并尊重个人权利的前提下,通过国家权力的合理行使实现公共利益。在税收关系中,税收是个人部分权利让渡的行为,这种让渡只有在以公共利益为目的时才是正义的,因此个人权利在税收关系中具有先在性价值,但个人同样有道德上的义务去促进社会的整体正义,正义的税收既要保证每个人的平等与自由,又要促进社会的整体福利与矫正社会财富的不公平分布,通过税收制度的设置调整个人纳税的额度,再通过税收的再分配功能实现社会正义。

正义的税收要求个人权利与社会正义的协调平衡,不同的税种具备的价值取向与正义效果并不相同,个人所得税主要指向个人权利与义务的均衡,它是个人权利与公共利益之间的直接博弈,个人所得税主要体现出权利正义;社会保障税主要指向社会财富的再分配,它突出了税收在公民生存与社会福利之间的价值选择,社会保障税主要体现出社会正义;环境税则主要体现人在环境中的应然角色,它要求人类应当直面人与环境共存共生的自然事实,环境税在一定程度上是对环境正义的诉求。而社会财富的垄断与贫富差距的扩大则需要更有效率的遗产税来进行抑制。

遗产税蕴含着这样的正义理念:后代人对前代人财富的先天拥有并不具备道

德上的应当性，那么在继承遗产的过程中缴税就是合理的，同时遗产税本身具有调整财富公平分配的正义价值，能抑制贫富差距的扩大，在这个维度上，遗产税具有关涉代内正义与代际正义的双维度价值，这正是中国开征遗产税的道德理由。自改革开放后，中国社会的贫富差距日益扩大，社会阶层分化日益明显，需要开征遗产税来矫正财富的不公平分布，并且遗产税的开征是完善整个税收正义体系的必然要求。

目 录

第一章　导论 / 001

第一节　税收正义研究的必要性及意义 / 001

第二节　税收、税法及遗产税概观 / 002

第三节　国内外研究现状 / 004

一、国内税收正义的研究现状 / 004

二、国外税收正义的研究现状 / 006

三、遗产税的研究现状 / 008

第二章　税收的德性及与正义的关联 / 012

第一节　税收存在的理性解读 / 013

一、税收概念的考察 / 016

二、税收的政治价值 / 020

三、税收的经济价值 / 024

第二节　税收的德性 / 027

一、国家正当性的证成：税收的政治德性 / 029

二、提供公共利益：税收的社会德性 / 032

三、权利的衡平与矫正：税收的个人德性 / 035

第三节　税收与正义的关联 / 039

一、国家权力与公共利益的一致与冲突 / 041

二、国家权力与个人权利的一致与对立 / 045

三、公共利益与个人权利的统一与对立 / 049

第三章　税收正义的一般理论 / 054

第一节　税收正义的含义 / 054
一、关于税收正义的几种观点 / 055
二、对税收正义几种观点的反思 / 058
三、税收正义的内涵 / 061

第二节　税收正义的原则 / 067
一、税收的实质正义原则 / 067
二、税收的形式正义原则 / 071
三、税收的程序正义原则 / 073

第三节　税收正义的相关理论检视 / 077
一、检视一：税收交换论能否实现分配正义 / 078
二、检视二：公共需要论如何维护个人权利 / 082
三、检视三：国家税收权力的边界如何限定 / 085

第四章　遗产税与税收正义 / 089

第一节　遗产税的多维度考察 / 090
一、遗产税的含义与性质 / 090
二、从增收到分配：遗产税的正当化历程 / 092
三、国外遗产税现状 / 095

第二节　遗产税征收的道德理由 / 098
一、税收理论上的依据 / 099
二、遗产税的经济德性价值 / 102
三、遗产税的社会公平价值 / 105

第三节　何为正义的遗产税 / 109
一、正义的遗产税环境 / 110
二、立足权利、公益优先 / 113

三、公平优先、兼顾效率 / 117

第五章　税收正义视阈下的中国遗产税 / 122

第一节　中国遗产税未开征的伦理考察 / 123
一、政治伦理化影响了遗产税的政治环境 / 124
二、孝伦理抑制了遗产税的代际公平心理 / 125
三、法律道德化制约了遗产税的法律环境 / 126

第二节　中国当前遗产税征收的道德理由 / 127
一、中国经济发展水平与贫富差距现状 / 128
二、现行税制在调节财富分配正义上的不足 / 131
三、中国开征遗产税的道德价值 / 133

第三节　当今中国开征遗产税已具备的正义环境 / 135
一、中国遗产税开征具备的经济环境 / 136
二、中国遗产税开征具备的政治条件 / 138
三、中国遗产税开征的道德环境 / 140
四、中国遗产税开征的法律准备 / 142

第四节　中国遗产税的道德对策与制度选择 / 145
一、中国遗产税的道德对策 / 145
二、中国遗产税的制度选择 / 148

第六章　中国的税法实践及税收正义实现的路径 / 153

第一节　中国税制改革的伦理反思 / 153
一、中国的税制改革概观 / 154
二、税制改革的伦理反思 / 159

第二节　中国税收实践的道德考察 / 162
一、税收入宪规定的偏颇 / 163
二、税法正义理念的缺失 / 165
三、税收执法中的道德缺位 / 168

四、纳税人税收责任的缺失／170
第三节　中国税收正义实现的路径选择／172
一、税收法定／172
二、程序执法／176
三、道德守法／179

参考文献／183
后　　记／192

第一章 导论

第一节 税收正义研究的必要性及意义

税收正义是财税国家之税法的核心价值[①],税收维系着一个国家政府机关的正常运行,它同时关涉着个人生存权、财产权与发展权,以及社会整体的福利水平。对于现代财政国家来说,税收尽管在法律上得到了确立,但国家的税收权利与公民的纳税义务并不只是一个法律或经济问题,税法无法为国家的税权与公民的义务提供最终的、逻辑上的证明,而只是进行了法律上与法理上的阐述与限定,即使从税收法定的维度来说,税法之"法"同样需要被证成,显然,税法本身无法完成对自身合理性的证明,需要更具终极性的哲学与伦理为其进行辩护,正是在这样的语境下,从道德角度对税收进行考察就成为必要。

我们认为,税收正义是正义的范畴之一,它不仅是一个财政问题,而且是一个社会问题[②],它直接关涉国家权力与公民权利以及公共利益之间的关系,三者关系上的不当处理必然表现出税收的非正义,它往往成为爆发社会革命的原因之一,我国历史上的陈胜吴广起义、太平天国起义,就是"苛税"达到极致的社会反应。西方国家法国大革命和美国独立战争部分原因就在于税收的极不正义。[③] 因此,税收在维持一个国家存在与发展的前提下,必须界定税收的合理限阈,实现税收的正义。从正义角度考察税收,在理论层面有助于厘清国家、公共利益与个人权利之间的关系,为税法、征税行为以及税收的实现提供学理上的证明;在实践层面指导税收工作者的税收行为,提高公民的税收意识。第一,能够拓展国内法律伦理学的研究视阈,将法伦理学从宏观与整体的维度深入到具体的法律领域。第二,

---

[①] 黄俊杰:《税捐正义》,北京大学出版社,2004年版,第2页。
[②] 陈共主编:《财政学》,四川人民出版社,1994年版,第245页。
[③] [英]西蒙·詹姆斯等:《税收经济学》,罗晓林等译,中国财政经济出版社,1988年版,第1页。

目前国家的税收制度与税收政策显然并不合理，单纯地从法律本身，或者税收本身进行考察无法完成使命，需要进行道德视角的考察，在这样的维度下，对税收正义的考察将进一步拓宽税收领域的研究。第三，即使对税收进行正义视角的考察，并将之停留在学理上的高度仍不够，还需要具有指导税收实践的价值，而文章从个体、公共利益与国家进行关系上的辨析目的之一就是提供实践上的思路，真正助于税收实践。第四，在所有税种之中，我们认为遗产税与税收正义的关系最为紧密，遗产税具有调节社会财富公正分配的显著价值，它同时关涉代内正义与代际正义两个维度，故我们选择遗产税作为具体的研究对象，以对中国的遗产税开征提供必要性与可行性论证。

第二节 税收、税法及遗产税概观

在《大系统价值学说》的税收词条中，将税收定义为：税收是政府管理功能在公民生产、生活中创造的价值，也是公民对社会环境保障的必要投资与报酬。学者刘剑文、熊伟在考察学界对税收的相关定义后，认为从法学角度来看，税收具有以下七个特征：(1) 税收的权利主体是国家或地方公法团体；(2) 税收的义务主体包括自然人和社会组织；(3) 税收以财政收入为主要目的；(4) 税收以满足法定构成要件为前提；(5) 税收是一种公法上的金钱给付义务；(6) 税收是一种无对价的给付；(7) 税收是一种强制性的给付。根据这几个特征，两位学者将税收定义为：税收是国家或其他公法团体为财政收入或其他附带目的，对满足法定构成要件的人强制课予的无对价金钱给付义务。[1] 也有学者将税收定义为其他表述。[2] 按照刘剑文的观点，对税收的定义具有财政与法学两个维度，但无论采用哪种定义，税收都需要考察国家、个人与社会三个主体在利益上的关系。与此相应，税法就是以法律的形式对税收的确立，税法概念定义为：税法是调整在税收活动过程中国家、征税机关和纳税主体等各方当事人之间产生的税收关系的法规范的总称。

---

[1] 刘剑文、熊伟：《税法基础理论》，北京大学出版社，2004年版，第4~10页。
[2] 学者张守文认为："税收是国家为实现其公共职能而凭借其政治权力，依法强制、无偿地取得财政收入的一种活动或手段。"张守文：《税法原理》，北京大学出版社，1999年版，第10页。学者李刚认为："税收是人民依法向征税机关缴纳一定的财产以形成国家财政收入，从而使国家得以具备满足人民对公共服务需要的能力的一种活动。"李刚：《税法公平价值论》，中国法律网：http://www.5law.cn/default.shtml

从国内外研究情况来看，对税收的考察主要限于法律与经济领域。在法学领域，自然法学与实证法学对税收及税法持有不同的态度，自然法致力于法律的目的与人类的终极理想，由此认为税收（税法）必须实现平等、正义的理念；实证法学认为税收是国家生命的保障，税法是国家通过法定程序产生的，由此实证法学派只关心税收（税法）的运行，并不关心税收（税法）背后的合理性。在经济学领域，公共需要论与交换论是关于税收理论的两大流派，马斯格雷夫、波斯纳是公共需要理论的代表，均认为税收是国家为了满足公共需要而向私人征收物品或同等价值产品的行为，其中公共空间与私人空间的二分是税收产生的必要条件；交换理论认为，国家征税和公民纳税是一种权利和义务的相互交换；税收是国家保护公民利益时所应获得的代价。法国启蒙思想家孟德斯鸠认为，"国家的收入是每个公民所付出的自己财产的一部分，以确保他所余财产的安全或快乐地享用这些财产"①。税收交换论建立在西方契约主义传统之上，霍布斯、卢梭认为个人要更好地维护自身的权利与安全，需要将自己的一部分权利让渡出去以换取国家权力的保障。从公共需要论与交换论两种理论来说，二者在一定程度上证明了税收存在的理由，但无论是法学维度还是经济学维度，都缺少从更终极的层面对税收进行考察，在法学维度上，尽管在立法、司法与守法上对税收进行了限定与规制，但往往遮蔽了税收背后的"人"的价值，导致人为法而存在；在经济学维度，税收主要体现国家利益与社会利益的需要，"个体的人"同样在很大程度上被忽略了。因此，在税收上，法律与人、国家与个人、权力与权利是我们必须考察的几组关系，显然，法学维度与经济学维度的考察并不够，还需要进行道德哲学视角的思考。

从道德哲学层面对税收进行考察的实质就是对税收的合理性进行思考、辩护或审视，对于道德、哲学而言，人类的任何行为都能成为思考的对象，尤其在关涉人类利益的时候，马克思说："思想离开利益就会出丑。"正是基于这样的理由，对税收进行道德的思考就成为必要，税收作为一种国家行为，它关系到政府、个人、社会之间的利益，即使国家税收的存在具有必然性，若在税收行为中，如果没有处理好三者之间的关系，国家、个人与社会就会处于矛盾与冲突之中。因此税收的必然性存在并不意味现实的税收总是合理的，在国家与个人的关系上，国家权力与个人权利如何安排与取舍，就是一个道德问题，同理，税收在国家与社会服务的分配上谁更重要，或者说在特定历史时期内，国家如何发挥权力向个人征税以满足社会公共需要也是一个道德问题，无论是税收交换论还是公共需要论，

---

① ［法］孟德斯鸠：《论法的精神》（上册），张雁深译，商务印书馆，2005年版，第253页。

在考察国家权力、公共需要与个人权利之间关系的合理安排问题上并没有作出充分合理的回答。进一步来说,"税收和税法之间天然的、密不可分的内在联系",对税法本身的思考也需要道德的介入,在税收法定、量能课税等原则上,税法能否超越具有更高权威的宪法?在我国,税法还远不完善,相关法律也不完善,当税法命令与社会道德发生矛盾的时候,谁来作出决定?从法伦理学角度来说,如果一门法律不正义,我们就应该对其进行批判,这同样适用于税法。

我们认为,中国语境下的税法既没有明确体现出税收关系的合理安排,也缺乏与相关学科之间的融合,税法作为具体法律之一种,理应与伦理、政治以及经济等学科进行对话与交流,以促进税法的正当与完善,但中国的税收实践显然在这方面未予以足够的关注。税收既然本身具有社会正义的价值向度,那么在现实的税收实践中应该体现出更多的道德韵味,并在促进社会正义的事业中发挥更大作用。最为重要的是,应当合理安排不同税种的价值偏向,在增加财政收入方面,完善以增值税为主体的流转税体制,在调整社会财富的公平方面,突出所得税、环境税与消费税等税种的公正价值,特别应当突出遗产税的社会正义价值,中国当前的社会发展现状需要通过遗产税来抑制贫富差距日益扩大的趋势,而经济发展水平与道德认知水平又为遗产税的开征提供了条件。从世界范围来说,几千年的遗产税历史与当今100多个国家征收遗产税的现状为中国遗产税的开征提供了诸多经验。从概念上说,遗产税是对财产所有人去世以后遗留的财产进行征税的税种①,它在本质上属于财产税,因而遗产税首先认可了个人权利在财产上的优先性,这是个人与社会以及国家进行对话的资本。由于遗产税设定了较高的起征点,遗产税率较高(我们将在论文第4章与第5章进行详细考察),使遗产税的课税对象主要集中在拥有较多财富的富人群体,对这部分人征收高额税收能更有效地调整社会财富的公平分配,这正是我们在本论文中对遗产税予以考察的理由。

第三节 国内外研究现状

一、国内税收正义的研究现状

国内关于税收正义的研究同样囿于经济学领域与法学领域。我国台湾学者黄

---

① 刘佐主编:《遗产税制度研究》,中国财政经济出版社,2003年版,第10页。

俊杰在其著作《税捐正义》中认为，税收正义是财税国家之税法的核心价值，但同时指出，由于税捐正义概念内涵的不确定与多义性，以及主要原因系涉及观察面向之差异，而导致不同的认知结果。尽管如此，黄俊杰认为，"税收公平乃税收正义的首要内容，依个人给付能力平等课征的量能原则系税收正义对所得税的基本要求"①。国家税收必须以人权为最高价值理念，凭借宪法来保障人民的基本权利。另一位台湾学者陈清秀同样认为，税捐正义就是在税收行为上遵守宪法，"就税捐正义而言，应给予纳税义务人个人有效的主观权利保护，并实现课税之客合法性以及课税平等，以维护公共利益。"宪法不仅是税收的最后界限，同样是人民基本权利的保障。在税收正义的实现方面，黄俊杰认为，进行违宪审查与税法工作者、尤其与法官的工作紧密联系，司法工作者可依据宪法精神对具体的税收案例进行辩论，以实现税收正义。

国内学者周全林在《税收公平研究》（2007）一书中，将税收公平的研究置于我国市场经济的框架之下展开研究，认为我国税收表现出诸多的不公平：（1）在税收负担上，西部地区税收高于东部与中部地区、宏观税负近30%（远远高于发展中国家的22%的税负水平、税收支出低并缺乏效率）；（2）在税收经济角度，存在诸多悖于经济公平的因素：税收差别待遇过宽、国内外税负不公平；（3）在税收社会角度，存在许多违背社会公平的情况：消费税、个人所得税、财产税没有体现调节收入的作用。因此，周全林从理论与实证两个维度进行税收公平的考察，对税收公平的涵义作了扩张性的解释，建立了"三层次"的税收公平观——政治权利的平等和政治规则的平等；经济权利的平等和经济权利的平等；伦理学意义上的平等。并分析了新的税收公平理论与其他税收理论之间的关系，从经济效率要求、税收制度的有效性、税负转嫁等方面系统地分析了影响政府公平课税的因素。周全林认为税收在经济活动过程中，要处理好税收的起点公平、过程公平以及结果公平，并对我国税收欠公平的解决提出了针对性的建议。

学者孙永尧认为对税收的考察需要伦理的介入，在其文章《论税收伦理》（2003）中，孙永尧对税收进行了历史的梳理，并认为功利主义哲学直接导致了税收上的经济主义。功利论过分追求税收的效率价值，而导致税收公平的缺失。孙永尧认为，我国当前的税收问题很多，且主要受到功利哲学的影响，如：一方面每年的财政收入在巨额增长，实现了政府的预期，迎合了最大多数人的利益；另一方面，税收蓄意破坏了公平性，不仅使富人越来越富，穷人越来越穷，而且严

---

① 陈清秀：《税务诉讼之诉讼标的》，台湾三民书局，1992年版，第567页。

重损害了地球半壁江山的利益，环境伦理受到了严峻的挑战。此外，我国目前的这种税制忽视了人与人之间的重大差异，不仅忽视了经济条件差异，而且也忽视了社会条件的差异，集中体现在弱势群体没有受到公正的待遇上。在企业所得税中，没有体现人对环境的公平性问题。

学者施正文从税收的实现维度对税收正义进行考察，认为税序法治是实现税收正义的必要条件，并且对税收正义的概念进行了界定，认为税收正义有两个维度上的含义：一是在确定税收债务的税收实体问题上，税收正义表现为对公平税负、量能课税、符合比例等实体正义的追求，以促进和保障分配正义的实现。二是在税收征纳和救济的税收程序问题上，平等对待、参与、程序理性、公开透明、人格尊严等税收正当程序要求是税收执法和司法的基本准则，以促进和保障程序正义的实现。① 在我国税收程序中，税收的立法、征收都存在问题，例如，税收立法和执法中重实体轻程序，税法实施环节缺乏有效的事前、事中和事后监督保障机制，重管理程序轻控权程序，税法实效、税法遵从和纳税人权益保护亟待改进等诸多问题。因此施正文认为，税收的实现与其法律的实现一样，必须要以"看得见的方式"得到实现，所以建立税收的程序正义极为必要。

二、 国外税收正义的研究现状

自庇古（A·C·Pigou）于 20 世纪 20 年代创立福利经济学以来，税收对现代国家的作用越来越重要，税收因此成了提高国民福利的主要来源，同时，通过税收调节国民之间的收入分配越来越重要。尽管如此，庇古认为国家税收必须符合公平和效率两项原则，税收公平原则有两重含义：（1）横向的公平。即指对经济情况相同的人应当课以相同的税收。（2）纵向的公平。即指对经济情况不同的人应当课以不同的税收。这两项原则成为现代税收领域的黄金规则。

马斯格雷夫在其著作《财政理论与实践》中，对国家税收进行多方位的思考，从税收的存在到税收的意义再到税收的原则，马斯格雷夫认为政府必须在税收的各个环境发挥作用。他认为税收存在的主要根据是：（1）社会商品的存在。最终消费品可以区别为社会商品和私人商品两类。私人商品有排他性的特点，它的生产可以由个人的需求偏好来决定，可以通过纯市场法则来解决。社会商品是非排他性的。这类商品的供给不可能像私人商品那样由市场法则来决定。提供这种商品的费用必须采取强制性的税收来筹措。（2）分配不公平的存在。在纯市场经济

---

① 施正文：《论程序法治与税收正义》，《法学家》，2004 年，第 5 期。

中，分配是通过要素市场的价格机制来实现的。但这种机制形成的社会分配格局有时不符合社会"公平"观念，需要国家进行强制性的再分配，也就是说需要通过税收从一部分人那里取得收入，然后再通过财政支出手段转移给另一部分人，以便实现社会公平。(3)经济失调的存在。在纯市场经济中，不可能实现充分就业和物价稳定的目标，因此需要国家的强制干预，税收是补救经济失调的重要手段。同时，马斯格雷夫从税收存在的客观必要性和税收的地位出发，集中论证了税收三方面的作用：(1)资源配置作用。这分为两个方面：一是为社会商品的供给筹措必要的资金，它和整个财政支出政策联系起来发挥资源的配置作用，目的在于使社会商品的供给和私人商品的供给协调起来。二是通过税收影响居民的收入水平，影响消费倾向，影响投资需求来改变私有部门的资源配置。(2)收入再分配作用。由于税收是强制征收的，因此它可以让在市场机制中形成的高收入者多负担税收，让低收入者少负担税收，以便实现或改善社会公平的状况。(3)充分就业条件下的经济稳定作用。马斯格雷夫认为，要解决"滞胀"问题，需要广泛的货币政策、工资政策与财政政策的综合配套。在税制原则方面，马斯格雷夫对自斯密之后的税制原则总结为六条：(1)税负分布应该是公平的。应使每个人都支付他"适当的份额"。(2)税收的选择应尽量不干预有效的市场决策。也就是说要使税收的"超额负担"极小化。(3)如果税收政策被用于实现刺激投资等其他目标，那么应使它对公平性的干扰尽量地小。(4)税收结构应有助于以经济稳定和增长为目标的财政政策的实现。(5)税收制度应明晰而又无行政争议，并且要便于纳税人理解。(6)税收的管理和征纳费用应在考虑其他目标的基础上尽量地低。可以说，马斯格雷夫对政府在税收上的作用持乐观态度，虽然他承认政府对市场的过分干预会影响经济的公平，但他认为公共利益的满足与对特殊利益集团的约束仍然需要政府力量的介入。

布坎南将经济交换论引入政治领域后，创立了公共选择理论，认为通过集体行动和政治过程来决定公共物品的需求、供给和产量，政府成员作为理性人与自私人，需要在决策过程中进行对话与选择，以此限缩政府的权力。布坎南与马斯格雷夫的观点虽然不尽相同，但同样认为税收具有调节国民收入、满足公共利益的作用，税收需要体现出正义性，认为经济过程中的非道德性影响了整个社会的正义秩序，认为整个20世纪是个"可怕的世纪"，"过度膨胀的福利—转移支付国家"带来了严重的道德问题，"市场经济中的信任似乎已经被无所不在的诉讼的威胁所代替，政治生活中的信任也因无孔不入的腐败而摇摇欲坠。大量的道德败坏现象，究其根源就是相对于整个经济而言，公共部门的规模过度膨胀"。布坎南感叹："我们宝贵的社会资本遭到了严重的贬值，这些宝贵的社会资本体现在这样的态度上,个人独立、遵纪守法、自强自立、勤奋工作、自信、永恒感、信任、互相尊重和宽容等。"① 所以,布坎南认为政府行为、尤其政府成员的行为必须受到伦理道德的约束,在税收范畴上,政府权力与个人权利的关系必须处理好,税收必须走向公平。

罗尔斯在其著作《正义论》中,从政治哲学的角度探讨了税收与正义的关系,他认为公共部门与私人生活空间的存在决定了国家的政策必须趋向正义,公共部门与私人部门对应于公共利益与私人利益,由于公共利益具有不可分性、公共性以及所产生的外差因素和吸引力,因此需要国家对收入的再分配来满足公共利益。但罗尔斯同时指出,分配的合理性有赖于社会制度的正义安排,所以需要建立正义的背景制度,它将政府分为四个部门:配给部门、稳定部门、转让部门与分配部门。这四个部门均需要通过税收的调节实现自身的正义,尤其在分配部门中,需要通过税收和对财产权的必要调整来维持分配份额的一种恰当正义,罗尔斯认为,遗产税与馈赠税的目的不是要提高财政收入(把资金让与政府),而是逐渐地、持续地纠正财富分配中的错误并避免有害于政治自由的公平价值和机会公正平等的权力集中。② 并认为,财政收入的税收体系必须正义,罗尔斯以其"原初状态"理论为依托,认为理想的税收环境下,一种按比例的支出税可能是最佳征税方案的一部分,因为这种征税是按照一个人从物品的共同贮存中拿出多少,而不是按照他的贡献多少而定,同时认为在收入是公平挣到的情况下,累进税率在保持与第一个正义原则和机会公正平等有关的社会基本结构的正义,并阻止那种可能颠覆相应制度的财产和权力的集中来说是必需的时候,累进税论才可能较好。因此,罗尔斯认为,对税收与财产权力的法律限定都要保证民主的财产所有制中的平等自由制度和它们所确立的权利的公平价值。

三、遗产税的研究现状

鲜有从伦理学角度对遗产税进行专门研究的著作,而是零散地见于政治学、经济学与法学相关著作中。马斯格雷夫在他著名的财政学著作中提出遗产税不应该被视为一种主要增加财政收入的税种,而应该突出它作为社会政策调整工具的价值,他认为遗产税在收入上重要性不大,但却是限制财富集中的适宜工具,他

---

① Wallace E. Oates: *Musgrave and Buchanan: function of Nation Reguation* Volume 23, No. 4.

② [美]罗尔斯:《正义论》,何怀宏、廖申白、何包钢译,中国社会科学出版社,1988 年版,第 278 页。

对遗产税制度的性质和类型进行了细致地分析,每个人虽然具有支配自己财产的法律权利,但由个人组成的社会也有权利对财富的过度集中重新进行矫正,马斯格雷夫认为社会的这种权利可以获得大部分人的认同,社会也可能希望对财富代代相传的权利不断增加限制,因此开征遗产税能有效抑制财富的代际传递,进而促进社会财富的公平分配。①

与马斯格雷夫思想几乎一致的是当代政治哲学家罗尔斯的观点,他在其著作《正义论》中虽对遗产税着墨不多,但仍然表达了对遗产税的支持态度,他认为社会制度的首要价值是正义,正义的第一层含义是保证每个人的平等与自由的权利,第二层含义是保证机会的公平并关注处于社会不利地位的弱势群体,在罗尔斯的道德哲学中,由资源、遗产以及赠与的方式获得财富虽然具有合理性,但并不具有道德上的应得,"没有一个人应得他在自然天赋分配中的地位,正如没有一个人应得他在社会中的初始地位一样"②。巨额财富在代际转移过程中的合法性缺乏道德上的支持,故通过开征遗产税来制约财富的代际传递就是必要的,罗尔斯认为分配部门的任务之一是征收系列遗产税和馈赠税,并对遗产权进行限制,他坚持这些税的目的不是提高财政收入(把资金让与政府),而是逐渐地、持续地纠正财富分配中的错误并避免有害于政治自由的公平价值和机会公正平等的权力集中。③

跟国外的遗产税研究相比,国内学者的研究主要囿于财政学视角,与西方学者将遗产税置于更广阔的政治学与法学框架下进行思考有所不同,这主要缘于中国历史上未曾开征遗产税,故国内学界在研究遗产税时往往借鉴西方学者的理论。财税学家刘佐从财政经济学的角度考察了遗产税制度,他在其著作《遗产税制度研究》(中国财政经济出版社,2003年版)中详细地考察并比较了西方各国的遗产税历史与现状,刘佐先生认为中国一直未曾真正开征过遗产税,但在20世纪初中华民国成立之后曾有过遗产税的萌芽,但实际征收的时间寥寥无几。新中国之后,几次税制改革也未曾将遗产税列入之内,但他认为当前中国的经济发展水平已具备了遗产税开征的条件,而贫富差距的扩大需要通过遗产税来进行抑制。除了刘佐先生在开征遗产税方面持支持态度之外,其他学者诸如叶淑杏、刘悦均从财政学角度认为中国有必要开征遗产税(可分别参见他们的著作:《财产税法

---

① [美] 马斯格雷夫:《财政理论与实践》(第五版),邓子基、邓力平译校,中国财政经济出版社会,2003年版,第463页。

② [美] 约翰·罗尔斯:《正义论》,何怀宏、何包钢、廖申白译,中国社会科学出版社,1988年版,第301页。

③ [美] 约翰·罗尔斯:《正义论》,何怀宏、何包钢、廖申白译,中国社会科学出版社,1988年版,第278页。

规》，台北华立股份有限公司，2005年版；《中国财产继承制度研究》，中国海关出版社，2003年版）。而在最新的遗产税研究中，学者禹奎在其专著《中国遗产税研究：效应分析和政策选择》（经济科学出版社，2009年版）中以遗产税的社会效应为切入点，考察了中国的经济现状与财富分配格局，同样得出应该开征遗产税的结论，作者进一步对具体的遗产税制度进行了思考，包括遗产税类型的选择、税率的设置、起征点的确定等，这是我们能找到的最新关于中国遗产税研究的著作。

在中国学术期刊网中，学者沙有林的论文《征收遗产税的必要性》（《政治与法律》，1987年第3期）是改革开放后较早对遗产税进行思考的学术文献，他认为遗产税的开征是必然的，不会否定后代的继承权，并且国外有悠久的遗产税历史以及丰富的遗产税征收经验，而且遗产税的开征有助于精神文明与物质文明建设，以及增加财政收入。此后与遗产税有关的研究陆陆续续地出现，诸如邓小毛：《遗产税立法的若干问题初探》（《法学杂志》，1991年第5期）、王贞韶：《关于遗产税立法的若干思考》（《社会科学》，1993年第11期）、朱大旗：《关于开征遗产税若干问题的思考》（《中国人民大学学报》，1998年第5期）、赵惠敏、李国生：《国外遗产税免征额与人均GDP的关系及我国遗产税免征额的界定》（《税务研究》，2005年第10期）、马海涛：《开征遗产税的经济分析》（《中国税务》，2008年第9期），以上文献均主要从经济学与法学角度探讨了遗产税征收的必要性。

在硕博学位论文中，对遗产税的专门研究近几年开始突显出来，王博：《遗产税课税制度的经济学分析——关于我国开征遗产税的思考》（青岛大学2008年）、孙蕾：《我国未来<遗产税法>的立法设计》（吉林大学2008年），两篇硕士学位论文分别以制度经济学的视角与法学的视角对遗产税进行了考察，前者主要考察了遗产税的性质与社会功能，认为遗产税具有增加财政收入、调节社会财富公平分配及有惩治腐败的作用，这对调节中国当前财富分配、缩小贫富差距是极为必要的。后者以建议性的语气探讨了中国遗产税征收的法律框架，分析了当前遗产税开征的困境，进而详细地思考了遗产税应当遵守的原则与税制模式的选择，以及纳税人、课税对象、遗产税率、免征额等，在立法层面为遗产税描绘了一幅完整的蓝图。与这两篇论文有所不同，山东大学硕士刘双在其学位论文《遗产税公平与效率分析》（山东大学，2007年）中主要思考了遗产税的公平与效率的关系，认为遗产税作为税收的一种必然蕴含了公平方面的价值，通过税制模式与税率等方面的设置能够促进社会公平，但同时认为遗产税的公平价值应当与经济效率结合起来考察，才能使遗产税的整体设置趋向合理。在博士学位论文中，对遗产税进行专门研究的文献尚未发现，但漆亮亮在其《财产税体系研究》（厦门大学，

2004年）第四章中对遗产税进行了考察，认为中国开征遗产税是必要的，可以借鉴西方国家的遗产税理论，但又必须契合中国自身的独特环境，不同的经济文化背景对遗产税的要求具有差异性，应当建立中国式的遗产税制度。

综观目前的遗产税研究，不乏细致而全面的著作或论文，它们主要立足于经济学与法学视角，偏重考察遗产税的具体模式，诸如遗产税的纳税人、课征税率、遗产税基与免征额等，思考遗产税的立法设计，并通过对西方遗产税历史与现状的考察为中国遗产税的开征提供理论与实践上的指导，这些研究对中国遗产税的实际开征无疑极为必要，然而我们认为遗产税的研究仅仅从经济与法律角度进行思考并不周全，虽然这两个视角可以突出遗产税的经济价值与法律价值，但没有突出遗产税最重要的价值，即社会正义价值，而这恰恰是遗产税应当开征的充分理由，当一个国家的贫富差距达到一定程度时，必须开征最能调节社会财富公平分配的遗产税，诚如罗尔斯所说，一个人因为先天的原因获得财富虽然是合理的，但并不表示在道德上是应当的，一个人有法律权利获得先辈遗留下来的财富，也有道德义务关注处于社会不利地位的弱势群体，恰是在这个维度上，开征遗产税不仅是一个经济或法律问题，或政治问题，还是一个道德问题，而这些因素共同构成了我们考察中国遗产税的直接动机。

第二章 税收的德性及与正义的关联

现代国家是实质意义上的税收国家[1]，国家机器的自身运作与国际事务的展开需要税收的支持，同时，国家在管理社会事务并实现公共利益过程中需要税收的经济保障，这两点使税收成为现代国家存在与发展的基础。但即使如此，作为现代国家范畴之一部分的税收行为并不能从国家本身找到税收的合理性，因为税收是建立在牺牲社会中个人权利的基础之上，在本质上是一种侵权行为，无论国家出于什么样的目的进行征税，都是对个人权利的一种伤害。所以，现代国家在税收行为上需要面对一系列极艰难但却无法避开的难题，如国家在多大程度上对国民量税，怎样保证国家税收的合理性，如何充分利用税收以实现社会利益，在税收行为上如何确定税种与税率，这些难题在实质上触及了国家权力、社会公共利益与个人权利三者之间的关系。对于国家权力来说，一方面，税收构成了国家组织运行与发展的经济基础；另一方面，国家对税收的征收、管理与支配过程就是国家获取正当性统治的过程，更为重要的是，这一过程只有在同时实现公共利益与个体的自我发展是才是正当的。然而，这三者之间并不具有同一的发展方向，国家权力的膨胀必然压制个人权利，但却可能促进公共利益的实现；而个体权利与公共利益又具有很大的一致性，公共利益的实现又有助于扩大个人权利，这就使得国家、社会与个人之间的关系变得复杂，因此，税收在一定程上就是国家政治的正当性统治与个人权利的维护以及公共利益的实现之间的博弈。[2] 进一步来

---

[1] 西方经济学家熊彼特认为，税收国家与现代国家同时诞生并一起发展，它们都存在于保护个人利益有效运作的基础上，该理论蕴含了现代国家税收的征税前提与税收本身的价值取向。参见葛克昌：《租税国危机及其宪法课题》[M]，载台湾"台大法学论丛"，（第20卷），1990年6月，第2期。

[2] 在现代国家税收范畴中，税收是国家、社会与个人之间的三维结构，彼此之间互相制约，构成了博弈关系，我国学者张守文认为税收关系的博弈主体是个体利益与公共利益，谁之优先构成了税收博弈的核心，而有意地隐去了作为税收主体的国家在税收博弈中的角色。参见张守文：《财税法疏议》，北京大学出版社，2005年版，第288页。笔者认为，税收的博弈必须同时考察国家权力、公共利益与个人权利三个维度，任何将税收关系的简单化都是不周延的，并且，税收博弈的环境并不是严格意义上的"囚徒困境"，通过法律技术、道德考量与制度规约可以超越税收的零和博弈。

说，税收作为国家、社会与个人之间的纽带，它的存在与运行并不只是对三者关系的技术性处理。在更深的程度上，税收关涉着个人的权利与生存，同时也关系着国家与社会的发展与运行，所以在这个维度上，税收具有天然的伦理价值，这是税收的本质与它的功能决定的。

第一节　税收存在的理性解读

税收的历史跟国家的历史一样久远，二者具有逻辑上的先后顺序，国家产生之后必然需要一定的经济收入来保证国家机体的正常运行，国家自身并不进行经济生产，它只能依靠组成国家的国民从自身的收入中提取一部分无偿地给付给国家，国家以此来开展各种事务。当然，国民缴纳税收并不是绝对地无偿牺牲，它通过劳动产品或者货币的缴纳来换取国家对自身的保护，或享受国家通过税收经济提供的公共利益，从这个维度上说，税收是国家存在的经济基础，同时也是个体成为国民的中介，因此个体与国家通过税收而具有现实的关系。实际上，关于税收在国家与个体之间的关系具有多种理论。而契约主义理论对税收的起源具有更为广泛的支撑意义，契约主义理论以霍布斯与洛克为发端，他们站在自然法与经济古典主义的立场，认为国家是人民之间相互订立契约的产物。但在国家与人民的关系以及权力分配上，霍布斯与洛克并不相同，在霍布斯的利维坦中，国家对人民具有绝对的权力，这是由于人民出让绝大部分权利的结果，但洛克认为人民让渡的只是部分权利，因此人民有权利对国家说不。因为国家是人民契约的产物，要维持国家的运行并保障人民的权利，就需要税收，诚如洛克所说："诚然，政府没有巨大的经费就不能维持，凡享受保护的人都应该从他的产业中支出他的一份来维持政府。"① 但洛克同时认为，国家这种课税的权力必须建立在人民自愿的基础之上，否则就是对人民权利的冒犯，他说道："但是这仍须得到他的同意，即由他们自己或他们所选出的代表所表示的大多数的同意。因为如果任何人凭着自己的权势，主张有权向人民征课税赋而无需取得人民的那种同意，他就侵犯了

---

① ［英］约翰·洛克：《政府论》（下），叶启芳、瞿菊农译，商务印书馆，1964年版，第89页。

有关财产权的基本规定,破坏了政府的目的。"① 在这个维度上,霍布斯与洛克合理地指出了国家与人民之间的关系,与霍布斯相比,洛克更加正确地界定了国家税收与个人权利的逻辑张力。而对于18世纪的另一些思想家来说,契约论思想对税收的影响更加直接,法国启蒙思想家孟德斯鸠认为国家是保护公民财产的手段,"国家的收入是每个公民所付出的自己财产的一部分,以确保他所余财产的安全或快乐地享用这些财产"②。另一位社会契约观念集大成者卢梭将国家起源于契约的理论作了最为系统的表述。对他而言,社会契约所要解决的根本问题就是"要寻找出一种结合的形式,使它能以全部共同的力量来维护和保障每个结合者的人身和财富","每个结合者及其自身的一切权利全部都转让给整个的集体"③。因此,对于古典自然法学家来说,国家就是契约的结果,人民交纳税收只是自身权利的让渡,目的是为了更好地享有他的其他自然权利以及在其自然权利一旦受到侵犯时可以寻求国家的公力救济;而国家向国民征税的本意也不是为了君主自身的利益,它必须将国民缴纳的税收来提高自身的能力,以更好地维护国家的稳定与满足人民的需要。所以,在契约论思想中,国家的权力源于人民自身权利的让渡,在税收的关系上,自愿的品格具有重要的基础作用。随着现代经济学与政治实践的发展,契约论在税收关系上主要以交换论与公共需要论两种形态表现出来。

第一,交换论。契约论认为国家的权力源于个人权利的让渡,国家并没有实质上的权利,而是将人民的权利通过自愿的形式转换为权力,因此国家只是一种管理人民权利的工具,而公民对契约国家的认可成为一种自愿的同意,那么,公民要通过国家来维护自身的利益,必然需要自愿缴纳一定的税收来保证国家权力的行使,这样,公民缴纳税收就成了一种义务,正是在这样的权利——权力的转换下,税收变成了权利与义务的交换,也就是说,税收是国家保护公民利益时应付出的代价。"交换"(Exchange)是经济分析法学派的基本经济学术语之一。该学派认为,一种交往行为对双方都有利的行为就是交换,否则就属于冲突,对于国家与个人来说,税收对两者都有利,尽管对个人会产生更大的损害,但个人仍然可以通过国家从税收中获取回报,因此从这个意义上说,税收可以被认为是交换的一部分;最关键的一点是,税收的交换是自愿进行的,通过交换,不仅社会

---

① [英]约翰·洛克:《政府论》(下),叶启芳、瞿菊农译,商务印书馆,1964年版,第89页。
② [法]孟德斯鸠:《论法的精神》(上),张雁深译,商务印书馆,1959年版,第253页。
③ [法]卢梭:《社会契约论》,商务印书馆,2006年版,第19页。

资源得到充分、有效地利用，而且交换双方都认为其利益会因为交换而得到满足，从而在对方的价值判断中得到较高的评价。① 而且在这种交换活动中，从数量关系上看，相互交换的权利总量和义务总量总是等值或等额的。②

第二，公共需要论。在经济分析法学派看来，交换论虽然能够部分证成税收存在的缘由，但个人对国家税收的直接分配往往只关心自身的利益，对自身的利益期待格外关心，而对于日益增加的公共需要表现出冷淡③，这就易于在社会公共服务的提供与享受方面出现"免费搭便车"现象，免费搭车者对于付出较多费用的个人来说并不公平，诚如波斯纳所断言的，"免费搭车者"（Free-rider）问题妨碍市场机制提供（公共）服务的最佳量：拒绝购买我们的核威慑力量中其成本份额的个人会如同那些为之支付费用的人们一样受到保护。④ 然而公共产品的非排他性与非竞争性使得这种"搭便车"现象无法通过个体自身得到解决，即使个体具有很高的道德品质与责任意识。所以这种公共产品与公共服务必须凭借国家来实现，只能由集体的代表——国家和政府来承担公共服务的费用支出者或公共需要的满足者，而要实现公共服务，国家和政府只能通过建立税收制度来筹措满足公共需要的生产资金，寻求财政支持。因此，波斯纳认为："税收……主要是用于为公共服务（Public services）支付费用的。一种有效的财政税（Revenue tax）应该是那种要求公共服务的使用人支付其使用的机会成本（Opportunity costs）的税收。"⑤ 当然，税收的作用具有综合性，波斯纳认为征税的功能有时是用以改变资源用途，例如征收污染税；或者是用以分配财富，但主要是用以作为公共服务的费用。"有效的收入税就是要求使用公共服务的人为其使用支付成本。"既然公共服务对每个人的效果是一样的，但个体又不会主动地提供建立公共服务的资金，

---

① 张文显：《二十世纪西方法哲学思潮研究》，法律出版社，1996年版，第208~209页。

② 张文显：《法学基本范畴研究》，中国政法大学出版社，1993年版，第85页。

③ 罗尔斯在论证正义的环境时，认为客观环境的中等匮乏与主观环境的相互冷淡构成了正义环境的必要条件，这与休谟对正义环境的描述是一致的，尽管罗尔斯对正义环境的讨论是站在假设的维度上，但它同样构成了现实的正义条件，因此，个体对他人的冷淡与公共利益的冷漠促使国家担当起提供公共服务的职能，这就为税收的存在找到了现代语境中的理由。参见［美］约翰·罗尔斯：《正义论》，何怀宏、何包钢、廖申白译，中国社会科学出版社，1988年版，第127页。

④ ［美］理查德·A·波斯纳：《法律的经济分析》（下），蒋兆康译，中国大百科全书出版社，1997年版，第625页。

⑤ ［美］理查德·A·波斯纳：《法律的经济分析》（下），蒋兆康译，中国大百科全书出版社，1997年版，第625页。

那么，国家通过税收来完成这一行为就成为必然，并且个体以税收的代价来获得公共服务具有对等性，因此，公共需要与公共服务就成了税收合适的理由，更进一步说，公共需要与交换说并没有特别大的差距，它仍然建立在个体与国家的关系契约关系之上，只是公共需要与公共服务比交换说更加明确地指出了税收的目的，即税收是为了支付公共服务的费用。

与契约论的税收理论不同，马克思主义从另一个角度论述了税收与国家的关系，马克思主义认为，国家起源于阶级斗争，是阶级矛盾不可调和的产物，对于无产阶级处于统治地位的国家来说，无产阶级具有财产与政治双重权力，要维护这两种权力，需要足够的经费与威信，马克思认为，"税收的存在不仅是维护国家公共权力的需要，而且是国家为社会提供生产过程一般条件的需要。为了维持社会生产的正常进行，需要国家通过税收这种强制手段，把一部分剩余劳动或剩余产品变成社会生产过程的一般条件"①。"为了维持这种公共权力，就需要公民缴纳费用——捐税。"② 阶级的存在强化了税收的意义，马克思在批判资本主义国家税收时说："实际上捐税正是资产阶级保持统治阶级地位的手段。"③ 列宁进一步指出："所谓赋税，就是国家不付任何报酬而向居民取得东西。"④ 但同时，马克思强调："税收的来源是国民的劳动。"⑤ 因此，在马克思主义的语境中，税收是一个历史与社会的范畴，在一定程度上指出了税收作为经济范畴并与国家本质相关联的内在属性，及其与社会再生产相联系的属性，税收为此成为国家进行再分配的基础。同时，国家作为统治阶级的工具，它需要通过宏观的调控方式来处理国家与社会以及个体之间的关系以维护自己的权威，那么，政治、经济与文化等方面都需要体现国家的绝对性力量，而对税收来说，它不仅在经济上提供了足够的资金支持，国家对公民强制征税又体现出政治方面的威严，因此税收是一个必然需要存在的范畴。

一、税收概念的考察

尽管税收是现代国家的主要财政来源，但不同国家对税收的定义并不相同，并且税收具有很强的历史传统，从时间上说，我国早在夏朝已出现税收的萌芽，

---

① 《马克思恩格斯全集》[第46卷] (下)，人民出版社，1950年版，第16～26页。
② 《马克思恩格斯选集》（第2卷），人民出版社，1972年版，第336页。
③ 《马克思恩格斯全集》（第4卷），人民出版社，1958年版，第179页。
④ 《列宁全集》（第32卷），人民出版社，1958年版，第275页。
⑤ 《马克思恩格斯全集》（第5卷），人民出版社，1958年版，第511页。

其名为"贡",这是贵族对朝廷的义务,"禹别九州,量远近,制五服,任土作贡,分田定税,十一而赋"①。由于贡的数量、时间尚不确定,所以,"贡"只是税的雏形。随后出现与"贡"不同的"赋"。"赋"远指军赋,即君主向臣属征集的军役和军用品。此外,国家对关口、集市、山地、水面等征集的收入也称"赋"。所以,"赋"已不仅指国家征集的军用品,而且具有了"税"的涵义。在公元前594年(鲁宣公十五年)鲁国实行了"初税亩",按平均产量对土地征税。这是最早可从典籍中发现的关于税的资料了。在不同的历史阶段,税的种类不尽相同,秦汉时,分别征收土地税、壮丁税和户口税。明朝摊丁入地,按土地征税。清末,租税成为多种捐税的统称。农民向地主交纳实物曰租,向国家交纳货币曰税。在西方,税收同样有着长久的历史,"自从凯撒奥古斯都以后,实现了对整个世界的课税"。(《新约·路加福音》第二章第一节)。《马太福音》中还记载几个法利赛人和希律当人问耶稣的情景:"纳税给凯撒(古罗马帝国的统帅),可以不可以?"耶稣回答:"凯撒的物当归给凯撒,上帝的物当归给上帝。"可见,税很久以前就成为现实社会的一种现象了。

但对税进行概念上的解释却在近现代,并且依据税收关系的不同立场而表述不同,我们可以从三个角度予以归纳:

第一,以公共利益为目的的表述。古典经济学派的代表人物亚当·斯密认为税收是"人民须拿出自己一部分私收入,给君主或国家,作为一笔公共收入"②。美国的财政学者塞里格曼在1895年指出:"赋税是政府对于人民的一种强制性征收,用以支付谋取公共利益所需的费用,其中不包含是否给予特种利益的关系。"③ 日本学者金子宏认为:"税收不是作为国家对特别支付的一种报偿,而是国家以实现提供公共服务而筹集资金这一目的,依据法律规定向私人所课的金钱给付。"④ 世界银行则将税收定义为"为公共目的而收取的强制性的、无偿的、不可返还的收入"。而处于学习阶段的我国学者对税收的概念的看法虽然有所不同,但在税收概念的界定上,同样突出税收的公益性目的,在《中国税务百科全书》中,税收被定义为:"国家为满足社会公共需要,依据其社会职能,按照法律规

---

① 《史记·夏本纪》。
② [英]亚当·斯密:《国民财富的性质和原因研究》(下卷),商务印书馆,1997年版,第383页。
③ 杨元杰:《税收学》,经济管理出版社,2002年版,第4页。
④ [日]金子宏著:《日本税法》,战宪斌等译,法律出版社,2004年版,第7页。

定,参与国民收入中剩余产品分配的一种规范形式。"① 侯梦蟾在《税收经济学导论》中对税收做了以下界定:"税收是国家为了满足一般的社会共同需要,按事先预定的标准,对社会剩余产品进行的强制、无偿的分配。"② 还有学者认为:"税收是为了满足一般的社会共同需要,凭借政治权力,按照国家法律规定的标准,强制地、无偿地取得财政收入的一种分配关系。在这种分配关系中,其权利主体是国家,客体是人民创造的国民收入和积累的社会财富,分配的目的是为了满足一般的社会共同需要。"③

第二,以政府或公法团体的收入为目的的表述。与斯密同时代的尤斯蒂认为:"所谓捐税,是当王室领地和特权项下的收入不足以应付国家的必要支出时人民不得不就其私有财产和收益按一定的比率作出的支出。"④ 德国1919年12月23日生效的《帝国税收通则》第1条规定:"公法团体以收入为目的,对所有符合法律规定给付义务之构成要件者,课征一次性或继续性的无对价金钱给付。"德国1977年《税收通则》第3条规定:"公法团体以收入为目的,对所有符合法律规定给付义务之构成要件者,课征无对价之金钱给付。收入得为附带目的。"《美国经济学词典》认为:"税收是居民个人、公共机构和团体向政府强制转让的货币(偶尔也采取实物或劳务的形式)。其征收对象是财产、收入或资本收益,也可以来自附加价格或大宗的畅销商品。"而"税收的作用是为了满足政府开支需要而筹集稳定的财政资金。"此外,在经合组织(OECD)的分类中,税收被定义为"对政府的强制性的、无偿的支付"。我国学者刘剑文等在宪法学的语境中认为,"税收是国家或其他公法团体为财政收入或其他附带目的,对满足法定构成要件的人强制课予的无对价金钱给付义务"⑤。

第三,以征收手段的强制性与征收结果的无偿性的表述。英国的西蒙·詹姆斯、克里斯托弗·诺布斯对税收的界定为:"税收是由政权机构实行不直接偿还的强制性征收。"⑥ 日本财政学者井手文雄认为:"所谓租税,就是国家依据其主权

---

① 金鑫、刘志城、王绍飞:《中国税务百科全书》,经济管理出版社,1991年版,第1页。
② 侯梦蟾:《税收经济学导论》,中国财政经济出版社,1991年版,第3页。
③ 严振生编著:《税法》,北京大学出版社,1999年版,第1页。
④ A.E 门罗:《早期经济思想——亚当·斯密以前的经济文献选集》[M],商务印书馆,1985年版,第333页。
⑤ 刘剑文、熊伟:《税法基础理论》,北京大学出版社,2004年版,第10页。
⑥ [英]西蒙·詹姆斯、克里斯托弗·诺布斯:《税收经济学》,中国财政经济出版社,1988年版,第10页。

（财政权），无代价地、强制性地获得的收入。"① 英国的《新大英百科全书》指出："税收是强制的、固定的征收，它通常被认为是对政府财政收入的捐献。用以满足政府开支的需要，而并不表明是为了某一特定的目的。税收是无偿的。它不是通过交换来取得，这一点与政府的其他收入不大相同，如出售公共财产或发行公债等等。税收总是为了纳税人的福利而征收，每一个纳税人在不受利益支配的情况下承担了纳税的义务。"

  以上即为历史上大多数学者与当代学者对税收概念的界定，他们从不同的向度对税收进行了表述，综观三种概念表述，都体现了税收主体与客体的关系，并且考察了税收征稽的手段，尽管如此，各学者对税收的目的并不全然一致，有的偏向于公共利益，有的则偏向于政府与公法团体的收入，或者仅仅将税收视为一种应急性的货币储备。因此，透过这些税收的概念界定，一般将税收的特征提炼为强制性、无偿性与固定性三种②，并且成为国内税收特征的主流观点。但实质上，通过对历史上税收思想的考察与对税收实践的现实考察，我们可以发现，此三种特征并不周全，税收的交换论否定了税收的强制性，而税收所带来的公共服务也对税收的无偿性予以否定。对于税收的固定性来说，随着经济与社会的发展，税收政策并不一成不变。因此，基于以上理由，关于税收"三性"的主流观点并不经得起推敲，究其原因，在于将税收简化了，并不有助于对税收的学理性考察，同样在税收实践方面也不足取；因此，我们应当从税收关系的各个维度对税收进行分析，突出税收的主体与客体、权利与义务，并且突出税收的功能与意义。为此，台湾学者陈敏认为税收具有以下特征：（1）税为金钱或有金钱价值之给付义务；（2）税之给付义务系国家基于法律所赋予之公权力而强制课征者；（3）对税之缴纳并无直接之报偿；（4）税之课征系用以支应国家之财政需要。并且认为：宪法税概念的意义是中央或地方政府为支应国家事务之财政需要及达成其他行政目的，依据法律向人民强制课征之金钱或其他有金钱价值之给付义务而不予以直接之报偿者。③ 台湾另一学者葛克昌先生从宪法学的角度，对租税概念的特征进行归纳：（1）金钱给付义务（有别于劳务及实物给付义务）；（2）无对待给付；（3）

---

  ① ［日］井手文雄：《日本现代财政学》，中国财政经济出版社，1990年版，第254页。

  ② 陈共主编：《财政学》，中国人民大学出版社，2000年版；王国清等：《财政学》，西南财经大学出版社，2000年版；国家税务总局税务科研所：《西方税收理论》，中国财政经济出版社，1997年版。

  ③ 黄俊杰：《宪法税概念与税条款》，台北传文文化事业有限公司，1997年版，第28页。

为国家及地方自治团体课征;(4)基于公权力所强制课征;(5)支应国家财政需求。① 与台湾学者的观点相呼应,大陆学者刘剑文等提出税收有以下特征:(1)税收的权利主体是国家或地方公法团体;(2)税收的义务主体包括自然人和社会组织;(3)税收以财政收入为主要目的或附随目的;(4)税收以满足法定构成要件为前提;(5)税收是一种公法上的金钱给付义务;(6)税收是一种无对价的给付;(7)税收是一种强制性的给付。② 并且在税收特征的基础上,认为宪法上的税收概念可以从如下三个层次加以解释:(1)税收是面向不特定公众强制征收的无对价金钱给付;(2)税收是遵从宪法最低约束的给付;(3)税收是用于合宪开支的给付。③

因此,通过对税收概念的梳理,可以发现,无论是对税收定义的界定,还是税收特征的归纳,都体现出了税收关系的几个维度,政治的、经济的、个人的以及社会的,从本质上说,税收是国家与个体之间的博弈,但又不是简单的二元博弈,因为在国家与个体两个维度之间,还有社会的公共利益维度,并且这一维度具有更加核心的作用,它构成了税收的政治与经济的功能指向以及税收的社会价值。

二、税收的政治价值

税收随着国家的产生而出现,没有税收国家就无法维持,从最弱意义上的国家④到福利国家,要提供公共服务与提高公民的福利保障,更需要税收的强大支持,从这个意义上说,税收不只构成了国家存在的经济基础,它作为再分配的手段,对实现社会公平与正义具有更加直接的作用,这是税收的政治价值,税收的经济功能与政治功能已成为现代国家的功能结构之一。

---

① 葛克昌:《宪法基本问题》(财政宪法篇),北京大学出版社,2004年版,第74~78页。
② 刘剑文、熊伟:《税法基础理论》,北京大学出版社,2004年版,第1~10页。
③ 刘剑文、熊伟:《税法基础理论》,北京大学出版社,2004年版,第13~15页。
④ 最弱意义上的国家是当代美国政治哲学家诺齐克主张的政治国家形态,他认为理想的国家应当建立在充分尊重个人权利的基础之上,任何对个人权利的干涉都是非正义的,国家的任务就是保护个人权利的不受侵犯,诺齐克指出:"可以得到证明的是一种最弱意义上的国家,即一种仅限于防止暴力、偷窃、欺骗和强制履行契约等较有限功能的国家,而任何功能更多的国家都将因其侵犯到个人不能被强迫做某些事的权利而得不到证明,最弱意义上的国家是正确的,同样也是吸引人和鼓舞人的。"参见诺齐克著:《无政府、国家与乌托邦》,何怀宏等译,1991年版,第1页。按照诺齐克对最弱意义国家的界定,霍布斯政治语境中的利维坦就是这样的国家形态,现代自由主义话语体系下的国家也是这样的国家类型。

在历史上,税收的政治价值并不像现代国家这般明确,税收在很大程度上只是增强国力的手段,包括增强对国民的权威以及对其他国家的威力,或者如学者所说,具有强大税收支持的国家可以更加有效地增强国家在战争中的势力,古典重商主义思想家托马斯·曼认为具有稳定性的税收可以保证国家收入的供给,在一定程度上,国家对公民征税并不全然有害,即使是强税的征取,他认为:"由于国土的大小,贫富的程度和贸易差额多寡等因素存在差异,政府获得收入的方法也随国家宪法、政府、法律和民俗的不同而大有差别。国王想要改变这些制度是非常困难的、危险的。即使国王以重税发财致富,国民却会因此而贫穷。不过,由于各国情况特殊,征课重税不仅是不得已的,是正当的,还是有利于国家的。因为幅员不大的国家,靠经常性收入是不足以蓄积抵御外国侵略所需的财富的。所以,这些国家不得不在平时课征重税,来积存现金和军火充当国防之用。非像一般所想象的那样,有害于人民的幸福。"① 托马斯·曼更是站在极端政治的立场,将税收的政治功能进行扩大化,认为国家在税收的征收额度上可以根据商品价格的上涨而增加,尽管如此,托马斯·曼仍恪守税收在国家强力上的作用,认为税收不能被私人挪用,包括国王。他说道:"虽然关税与货物税导致服装与生活必需品价格上涨,但是劳动力的价格也与之成比例地提高。因此国防费用赋税的负担最终转嫁到作为雇主的生产者身上。……国民靠纳税使自身安全得以保证,所以这种纳税是既公正又有利的。但是,如果税收被国王挥霍于私人享受、属于滥用赋税,则是国家之损失。"② 在税收的征稽上,马斯·曼也主张国家的税权必须得到民众的认可,即征课赋税必须取得议会的同意。可见,在托马斯·曼的经济思想中,税收在政治上的价值具有优先性。与马斯·曼一样同属重商主义的思想家,托马斯·霍布斯对税收的政治作用同样给予了高度强调,霍布斯在《利维坦》中率先探讨了国家的存在基础与税收的理由,与霍布斯自己的"人性恶"假设相一致,霍布斯认为国家的最重要职能是保护公民的安全,以及防止敌人对自己财富的掠夺,因此,霍布斯断言道:"间接税与直接税,无非是为了不受外敌入侵,人们以自己的劳动向拿起武器监视敌人的人们提供的报酬,而不是别的。"③同时,霍布斯从税收"利益交换说"出发,认为国家既然是自愿认可的契约结构,

---

① [英]托马斯·曼:《英国得自对外贸易的财富》,袁南宇译,商务印书馆,1978年版,第62~64页。
② [英]托马斯·曼:《英国得自对外贸易的财富》,袁南宇译,商务印书馆,1978年版,第62~64页。
③ [英]霍布斯:《利维坦》,黎思复等译,商务印书馆,1985年版,第144页。

那么每个成员就需要让渡自己的权利来保证国家机器的运行，否则国家就无法为国民提供保护的力量，在这种情况下，国家凭借税收为国民提供公共服务，因此，他认为，"人民为公共事业缴纳税款，无非是为换取和平而付出代价，分享这一和平的福利部门，必须以货币或劳动之一的形式为公共福利作出自己的贡献"①。对于霍布斯而言，国家是具有平等身份的个体组成的，他们依据不同的能力构成了国家的结构，因为能力不同，以及天生的资质有差异，因此，他主张实行平等课税的原则，即按照人民从国家享受到的利益成比例的纳税，这实质上就是现代税收理论中的纵向公平原则。同时，在税收征取的标准上，他提出了两个衡量受益程度的标准：一是个人拥有的财产数额；二是个人消费的数额。他主张按照上述标准之一，比例而平等地向政府纳税。霍布斯的税收理论与他的国家学说紧密相连，而他的国家学说又建立在人性恶的基础之上，因此，他的税收理论突出强调政治价值就可以理解了。

孟德斯鸠在论述税收相关理论时，尽管与重商主义的税收理论有很大的差异，并且对重商主义予以了批判，但孟德斯鸠同样认为税收具有极强的政治意义，他从共和政体立场出发，认为税收如果触及公民财产权利的底线就是不义的，他认为个人的财产具有优先性，不能伤害个体的财产根基，因此，孟德斯鸠主张征收商品税，因为商品税可以增加利益，同时他还主张消费税征收的有利性，因为消费税不会触及个人财产的财力根基，从这些维度上说，孟德斯鸠的税收理论具有浓厚的人本主义意识。此外，在赋税的征收管理上，他批判了包税制，认为包税制是专制王权的表现，包税人会基于自己的利益压榨纳税人，致使很多人走向贫困。可以看出，孟德斯鸠的赋税思想将政治与财力结合在一起进行思考，认为不同的政体会有不同的税收，他指出："大多数共和国可以增加赋税，因为国民相信赋税是给自己的，因此愿意纳税，而且由于政体性质的作用，通常有力量纳税。君主国是可以增加赋税的。因为他的政体宽和，能使国家富饶丰足。增加赋税作为对君主尊重法律的一种报酬，专制国家是不能增加赋税的，因为奴役已经到了极点，无法再增加了。"② 由此可以看出，孟德斯鸠倾向于把民主政体下的纳税能力与赋税的观念融合为一体。

对于契约论者洛克来说，他对税收的合法性与征收的合理性格外关注，在洛克的政治语境中，国家只是由人民的部分权利让渡产生的，国家并不具有绝对的

---

① [英] 霍布斯：《利维坦》，黎思复等译，商务印书馆，1985年版，第22页。
② [法] 孟德斯鸠：《论法的精神》（上），张雁深译，商务印书馆，1981年版，第221页。

权力干涉人民，国家的主要职责是保护人民的权利不受侵犯，并且国家本身也不能轻易冒犯个人的权利，他说，"在社会中享有财产权的人们，对于那些根据社会的法律是属于他们的财产，就享有这样一种权利，即未经他们本人的同意，任何人无权从他们那里夺去他们的财产或其中的任何一部分，否则他们就并不享有财产权了"①。基于这样的产权理念，洛克进而认为，政府在税收行为上必须以此为法则，他说"未经人民自己或其代表同意，决不应该对人民的财产课税"②。在议会制国家中，议会作为人民的代表，在国家立法机关颁布征税法律时，必须征得议会的同意。当然，议会的同意必须建立在一定的前提之上，即"那里立法机关是经常存在的，或者至少是人民没有把立法权的任何部分留给他们定期选出的代表们③"。对于税收，洛克认为可以对个人的财产权进行征税，这是与国家进行权利交换的必要条件。

透过霍布斯、孟德斯鸠与洛克的税收理论，我们可以发觉，在不同的历史阶段、不同的社会发展水平上，税收对于国家的政治价值具有差异性，历史越往后推，税收的政治功能就越突出，随着经济与社会的发展，政治功能表现出来的形式愈加复杂，在现代财政国家框架下，税收在政治上的价值不再单纯地表现在保护公民权利，或者抵御国外敌人的侵犯，而是作为一种再分配方式促进社会资源的公平与均衡，以及为不断增长的公共需要提供服务。具有契约论传统的当代学者罗尔斯认为，现代国家的税收隶属于分配部门，分配部门"其任务是通过税收和对财产权的必要调整来维持分配份额的一种恰当正义"。"这些征税（指遗产税与馈赠税——作者）和调节的目的不是要提高财政收入（把资金让与政府），而是逐渐地、持续地纠正财富分配中的错误并避免有害于政治自由的公平价值和机会公正平等的权力集中。"④ 在罗尔斯看来，税收虽然不是政府的唯一收入，但税收可以成为政府分配部门实现社会财富再分配的手段，这主要是通过对社会中掌握更多财富的人进行累进税率来完成。同时，罗尔斯认为："分配部门的第二方面是一个用来提高正义所要求的财政收入的税收体系。社会资源必须让与政府，这

---

① ［英］约翰·洛克：《政府论》（下），叶启芳、瞿菊农译，商务印书馆，1996年版，第87页。
② ［英］约翰·洛克：《政府论》（下），叶启芳、瞿菊农译，商务印书馆，1996年版，第89页。
③ ［英］约翰·洛克：《政府论》（下），叶启芳、瞿菊农译，商务印书馆，1996年版，第90页。
④ ［美］约翰·罗尔斯：《正义论》，何怀宏、何包钢、廖申白译，中国社会科学出版社，1988年版，第278页。

样政府可以为公共利益提供资金,并支付满足差别原则所必需的转让款目。"① 罗尔斯认为税收具有实现正义与提供公共资金双重价值,前者无疑具有更强烈的政治韵味。同时罗尔斯坦言,分配部门的两个方面来源于两个正义原则,因此,在罗尔斯的政治思想中,税收的政治意义极其明显。

三、税收的经济价值

诚如洛克所说,政府没有巨大的经费就不能维持,因此,要获得经费来充实政府就必须向人民征税,这就奠定了税收的经济价值,显然,在洛克时代,国家与政府主要是通过税收履行政治职能,保护人民的人身权利与财产权,防止恶势力对人民权利的侵犯,所以,税收作为具体的经济功能并没有得到最大程度的体现,但到了亚当·斯密时期,这种情况出现了根本性的转变。亚当·斯密作为资产阶级财政学的创始人,通过对市场的考察,提出了著名的经济人假说,认为在市场行为中,每个人都尽可能地追求利益的最大化,在"看不见的手"的作用下,市场经济必将越做越强,社会的整体财富也因此增加。斯密因此认为,政府对市场的干预要尽可能地减少,因为市场经济有自己本身的法则,可以进行自发调节,这种调节的手段就是"看不见的手",当然斯密的经济学理论建立在他的人性论基础之上,认为市场中的人都是理性的,都会选择有利于自己的经济方式进行经济活动。斯密为其后的经济自由主义奠定了理论基础,在斯密看来,政府虽然应该征税,但需要建立在一定的原则之上,即税收四原则:公平原则、确定原则、便利原则与经济原则。他认为税收必须满足这些原则,洛克对当时高税负的现状进行了抨击,为新兴的资产阶级代言,他还认为在征税时要尽量节约征收费用,使纳税人付出的,应该尽可能等于国家所收入,这样就可以减少税收成本,保护人民的收入。只有政府在获取税收的过程中是最经济的,就能与市场保持更合适的距离,使市场按照自己的方式进行运作,从这个维度上说,税收在经济上的职能仍没有得到显著的突出。

大卫·李嘉图在亚当·斯密的基础上进一步考察了税收在经济体系中的作用,并且进行了细化,李嘉图从劳动价值论出发,认为税收是被国家占有的劳动产品,并对其进行支配与使用,因此,他认为赋税是劳动产品价值的一部分,来源于经济活动本身。他指出:"赋税是一个国家的土地和劳动的产品中由政府支配的部

---

① [美]约翰·罗尔斯:《正义论》,何怀宏、何包钢、廖申白译,中国社会科学出版社,1988年版,第279页。

分，它最后总是由该国家的资本中或是由该国的收入中支付的。"① 在李嘉图的税收理论中，固定资本与劳动产品都是税收的源泉，因此，如果国家在税收的征稽中数额定得过高，就会减小资本与劳动产品的数量，进而影响经济的发展。李嘉图还指出一定的赋税会造成利润率下降，提高某一产品的税收额度，就会影响该产品的价格，从而导致资本转移的倾向，同时，他又认为，如果征税不具有普遍性，只对某种产品征税，也会引起资本的转移。他说："任何课加在农业经营者身上的赋税，无论是采取土地税的形式，什一税的形式还是产品税的形式，都将增加生产成本，因之也就会提高农产品的价格"②，"如果谷物的价格不能按课税总额提高，农业利润就会低于一般利润水平，资本就会寻找更为有利的用途"③。当这种产品的收益在很大程度上被高额税收抵消后，农户就会转向税收额度相对较低，并且获益差不多的产品，这样，税收就表现出影响经济结构的功能。因此他认为，为了减轻赋税对生产的不利影响，就要避免对资本课税，而尽量征收弊病最小的均等收入税和奢侈品税。此外，李嘉图还认为，在政府对经济的调节过程中，可以通过税收杠杆产生经济影响，政府对一种产品的征收额度进行调整，变个人所得为政府收入，就可以改变国民的收入投向，引导资源配置；在对外贸易中，政府可以通过对关税的调整，包括出口退税，进口课税，就能促进对外贸易，促进本国经济发展。可见，李嘉图在财政税收理论体系上，是与斯密一脉相承的，但李嘉图在斯密的基础上扩展了税收的来源，认为税收或者来源于资本，或者来源于收入。当赋税是由人民增加生产或减少消费来偿付的，这时税收落在收入上，否则就要落在资本上。李嘉图认为，如果税收来源于收入，就会减少资本的积累即减少未来的资本，如果税收来源于资本，它就会减少现有的资本；税收无论来源于哪里，总是对资本有害的。因此他主张为维持资本的积累和促进生产的扩大，政府应尽量减少征税。

尽管洛克的经济自由主义税收思想在长期内影响了西方主要国家的税收政策，但随着两次世界大战与两次经济危机给西方世界带来的教训，促使西方学者重新思考经济自由主义的缺陷，进而出现了国家对经济的干预与调整，在税收思想上，德国经济学家瓦格纳所提出"社会政策学说"，主张运用立法和行政手段，消除社会分配弊端的国家政策，瓦格纳认为税收是实现社会政策目标的重要手段，他反对自由竞争，主张国家干预经济，扩大财政支出。与瓦格拉相呼应，英国学者凯

---

① 李嘉图：《政治经济学及赋税原理》，商务印书馆，1976年版，第127页。
② 李嘉图：《政治经济学及赋税原理》，商务印书馆，1976年版，第132页。
③ 李嘉图：《政治经济学及赋税原理》，商务印书馆，1976年版，第140页。

恩斯也主张国家对市场的干预。在税收理论方面，虽然凯恩斯未作全面而系统的分析，也未单独论述，但他将税收作为宏观分析的一个内容，关注了税收在实现充分就业、防止经济和社会危机中的作用。凯恩斯说道："我们生存其中的经济社会，其显著缺点乃在不能提供充分就业，以及财富与所得分配有欠公平合理。"因此，他认为税收在提高就业与消除社会不公平方面具有突出的意义。他认为，税收总是政府将纳税人手中的收入，从而减少私人手中的货币数量，所以任何一种税都有促成通货紧缩、产生减少消费的趋势。因此，凯恩斯主张政府要尽可能地减少税收，保证私人拥有更多的货币，帮助提高有效需求和刺激私人投资，进而增加就业。凯恩斯因此完全否认了传统的经济学家认为不应该对富人征高额累进税的观点，他们认为社会资本的增长是来自储蓄，而储蓄大多来自富人。

与凯恩斯一脉相承的美国经济学家马斯格雷夫进一步深化了凯恩斯主义关于政府对经济的调控理论，提出了著名的公共支出理论，在税收领域将税收与社会公共部门理论、宏观经济学、微观经济学、政治决策理论与福利经济学等多种学科范畴等融为一体，大大拓宽了税收经济学的研究领域。马斯格雷夫认为政府在税收方面要提高税收对市场的矫正作用，促进国民收入的再分配，同时促进就业，马斯格雷夫区分了社会公共部门与私人部门之间的关系，税收作为公共支出的主要来源，那么就要保证公民在税收中的权利，实现税收的公平，马斯格雷夫与凯恩斯一样，认为通过税收可以调整市场的经济结构，刺激经济增长，进而增加就业。马斯格雷夫认为，税收在进入政府财政部门之前，主要与国民的私人财产相联系，一旦以税收的形式上缴国库，这部分收入就成为了国家进行再分配的资金，而用来应付社会公共利益所需要的服务，他认为私人商品具有排他性，它的生产可以由个人的需求偏好来决定，市场本身就可以予以解决，但社会公共利益是非排他性的，这类商品的供给不可能像私人商品那样由市场法则来决定，只能通过税收获得的资金来提供给社会大众。但马斯格雷夫同样认为，即使在比较完善的市场体系中，季节性、偶然性与风险仍然会影响到整个经济的秩序；因此，市场本身不可能实现充分就业和物价稳定的目标，需要国家的强制干预，这样，税收就可以对经济失调予以补救。因此马斯格雷夫认为，税收在经济方面具有相当直接的作用，包括：第一，资源配置作用。一是为社会商品的供给筹措必要的资金，通过财政的支出与管理，促进资源的配置，目的在于使社会商品的供给和私人商品的供给协调起来。二是通过税收影响居民的收入水平，尤其在累进税率的作用下，调节社会大众的消费趋势，进而影响投资者的需要求，实现资源的配置。第二，收入再分配作用。由于税收是强制征收的，因此它可以让在市场机制中形成的高收入者多负担税收，让低收入者少负担税收，以便实现或改善社会公平的状况，对税收公平的作用是马斯格雷夫税收理论的重点之一。第三，提高就业率，通过税收的经济调节作用，引导经济结构的改变，进而促进就业率的提高。

税收在现代财政国家中的经济功能无疑特别重要，可以增加国家的财政收入，以助于社会福利的提高；可以通过税收政策来调整经济结构，促进资源的合理配置。当然，对于国家与公民来说，税收的经济功能不是唯一的价值，通过税收还可以调节公民之间的收入分配，尤其对于弱势群体来说，强大的财政国家是实现社会公平与社会福利的基础。但是，对于国家来说，对公民征税并不是税率越高，国家的税收总量就越大，美国学者拉弗认为，税收的征稽是一个"倒U曲线"："当税率为100%时，货币经济（与主要是为了逃税而存在的物物交换不同）中的全部生产都停止了，如果人们的所有劳动成果都被政府所征收，他们就不愿意在货币经济中工作，因此由于生产中断，没有什么可供征收100%税额，政府的收益就等于零。"税率从0～100%，税收总额从零回归到零。"拉弗曲线"必然有一个转折点，在此点之下，即在一定的税率之下，政府的税收随税率的升高而增加，一旦税率的增加越过了这一转折点，政府税收将随税率的进一步提高而减少。因此"拉弗曲线"认为：税率高并不等于实际税收就高。税率太高，人们就被吓跑了，结果是什么经济活动都不发生，你反而收不上税来。只有在税率达到一个最优值时，实际税收才是最高的。

第二节 税收的德性

税收作为与国家相伴而生的产物，它的出现是必然的，但国家对税收以及人民对税收的接受并不必然证明税收的全部合理性，因为税收在本质上是对人民权利的一种分割，虽然休谟、洛克以及斯密认为税收建立在自愿交换的契约基础之上，但同时认为如果税收在立法与制度上没有得到合理的安排，就会导致人民权利的被侵犯，因此，要保证国家的正常运行与人民权利的安全，就需要建立合理的税收制度。在前文中我们已知道，税收对于国家来说，它具有突出的政治价值与经济价值，在政治维度中助于社会公平与个体权利的保障与实现，在经济方面，可以促进经济结构的调整、提高就业率以及提高国民的社会福利，从以上维度上说，税收具有积极的价值。但正如拉弗曲线所揭示的，高税率并不必然获得高税收，税收与税率以及国家财政收入之间处于一种博弈状态，因此对现代财政国家来说，我们应该关注税收本身的结构与功能，把税收不只作为一种经济范畴，还应该把它视为一个政治范畴与伦理范畴来进行考察。

实质上，税收本身就具有德性价值，按照西方伦理学理论，在古希腊时期德性是人与其他事物所共有的，德性源于希腊语"arête"，意指事物本身所固有的功能与效用，如椅子的功能是坐人，斧子的功能是砍木材，如果，事物本身具有更好地实现功能的品质，那么它就具有德性，柏拉图在《理想国》中讨论了马、剪刀的 arête 之后，还讨论了人的感觉器官的 arête。认为眼睛的功能是看，视力强就是功能好，就是眼睛的德性；耳朵的功能是听，听力强就是耳朵的功能完善，尽到耳朵的功能并达到它的目的，就是耳朵的德性，"如果耳朵失掉它特有的德性，就不能发挥耳朵的功能了"①。因此，从德性概念的原初意义上说，德性就是一种事物实现其目的的优良品质。当然，随着社会的发展与人类自身认识能力的提高，德性开始从 arête 走向 virtue，这时候，德性就主要指与人有关的美德。② 因此，我们基于这样的角度，认为税收具有特定的伦理德性，反之，无论出于政治的立场，还是经济的立场，税收应该与伦理相结合，正如阿玛蒂亚·森所批判的，他认为经济学与伦理学的分离造成了经济学的贫困，同时，也造成了伦理学的弱说服力，因此，伦理学和经济学必须结合起来。对于税收来说，它既然是国家与个人的一种关系，那么国家在税收上的任何行为都具有政治性，所以税收是一个政治概念；同时，税收尽管是国家对个人财力的一种征稽，但税收的目的不是为一国家机器本身，而是为了公共利益；此外，税收是对个人权利的一种占有，但这

---

① ［古希腊］柏拉图：《理想国》，郭斌和、张竹明译，商务印书馆，2002 年版，第 41 页。

② 苏格拉底是最早将德性从动物与人之间区分开来，他认为美德就是知识，他的学生柏拉图把美德视为遵守秩序的品质，而亚里士多德进一步区分了美德的先验性与习成性，将美德分为伦理美德与理智美德。在古希腊时期，美德与人的幸福是联系在一起的，但到中世纪后，在神学的渗透下，美德被神圣化了，奥古斯丁就认为美德是爱的秩序，这爱是指向上帝的，托马斯·阿奎那认为美德是好的习惯。自文艺复兴以降，美德作为与人的行为以及幸福有关的道德价值在规范伦理学与功利主义的盛行下一度消解，但在 20 世纪，随着美国学安塞库姆以及麦金泰尔等人的努下，美德伦理学再度流行起来。麦金泰尔在其著作中称，历史上至少有三种不同的美德概念：美德是一种使个人能够履行其社会角色的品质（荷马）；美德是一种使个人能够朝实现人所特有的 telos（目的）而运动的品质，无论这目的是自然的还是超自然的（亚里士多德、《新约》、阿奎那）；美德是一种有利于获得尘世或天国的成功的品质（富兰克林）。对麦金泰尔本人来说，它的解释是亚里士多德式的，它认为美德是一种实践性的品质，无论我们个人的道德立场或我们社会的人体准则是什么。参见麦金泰尔著：《追寻美德》，宋继杰译，译林出版社，2003 年版，第 235～244 页。而在本文中，我们所依据的德性概念是一种更原初的范畴，主要指 arête（德性），而非 virtue（美德）。在此，我们通过对美德概念的梳理，意在强调我们在本文中所作的概念选择。

种占有具有比例性，并且税收具有再分配性，对于个人来说，税收内在地具有了促进社会公平的价值。因此税收的德性至少可以从三个方面体现出来，即国家维度上的政治德性、社会公共利益上的社会德性以及个人权利上的矫正德性。

一、国家正当性的证成：税收的政治德性

在霍布斯、洛克与卢梭等传统契约论思想家理论中，税收源于个人权利与国家权力之间的利益交换，虽然霍布斯与洛克以及卢梭在国家理论上的人性论基础并不一致，但国家都源自个人权利的让渡，通过契约的形式形成国家，进而保护个人的权利与财产的安全。因此，要维持国家的运行，并实现国家对公民的保护，就需要公民纳税，所以在传统契约论理论体系中，国家的合法性与税收的产生具有同质性，也就是说，在利益交换论的语境中，税收可以在下政治维度证成国家的正当性。而在马斯格雷夫与波斯纳的公共需要论语境中，税收的目的是为了提供公共服务，以满足国民的公共需要，因此从公共需要论的角度来说，税收同样可以为国家的正当性提供证明。综而观之，税收具有显著的政治德性，按照政治概念的谱系学来说，国家的正当性与证成性是两个具有差异、但又紧密相连的概念。我国学者周濂认为正当性与证成性是两个需要厘清的相关概念，他认为正当性与证成性有两个方面的区分：首先，在概念层面上，正当性是一种"回溯性"的概念，它关注的是权力的来源和谱系，也就是从"发生的进路"去评价权力或者国家；而作为"前瞻性"概念的证成性，关注的是权力的效用和达成的目的，也即从"目的的进路"去评价值权力或者国家。其次，在观念层面上，特别是在洛克的个人主义、自由主义传统下，正当性关注的是"国家与个体主体之间的特殊关系"，而证成性关注的是"国家与作为整体的主体的一般关系"①。如此，我们可以从两个层面考察税收对于国家的政治德生。

第一，税收起源上的合法性是国家正当性的基础。卢梭曾断言说："既然任何人对于自己的同类都没有任何天然的权威，既然权力并不能产生任何权利，于是便只剩下来约定可以成为人间一个合法权威的基础。"②而契约论的前提是，订立契约的双方是具有平等权利的主体，按照相互认同的意见达成协议，这就突出了认同在契约中的意义，因此，建立在契约论基础之上的国家必须建立在获得民众的认同，洛克曾经指出："唯当主体自由地认可政治权力的施行，唯当政治权力一

---

① 周濂：《现代政治的正当性基础》，生活·读书·新知三联书店，2008年版，第41页。
② [法]卢梭：《社会契约论》，何兆武译，商务印书馆，2006年版，第10页。

直在认可所授权的范围内发挥作用，这些政治权力才是道德上正当的，并且这些主体才有道德义务服从政治权力，特定国家的正当性因此就成为认可，成为国家与其成员之间的关系的真实历史。"① 传统契约论将国家的正当性建立在严格的公民认可理论上，现代学者沃尔泽在论述认可理论与政府关系时说："在认可理论的脉络中，我们不能说因为政府是正义（just）的，所以公民就应该遵守义务，而更应该说因为公民认可，所以政府才是正义的。"② 可见，政府的正当性只有获得了民众的普遍认可才是完整的，正是基于这样的理由，洛克特别指出了，政府对公民的纳税必须征得人民的同意，否则就是不正义的。反过来说，税收上的合法性同时可以证明国家权力的正当性。

那么，国家要通过税收的合法性来证明自身的正当性，就需要在税收的征收上获得人民的同意，显然，在国家与公民的关系上，国家是一个整体性的存在，而公民在数量上显然无法与国家分别对话，这就导致了国家与公民在交往上的不对称，为此需要通过人民代表的形式，或者法律的形式来完成这种行为，这就是洛克所说的未经人民或其代表同意，就决不应该对人民的财产课税。进一步来说，只有将人民的意见上升到法律的高度，才能更好地实现国家在征税上面的合法性，而这一过程，在历史上经历了漫长的时期，并首先在英国实现。1214年英王约翰与贵族之间围绕盾牌钱的开征展开了斗争，其结果是次年约翰王与贵族代表签下了限制王权的著名的《自由大宪章》。这是对国王私自征税权力的限制，"一切盾金及援助金，如不基于朕之王国的一般评议会的决定，则在朕之王国内不允许课税"，这就是税收法定的前身。到了1640年，查理一世在内战中被送上断头台，随后"光荣革命"取得胜利。1689年，英国国会制定《权利法案》，进一步申明"凡未经国会准许，借口国王特权，为国王而征收，或供国王使用而征收金钱，超出国会允许之时限或方式者，皆为非法。"此时，世界上税收法定主义在英国正式确立起来。在美国，税收法定主义表现为"无代议士则不纳税"。美利坚合众国宪法诞生后，"无代议士则不纳税"成为世界上第一部成文宪法的税收原则规范。随后，随着民主宪政实践的发展，世界上其他国家也纷纷借鉴英美的税收精神，并将之引入本国宪法与法律，1971年通过的《阿拉伯埃及共和国永久宪法》规定：只有通过法律才能设置、修改或取消公共税捐；除法律规定的情况以外，任何人均不得免交税捐，只有法律规定的范围内，才可以责成人们交纳其他形式的赋税。

---

① A. John Simmons, "Justification and Legitimacy", in Ethics; Juty 1999, p. 745.
② Michael Walzer, Obligation: Essays on Disobedience, War and Citizenship (Harvard University Press, 1970), xii.

当税收法定成为一个国家征税的准则时,国家在税收的合法性才得到最终确立,而税收也因此具有证明国家正当性的德性价值。

第二,税收的征纳与分配可以证成国家的正当性。在政治哲学语境中,国家权力的正当性有三个来源:起源于神话、起源于宗教、伦理以及起源于理性的程序。① 而对于现代国家来说,国家一旦产生,就必将为自身寻求政治的合法性,也就是努力证成自身,通过政治的、经济的、文化的方式获得人民的认可,进而对新的国家予以接受,美国政治哲学家认为,证成一个国家就是要"表明一个或者某些现实的国家类型总体而比任何可能的国家在道德上可接受(或者理想的)以及在理性上更可取……在这样的论证过程中,我们将要特别证明,国家可能拥有的美德,或者它们可能提供的善——例如正义或者法律规则——使得拥有这样的国家在世界不啻为一件好事"②。而要在道德上证成国家的正当性,国家在权力上的行使就成为人民极为关心的事情,在前文中我们已经认识到,税收不只是一种经济手段,更可以成为国家权力与人民权利博弈的工具。随着现代财政国家的转型,税收在担当保护人民权利与安全之外,更增加了对人民福利的考量,因此,税收要证成国家的正当性,它需要兼顾如下方面的美德:首先,税收应该以提供公共服务为目的,满足人民的公共需要。尽管国家机器的运行需要相当数量的财力,但这不是税收的目的,国家机器的运行必须建立在实现公共利益的基础之上,因此,在国家与社会服务的关系上,应当加大税收的公共支出,诚如马斯格雷夫所提倡的,公共部门的存在就是为了更好地使用国家用于公共需要的资金,他认为公共部门有助于促进基础设施如公共高速公路、公费教育的增长和社会保险的提高。其次,税收应当有助于社会公平的实现。作为再分配的资源,税收可以调整收入在个体之间的重新分配,通过对高收入群体征收超额累进的个人所得税来实现分配结果的相对公平,同时辅之以遗产税、赠与税等其他税种的调整来适度保障分配前提的平等,进而维护一个社会的公平正义之基础。再次,提高国民的整体福利。尽管在布坎南等自由主义经济学家理论中,国家与政府对经济的干预越弱越好,通过市场本身的手段实现资源的有序配置,增加国家的总体财富,但实质上,市场本身无法为处于弱势群体的人民谋取利益,罗尔斯也认为,先天的财富并不是应得的,因此,要实现社会的正义,关注弱势群体的利益,就需要国家通过相应的方式矫正这种财富的不均衡,扩大政府在福利政策上的开支,提高

---

① Jurgen Haberas, "Legitimation Problems in the Modern State", Communication and Evolution of Society, translated by Thomas McCarthy (Beacon Press, 1979), pp. 183~184.

② A. John Simmons, "Justification and Legitimacy", in Ethics; Juty 1999, p. 742.

人民的整体福利水平。

二、提供公共利益：税收的社会德性

洛克在论及政府的责任时，正确地指出"凡是显然为人民谋福利以及把政府建立在它的真正基础之上的任何行为，都是而且永远是正当的特权"①。洛克将人民的同意视为国家征税的前提；也同时指出了政府的目的是为了人民的幸福，当然，洛克承认政府的运行需要巨大的资金才能维持，因此，税收自然有一部分是为了满足国家机器的运行。在卢梭的理论中，建立在契约之上的国家可以有多种形态，但他认为民主制更加合理，因为在民主制中人民可以具有实际地表达意见的机会，人民的共同利益集中表现出一种公意，他说："只要有若干人结合起来自认为是一个整体，他们就是只能有一个意志，这个意志关系着共同的生存以及公共的幸福。这时，国家的全部精力是蓬勃而单纯的，它的准则是光辉而明晰的；这里绝没有各种错综复杂、互相矛盾的利益，公共福利到处都明白确切地显现出来，只要有理智就能看到它们。"② 在这样的意志统一下，政府的行为就具有了直接的目的性，政府必须是为了公意的目的发生行政行为。根据洛克与卢梭等人的社会契约论观点，国家源于人民与国家之间的契约关系，并通过宪法的形式得到确立，国家权力始于公民权利，公民权利是国家权力的基础。在这样的语境下，国家的存在就是为了实现因个人之间的冲突而无法完成的社会的稳定与秩序，所以，国家的目的就在于保障基于个人利益之上而产生的公共利益。来自于人民的税收就不是为了国家机器本身，而应该在国家权力的行使下为国民提供公共服务，满足人民的公共利益。

诚然，公共利益并不是一个自明的概念，在功利主义理论视阈中，公共利益就是个人利益的扩大，功利主义认为政府的目的就是增加最大多数人的最大幸福，边沁认为个人的幸福与大多数人的幸福并没有质的不同，都建立在趋乐避苦的基础之上，他说："共同体的利益（即社会利益）是组成共同体的若干成员的利益总和。"③ 虽然功利主义在论述政府行为的合法性时，指出了政府行为必须助于公共利益的实现，但功利主义将公共利益简单地等同于个人利益的扩大，也就简化

---

① ［英］约翰·洛克：政府论（下），叶启芳、瞿菊农译，商务印书馆，1996年版，第100页。
② ［法］卢梭：《社会契约论》，何兆武译，商务印书馆，2006年版，第19页。
③ ［英］边沁：《道德与立法原理导论》，时殷弘译，商务印书馆，2000年版，第58页。

了政府在实现公共利益行为方面的可操作性,实质上,公共利益尽管在很大程度上代表了个人利益,但公共利益在内涵与外延上远远大于个人利益的扩大,功利主义关于个人利益与公共利益的关系在一定程度上是对个人利益与公共利益矛盾冲突的回避。美国社会法学家罗斯科·庞德认为在法律范围内,利益的主体是一个需要细化的概念,由此他将与主体有关的利益分为个人利益、公共利益与社会利益。其中,个人利益是直接包含在个人生活中并以这种生活的名义而提出的各种要求、需要或愿望;公共利益是包含在一个政治组织社会生活中并基于这一组织的地位而提出的各种要求、需要或愿望;而社会利益是一些其他的利益或某些其他方面的同类利益,它们是包含在文明社会的社会生活中并基于这种生活的地位而提出的各种要求、需要或愿望。① 如果将三种利益更通俗化来说,个人利益相当如私益,公共利益就是国家利益与集团利益,而社会利益就是人民的普遍利益,庞德进一步认为这些利益之间具有一致性,但同时也会发生冲突,因此,对个人利益与公共利益以及社会利益的合理区分是对功利主义的有力补救。在庞德的利益划分中,社会利益是上位概念,和个人利益与公共利益相比更具有终极性,在三者利益发生冲突时,应当突出社会利益的优先性,诚如邓正来所说,"社会利益"是法律的终极权威。② 但有趣的是,庞德的利益论尽管相当清晰,但却与大多数学者关于主体利益的论述发生了错位,在《元照英美法词典》的解释中,公共利益恰是庞德所说的社会利益,在《元照英美法词典》中,Public interest 包含以下内容:(1)应予认可和保护的公众普遍利益;(2)与作为整体的公众休戚相关的事项,尤其是证明政府管制正当性的利益。在解释公用征收中,指出应为全体社会公众的利益征用个人财产,而不是为特定的个人利益。只要符合大部分公众的需要,即达到公众受益的目的,受益者可能局限于某一较小地区的居民,但必须是当地居民共同享有利益。③ 因此,我们将公共利益视为与人民利益普遍相联系的范畴,必然具有更适当的契合性。纽曼在论述公共利益的时候,认为公共利益的主体具有两个特征:一是公共性原则,即开放性,任何人可以接近,不封闭也不专为某些个人所保留。二是为公共事务,国家或地方自治团体设立,维持之设施所掌握的职务,这是以国家设施之存在及所为是为了公共事务的原因。纽曼

---

① [美]罗斯科·庞德:《通过法律的社会控制——法律的任务》,沈宗灵、董世忠译,商务印书馆,1984年版,第37页。
② 邓正来:《社会学法理学中的"社会神"》载[美]庞德:《法制史解释》,邓正来译,中国法制出版社,2002年版,第26~32页。
③ 《元照英美法词典》,法律出版社,2003年版。

认为公益受益人具有不确定性,公益就是不确定多数人的利益,这个"不确定的数受益人"因此符合公共的意义。① 与庞德的利益群体理论相比,纽曼对公共利益的界定与大多数人的观点更加一致。

因此,我们在本文中更倾向于一般解释上的公共利益概念的界定,按照我国学者范进学的论述,公共利益就是指主要由政府提供的、(与)为公众和与公众有关的或为公众所公用或者公共的利益。它包含三层基本含义:其一,公共利益的提供者主要是政府,它为人民提供公共服务。因为人民将自己的一部分权利委托给政府,以此来管理公共事务。其二,公共利益是公众利益或者与公众有关的、为公众所公用的利益,"公众"范围内的公用,则具有公共性,并且任何公共利益的受益人是所有的人而不是某一或特定的利益共同体,否则就不是真正的公共利益。其三,由前两个基本特征派生出来的公共利益的非营利性与共同福利性。他借助哈耶克的观点进一步予以论述,"如果所有的人发现根据某种互惠对等原则而使特定群体的集体利益得到满足,对于他们来说,乃意味着一种大于他们不得不为此承担的税赋的收益,那么只有在这种情形下,一种集体利益才会成为一种普遍利益"②。基于这样的利益群体划分,我们可以看出,大多数学者的公共利益概念实质上与庞德的社会利益概念相一致,但实际上,按照人的主体类型来说,利益可以细分出个体利益、社会利益、公共利益、国家利益与人类整体利益,不同的利益群体是在不同的参照体系中表现出来的。个体利益更多地表现出私益,诸如个人利益、家庭利益。国家利益是作为整体的国家在国际交往中的利益表现,它具有更宏大的利益视野。而人类整体利益是从人与自然的关系维度上来划分的,它体现的是人与其他物种的同一性与差异性,因此,它具有宇宙论的宏大视野。与个体利益、国家利益以及人类整体利益来说,社会利益是全体社会成员共同追求某种社会价值的愿望和要求,它主要包括要求公共安全的社会利益、追求社会制度之安全的社会利益、追求公共道德的社会利益、追求社会资源保护的社会利益和追求社会进步的社会利益。公共利益是对不特定的主体而言的利益,它具有突出的非竞争性与非排他性,在社会利益与公共利益中,社会利益突出了利益的主体与承载者,而公共利益则突出了利益的性质与目的,因此,它们具有很大程度的重合性,在本文中,我们出于理论考察的必要,不再将社会利益与公共利益

---

① 陈新民:《宪法基本权利之基本理论》(上),台湾元照出版社,1999年版,第138~140页。

② 范进学:《定义"公共利益"的方法论及概念诠释》,《法学论坛》,2005年,第1期。

截然分开，而在行文中将二者统合为公共利益，以使公共利益与个人利益与国家利益区分开来。强调这一点，并不是有意将二者之间的差异性遮蔽，而是为了本文在考察税收的最终目的时更具有针对性。

所以，建立在人民收入基础之上的税收的合理性就只能在个人、社会与国家之间得到证成，显然，税收源于个人财产的部分，通过税收聚集而成的资金可以在国家权力的作用下反过来保护个人权利与财产，从这个角度上说，个人权利的保护是税收的目的之一，但并不是税收的真正目的。而国家是人民权利的让渡，它本身不是目的，税收的目的就只能在公共利益的维度中得到证成，在本质上，税收是在国家的作用下，实现个人无法自身完成的公共服务，也就是说，公共利益才是税收的真正目的。在这一点上，国内大部分学者都有着类似的论述，诸如"税收是为了满足一般的社会共同需要，凭借政治权力，按照国家法律规定的标准，强制地、无偿地取得财政收入的一种分配关系。在这种分配关系中，其权利主体是国家，客体是人民创造的国民收入和积累的社会财富，分配的目的是为了满足一般的社会公共需要"[①]。"税收取之于民、用之于民，税收国家有义务为社会提供公共服务，除此之外，不能另有独立目的"，"国家的存在本身不是目的，而是为了满足公共需要，最终是为了更好地实现个人需要"[②]。对于国家来说，它虽然不具有目的性，但税收目的的实现却需要国家权力的运行，"税收是国家为实现其公共职能而凭借其政治权力，依法强制、无偿取得财政收入的一种活动或手段"[③]。

三、 权利的衡平与矫正： 税收的个人德性

税收的目的是通过国家权力的运行为社会提供公共服务，在功利主义者看来，公共利益就是个人利益的扩大，因此，在市场领域中，个人对自我利益的追求能带来整个财富的增加，但对于凯恩斯等福利经济学家来说，市场无法解决应当由道德参与的资源分配领域，需要国家权力的介入，然而国家权力对市场的介入需要界定自己的限度，否则政治力量将使市场成为权力的舞台，必然破坏市场本身的规则。但正如罗尔斯、布坎南等自由主义学者所说的，个人权利在多元价值中具有优先性。罗尔斯在这一点上对功利主义是持批判态度的，他自认为秉承洛克的契约论传统，罗尔斯说："我一直试图做的就是要进一步概括洛克、卢梭和康德

---

① 严振生编著：《税法》，北京大学出版社，1999年版，第1页。
② 刘剑文、熊伟：《税法基础理论》，北京大学出版社，2004年版，第35、37页。
③ 张守文：《税法原理》，北京大学出版社，1999年版，第10页。

所代表的传统的社会契约理论，使之上升到一种更高的抽象水平，借此，我希望能把这种理论发展得能经受住那些常常被认为对它是致命的明显攻击……这种解说在我看来优于占支配地位的传统的功利主解说。"① 这就促使罗尔斯在论证个人权利与社会公共利益时，即保证了个人权利的优先性，但同时又将个人权利置于社会制度的范式中。他认为，政治社会需要得到正义的安排，这个安排在社会制度层面具有层次性，他在其巨著《正义论》中提出了两个正义原则："第一原则：每一个人对那种与所有人都拥有的类似的自由系统相容的具有最广泛的平等之基本自由体系都应拥有一种平等的权利。第二原则：社会和经济的不平等应这样安排，以便它们：（1）在与正义的储存原则相一致的情况下，适合于最少受益者的最大利益。（2）依附于机会公平条件下的职务和地位应对所有人开放。"② 这两个原则确立了他在国家税收上的态度，他认为通过分配部门增加国家的税收财力，然后为公共需要提供服务，同时，在整个税收体系中，通过遗产税、赠与税等高额税种的征收，对财富的不均衡分布进行调整，并结合比例税率获得这种调整的效果。从罗尔斯关于正义原则的总体论述来说，他的理论具有浓厚的弱者关怀意识，他虽然承认"正当优先于善"，但在正当具备了一定条件的情况下，他进一步强调了正义原则对处于社会弱势地位的民众的关心，他认为两个正义原则的先后次序应当如此安排："第一个优先原则：正义原则应以词典式次序排列，因此，自由只因自由之故才可被限制。这有两种情况：（1）一种有够广泛的自由必须加上所有人分享的自由的总体系；（2）一种不够平等的自由必须为那些拥有较少自由的公民所接受。第二个优先原则（正义对效率与福利的优先）正义的第二个原则以词典式次序优先于效率原则和最大限度追求利益总额的原则；公平的机会优先于差别原则。这有两种情况：（1）一种机会的不平等必须扩展那些机会较少者的机会；（2）一种过高的储存率必须最终减轻承受这一重负的人们的负担。"③ 尽管在社群主义与共和主义者看来，罗尔斯对正义原则的论述虽然精致，但认为罗尔斯忽略了个人权利在面临群体利益时的艰难选择，因为罗尔斯认为公平原则是个人优先的，它具有词典式的首位性，但在社群主义看来，社群对于自我和个人具有优先性，并认为人类行为的唯一正确方式是把个人放到其社会的、文化的和历

---

① ［美］约翰·罗尔斯：《正义论》，何怀宏、何包钢、廖申白译，中国社会科学出版社，1988年版，序言第2页。
② ［美］约翰·罗尔斯：《正义论》，何怀宏、何包钢、廖申白译，中国社会科学出版社，1988年版，第302页。
③ ［美］约翰·罗尔斯：《正义论》，何怀宏、何包钢、廖申白译，中国社会科学出版社，1988年版，第302~303页。

史的背景中去考察，社群既是一种善，也是一种必需，人们应当努力追求而不应当放弃。这就直接指出了罗尔斯正义原则在个人与群体关系中并不完善，对于罗尔斯来说，如何协调个人与群体的利益冲突成了正义原则的瓶颈。罗尔斯认为，一种完善的理论也包括对于个人的原则①，显然，在这里，罗尔斯对个人原则的关注是建立在制度正义的基础之上，他如此解读布拉德雷的观点：一个人的职责和义务预先假定了一种对制度的道德观，因此，在对个人的要求能够提出之前，必须确定正义制度的内容。② 如果确定了正义的社会制度，那么，个人的原则就可以从两个方面表现出来，一是对公平原则的遵守，即恪守职责，另一个是个人在社会结构中的自然义务，"与职责相对照，自然义务的特征是它们在用于我们时并不涉及我们自愿的行为。"这就是个人作为一个公民，对国家、社会的自然义务，罗尔斯进一步说，"而且，它们与制度或社会实践没有任何必然的联系，它们的内容一般来说并不是由这些社会安排的规则确定的"③。这就突出了个人在政治社会中所承担的义务具有前提性。

从这个维度上说，在现代财政国家，国家的政治正当性即使没有得到有效的证成，但个人却先验性地具有了服从国家权力的政治义务，当然，前提是国家的权力的行使必须是正当的，所以罗尔斯在确立了个人在现代契约国家的政治义务的基础上，也进一步确立了税收作为调整社会财富在个人之间重新分配的必要性与可能性，的确，税收作为国家实现资源重新分配的手段，它当仁不让地承担起了使财富再分配趋向正义的使命，如果按照罗尔斯对正义维度的划分，社会正义既要保证个人权利的优先性，但同时要追求对弱者的关怀，如此他在考察国家分配部门的作用时，认为税收可以调节社会的公平向度，尤其通过遗产税、累进制所得税加以实现，这就是分配正义的内在意义，诚如有学者所说："在现时代，分配正义的基本内涵是对弱者的生存权利的关注和对强者强力意志的约束。"④

因此，从税收的功能上说，罗尔斯所代表的自由主义与麦金泰尔所代表的社群主义并没有不能调和的鸿沟，我们在建构正义的社会制度时，个人权利的保护固然重要，但群体利益以及公共利益同样重要，并且在个人政治义务的前提下，

---

① ［美］约翰·罗尔斯：《正义论》，何怀宏、何包钢、廖申白译，中国社会科学出版社，1988年版，第108页。
② ［美］约翰·罗尔斯：《正义论》，何怀宏、何包钢、廖申白译，中国社会科学出版社，1988年版，第110页。
③ ［美］约翰·罗尔斯：《正义论》，何怀宏、何包钢、廖申白译，中国社会科学出版社，1988年版，第114页。
④ 何建华：《分配正义论》，人民出版社，2007年版，第39页。

通过对个体权利的调整可以实现权利的平衡与矫正。在霍布斯、洛克的财政思想中，认为国家在税收上应当推行消费税，因为，消费税能鼓励节约、节制奢侈。在现代税收制度中，很多税种的创制就是为了对个人财富的重新调整。① 个人所得税、遗产税是最典型的调整个人财富的税种，然后消费税、赠与税在调整个人财富上具有显著的作用，并且在税率的设置上，这些税制主要采用累进税率，财富的数额越大，税率就越高，这就自然起到了调整高收入、高财富在整个财富结构中的作用，对高收入的高额税收与低收入的低额税收正是税收在个人权利分配中发挥出的矫正与衡平。

罗尔斯认为，由于先天的原因、或者自然的原因而获得比其他人更多的资源，在道德上并不是必然应得的，因为这些资源的获得并没有被先验地容纳在正义的社会制度之中，要使社会资源与财富具有正当性，必须通过正义的社会制度的检验，因为在罗氏理论体系中，权利、平等是正义原则的基础，而对弱者的关怀、对整个社会制度的有序安排是正义原则所关注并要达到的，因此，要兼顾两者，就需要在再分配过程中予以考虑。麦金太尔认为罗尔斯更关注个人权利在实现整个社会利益的平衡方面的意义，他举例比较诺齐克与罗尔斯的差异。比方说，有甲、乙两个人：甲很艰难地通过多年辛勤劳动积攒起一大笔钱，准备用于购房或子女教育，他反对威胁着他的计划的日益上涨的税收，认为这种高税收是不公正的，因为他的积蓄是合法挣来的，他的所有权是正当的，他强调个人的合法所得不容干涉，而不管是否会造成两极分化和贫富悬殊；另一个人（乙）则可能钱来得较容易（如继承遗产），又有某种"知识分子"的良心，对两极分化现象很敏感、很痛心，认为那些财产和权力方面的不平等是不公正的，因而，他将支持产生一种再分配的税收，以便政府通过增加的税收来扶贫济困。② 对于两方来说，甲方（诺齐克）坚持权利的绝对优先，而乙方（罗尔斯）则坚持公平分配的原则，并认为由此造成的对个人合法所得的干涉是必须付出的代价，如果将后者置于整个社会财富的分配当中去理解，就能更清晰地把握罗尔斯所提倡的正义理念——充满着浓厚的人文关怀意识。甲方是根据这些东西是怎么来的，是不是由合法或

---

① 奥地利经济学家罗斯巴德认为，税收并不是如洛克、卢梭等人所认为的是一种善，而是一种恶，因为税收是对个人产权的伤害，在罗斯巴德理论中，产权就是人权，甚至是唯一的人权，参见穆雷·罗斯巴德：《权利与市场》[M]，新星出版社，2007年版，第245页。也就是说，税收源于个人的财产，因此，任何税收都关涉到个人的权利，而税收在再分配过程中的行使，实质上就是对权利的一种重调整。

② 何怀宏：《一些对罗尔斯的批评——德沃金、麦金太尔》，http://wen.org.cn/modules/article/view.article.php/1276

正当途径得来的,只要具有程序上的合法性与合理性,则个人的权利就不可侵犯。乙方则是通过人们尤其是最不利者的基本需要出发,通过他们的起码生存要求来要求某种平等权利。那么,按照罗尔斯的理论,权利的尊重与需要的满足就可以依靠国家税收而加以实现。

第二节 税收与正义的关联

既然税收与国家的历史一样久,并且税收的存在具有必然性,利益交换论与公共需要论都认可了税收的合理性,税收所积累的资金可以在国家权力的行使下保护人民的权利,并提供公共服务,那么在这种情况下,税收就具有相当程度的善。但即使如此,税收仍然是对人民权利的一种侵犯,这就使得税收不可避免地具有恶性,对于当代奥地利经济学派的旗手穆雷·罗斯巴德(Murry N. Rothbard)来说,税收却是一种纯粹的不必要的恶。在他看来,税收在起源上就是一种恶,"如果政府需要为自己的财政收入和开支做预算,那么罪犯同样需要;政府强行征税,罪犯也强行取得自己牌号的强制性保护费,政府发行欺骗性货币,即法定货币,罪犯则可以制造假币。应当明白的是,在人类行为学看来,税收、通货膨胀与抢劫、制造假币的性质和后果,并没有多大区别。它们都是市场上的强制性干涉行为,都是牺牲其他人的利益为代价使一部分人受益……因此,政府和犯罪团伙之间就只有程度的差异,没有性质的区别,而且二者常常可以互相转换。"因此罗斯巴德认为,"税收是一种纯粹和简单的偷窃行为"[①]。它自诞生之日起就没有一个合法的道义基础,罗斯巴德认为税收的恶无法根除,因为在他看来,个人的产权不仅是人权,而是唯一的权利,他说:"产权不仅是人权,而且,在最根本的意义上,除开产权之外别无权利……唯一的人权就是产权。"[②] 基于这样的理由,罗斯巴德断言税收永远是非正义的,而契约主义的交换论仅仅只是指出了税收出现的必然性,但并不能因此证明税收具有正义性,罗斯巴德认为,若要消除税收的非正义性,唯一能做的是根本取消税收。我们认为,罗斯巴德在论述自己的理

---

① [美]穆雷·罗斯巴德:《自由的伦理》,吕炳斌等译,复旦大学出版社,2008年版,第221页。
② [美]穆雷·罗斯巴德:《权利与市场》,刘云鹏、戴忠玉、李卫公译,新星出版社,2007年版,第245页。

论时，虽然指出了税收对人民权利的侵犯，是一种恶，这是正确的，因为他对税收的起源与手段进行了产权上的限定，然而他却忽略了另一点，即税收虽然是人民产权的一部分的出让，但税收的目的却是为了通过国家权力进一步保护个人权利，并且为个人无法完成的公共需要提供服务，那么从这一点上，税收在手段与来源上的恶却具有目的上的更大的善，如果这种手段上的恶出于人民的自愿，那么税收就具有了合适的理由。

所以，我们现在要追问的关键并不是税收的存废——税收的存在是必然的，无法消除、也不可能消除，而应当追问业已存在的税收如何保证它的正义性，也就是说，在税收的多维度之中，如何保证每一维度的正义性，在税收的来源上，税收与个人权利的正义；在税收的目的上，税收与公共利益的正义；在税收的征纳上，税收与国家权力的正义。对这些维度的考察，显然比纯粹地追问税收的存废更有意义得多，依照这样的逻辑进路，对这些问题的考察就成了一个关于税收正义的问题。

对于个人、国家与社会来说，税收正义自然极为重要，诚如有学者说，税收正义是财税国家之税法的核心价值①，税收文明应奉正义为圭臬。② 对于现代国家来说，对税收正义如何强调都不为过。在现代税收理论中，无论是税收法定主义还是量能课税主义，或是实质课税主义，在一定程度上都是为了实现税收正义，虽然如此，对税收正义如何界定却呈现出差异性，甚至难以找到税收正义概念的准确定义，即使在税收正义的相关研究中，国内学者多以自己的立场突出税收正义的不同偏向，以致税收正义概念变得模糊而不确定，台湾学者黄俊杰认为，税捐正义概念内涵之不确定性及多义性，主要原因系涉及观察面向之差异，而导致不同的认知结果。③ 有学者认为税收正义实质是限制国家权力并维护个人权利，"税捐正义之功能，正是为确保宪法所保障人民基本权利之有效实践"。④ 或者认为，"就税捐正义而言，应给予纳税义务人个人有效的主观权利保护，并实现课税之客合法性以及课税平等，以维护公共利益"⑤。或者认为，"税收公平乃税收正义的首要内容，依个人给付能力平等课征的量能原则系税收正义对所得税的基本要求"⑥。

---

① 黄俊杰：《税捐正义》，北京大学出版社，2004年版，第2页。
② 施正文：《论程序法治与税收正义》，法学家，2004年，第5期。
③ 黄俊杰：《税捐正义》，北京大学出版社，2004年版，第2页。
④ Klaus Tipke, Steuergerechtigkeit in Theorie und Praxis, 1981, s. 22f.
⑤ 陈清秀：《税务诉讼之诉讼标的》，台湾三民书局，1992年版，第567页。
⑥ 黄俊杰：《纳税者权利保护》，台湾翰芦图书出版有限公司，2004年版，第5页。

显然，当前学界对税收正义的考察主要囿于国家财税权力与个人权利的二元紧张，在一定程度上将税收正义简约成了权力与权利的对立，这显然有失偏颇，我们认为，税收正义实质上不只是二元关系，通过前文的论述，在国家权力与个人权利之外，还有公共利益这一维度，并且在根本上，公共利益才是国家税收的根本原因。因此，税收正义必须同时考察国家权力、个人权利与公共利益三个维度之间的关系，对任何一个维度的忽略，都难以在整体上证成税收正义。我们认为，税收正义就是实现三个维度之间关系的协调平衡，在保护并尊重个人权利的前提下，通过国家权力的合理行使最终实现公共利益。在税收行为中，税收只有以公共利益为目的时，它才是正义的。税收就是以公共利益为目的，个人权利为前提①，国家权力为实现公共利益并维护个人权利的工具。当然，这三者并不是在所有情况下都如此，在不同的法律范畴中，公共利益、个人权利与国家权力在地位上具有差异性，但从总体上来说，公法均以个人权利为前提，以公共利益为目的。在私法中，个人权利却既是前提又是目的，国家权力总是担当调节二者之间关系的角色，通过合理的方式使公共利益与个人权利达到平衡。另一方面，在权利与权力的来源与归宿上，公共利益、个人权利与国家权力又具有同质性，个人权利是公共利益与国家权力的来源，公共利益与国家权力均从个人权利衍生而来，个人权利的集合与普遍化就成为公共利益，而个人权利的部分让渡便转化为国家权力，因此，公共利益与国家权力并不超然于个人权利之上，它们的产生与发展最终都是为了实现个人权利，尽管如此，在现实生活中，由于个人需要的差异以及社会发展程度的不同，个人权利与公共利益并不必然一致，反而表现出矛盾及冲突的一面，这就使三者之间关系纷繁而复杂，正是这种复杂性要求我们从不同角度平衡它们之间的关系。在税收中，也正是由于个人权利、公共利益及国家权力既有一致性又有冲突的一面，我们就有必要对它们之间的关系进行学理上的辨析。

一、国家权力与公共利益的一致与冲突

英国埃德蒙·柏克（Edmund Burke）就曾指出"国家的岁入就是国家"②，指

---

① 诸多学者均认为税收正义是限制国家权力的滥用，并达到维护个人权利的目的，以此认为前者为手段，后者是目的，实质上，税收这概念本身就内含了对个人权利的认可，如果没有个人，没有个人财产的先在性，税收就成了一种强夺，也就不成为税收了。因此，个人权利的维护不是税收正义的目的，恰是税收正义的前提，这在后文将进一步进行论述。

② ［英］柏克：《法国革命论》，何兆武、许振洲、彭刚译，商务印书馆，1998年版，第292页。

出了税收对于国家的重要性,唯有税收的支持,国家才能存在,国家的权力才能成为现实,并行使自身的职权。显然,从权力的来源上说,国家权力与公共利益具有一致性,在古典契约论传统理论中,国家的权力是公民权利的让渡,而公共利益又是公民权利的抽象与普遍化,在这个维度上,国家权力与公共利益具有相同的基础——即个人权利。在理想状态下,国家权力与公共利益是统一的,但由于国家具有自身的组织结构,各种部门的存在,就使得国家的意志不可能永远达成一致,这就使各种意见具有了互相冲突的潜在性,如此,国家权力就无法永远与公共利益保持一致。所以我们需要突出二者一致的重要性,进而为国家权力与公共利益的矛盾冲突提供化解的理论背景:

(一) 国家权力与公共利益的一致性:基于二者目的与基础的考察

国家建立在契约的基础之上,这是我们均已接受的观点,国家的存在是为了调节各种社会关系,防止"人对人的战争"这一自私与恶之本性,这是国家产生的最初原因,如果说,传统意义上的国家职能主要着力于保护生命与财产,防止战争,那么这只是一种消极的国家行为,它更接近于现代政治哲学中的"自由国家"或"最低限度国家"政治理念。现代福利国家则扩展了国家在保护个人权利上的限度,他们认为消极的保护行为并不助于提高人民的整体福利,国家还应当为个人需要、但却不愿或无法完成的公共服务提供服务,所以,公共利益的提供,提高整个社会的福利水平才是国家最根本的目的。与此相一致,国家税收支出仅用于消极地维护社会秩序,防止国家权力滥用,保护公民的权利。这种国家治理形式虽然有助于对个人权利的尊重与保护,但却对社会的总体发展与社会总正义不利,罗尔斯认为一个正义的制度与社会必须在平等的基础上优先关注社会中处于不利位置的大多数弱势群体,他认为一个国家幸福总量的增加并不必然让所有人受惠,如果增加的财富仅集中于强势群体,反而会形成强者愈强、弱者愈弱的马太效应,所以,他认为社会幸福增加的关键不是一味将蛋糕尽可能地做大,而是以一种公平的制度、公平的程序在平等的基础上优先照顾大部分处于社会不利地位的民众,这部分民众更真实地代表着公共利益。实质上,罗尔斯努力构建正义的社会政治体系就是一种"福利国家"的政治制度,它与传统国家的差异在于以积极的行为保护、提高、增加国民的生存与幸福质量。所以国家的存在本身不是目的,而是为了满足公共需要,最终是为了更好地实现个人需要,从这点上说,国家不是一个权力主体,而一个义务主体,国家的职责在于为公众提供必需的公共服务,包括教育、基础设施、国防、社会治安、社会福利,由于国家不直接进行生产活动,因此这些服务的提供需要社会供给一定的资金,税收就是这样一种国家财政行为,税收不是国家运行的目的,税收的征收与支出当以公共利益为依归,虽然公共利益仍然是一个需要准确界定的概念,但它并不是虚假的、空洞无物的,简单说来,公共利益就是具有普遍性的共同利益,它至少可以包括:(1)国家安全和军事用途;(2)交通、水利、能源等公共事业或市政建设;(3)教育、文化、卫生、慈善机构等社会公共事业;(4)国家重大经济建设项目;(5)其他由政府兴办以公益为目的之事业。从新制度经济学角度来说,国家税收主要提供公共产品,满足公共需要,从功利主义角度来说,公共利益就是最大多数人的最大幸福,它与社会的整体幸福相一致,因此,国家税收的支出就当以提高整个社会的幸福为目的,虽然个人才是社会的真正主体,但对于宏观调控方式上的国家税收来说,公共利益才是它运行的真正目的,因此,国家权力作为一种权力的存在样态,它并不是以自身为目的,而是以保护个人的权利,并促进整个国民的幸福为目的。

　　进一步来说,国家权力与公共利益之所以在目的上具有一致性,是因为二者具有同样的基础,即个人权利。个人权利是国家权力与公共利益共同基础,这并不是一个具有很大争议的问题,在传统契约论者看来,国家就是个人在订立契约的基础上而产生的,无论是霍布斯的个人权利的完全让渡,还是洛克的个人权利部分让渡,以及卢梭的权利监护,国家权力都没有超出个人权利的界限,因此在国家的来源上,个人权利是源头。到了功利主义的理论范式中,政府的作用就是直接地促进大多数人的最大幸福,而最大幸福就是个人利益的集合,功利主义并没有将个人权利与国家权力的冲突计算在内,而更多地体现出了国家权力与个人权利的一致性。而对于现代自由主义理论来说,个人权利的逻辑前提性意义就更加明显,罗尔斯认为自由是基础,强调了个人权利在社会制度中的作用,即便是以大多数人的名义也不能证明对个人权利侵犯的合理性。对于诺齐克来说,个人的权利与自由就更加重要,只要是权利来源的程序是合理的,那个人权利就具有绝对的优先性。显然自由主义与功利主义不一致的地方在于突出了权利与权力的矛盾与冲突,却并没有在根本上否定国家权力来源于个人权利的事实。而对于公共利益来说,它在理想状态下公共利益是一致的,但由于国家具有结构性的组织,有各种部门,这就使得国家具有一定的实体性,也就有了二者相互冲突的可能性。因此,卢梭认为国家的权力只有表达全体成员的意见,才是道德的,它因此区分了公意与众意的差别,他认为公意是普遍性的意见,是在个人自愿,并且是合理利益综合而成的,他说:"国家全体成员的经常意志就是公意;正因为如此,他们才是公民并且是自由的。"① 这就要求，国家需要将公意以确定的形式表现出来，就是法律。在卢梭看来，公意的形成，除了全体人民的同意之外，这种同意还必须是建立在大家讨论的基础之上，否则它就可能是部分人的意见，而部分人的意见只是众意，它很可能与其他人的意见相冲突，缺乏普遍性，这就不再是与国家权力相一致的公共利益，这显然是不合理的。正如哈贝马斯援引学者曼宁（B. Manin）的话对契约主义关于合法性的概括："合法的决定并不代表所有人的意愿，而是所有人讨论的结果。赋予结果以合法性的，是意愿的形成过程，而不是已经形成的意愿的总和。"② 所以，在卢梭的契约论理论体系中，公共利益必须与众意区分开来，不能因为众意的特殊性而造成个人权利无法集合成国家权力，因此，我们从卢梭对公意与众意的考察，可以自然地得出公共利益与国家权力的一致性，因为它们都建立在个人权利的基础之上。

（二）国家权力与公共利益的冲突：基于利益多元性的考察

从利益角度对国家权力的考察，功利主义无疑具有更为直接的相关性，在功利主义看来，政府的作用就是促进最大多数人的最大利益，由于功利主义将公共利益视为个人利益的简单扩大，而忽略了个人权利与公共利益的冲突，因此，就使得古典功利主义无法担当起更为细致地对国家权力与公共利益考察的重任。从自由主义理论话语来说，社会的多元性使得权利不可能完全一致，这是个体的差异性决定的，个体的差异产生利益的差异，因此，不同的个体的结合就自然导致了利益的冲突与矛盾。凯克斯（John Kekes）认为多元主义在政治社会生活中具有特别显著的影响，他认为多元主义具有四个命题：（1）实现美好生活所必须之价值具有不可通约性；（2）这些价值彼此冲突，所以实现某些价值就会排斥一些其他价值；（3）这些价值冲突的解决缺乏权威性的标准，因为标准也是多元的；（4）在这些不可通约性价值冲突中，仍然存在合理的解决之道。③ 按照多元主义如此的界定，社会生活必然是一个充满冲突与矛盾的场所，并且不容易找到比较合理的解决方法。当然，凯克斯认为多元主义更多的是一种价值，他认为多元主义否定最高价值的存在，也不承认各种价值进行高低先后的排序，即使在不同的价值冲突中有合理的解决方法，这种方法也并不是最终的权威，在多元主义者看来，主张一个价值永远具有优先性是不合理的。那么，基于这样的观点，由彼此差异的个体利益聚合而成的公共利益与国家权力的不一致就是必然的，尽管在契

---

① ［法］卢梭：《社会契约论》，何兆武译，商务印书馆，2006年版，第136页。
② 哈贝马斯：《公共领域的结构转型》，学林出版社，1999年版，第23页。
③ 林火旺：《正义与公民》，吉林出版集团有限责任公司，2008年版，第113页。

约主义看来，国家是个人认可与订立契约的结果，但国家发展的过程同时是不同个体利益冲突的过程，因此，在这个维度上，公共利益无法达到洛克所说的普遍性的公意境界，而更多的是一种众意，在这个平面上，如果将国家权力视为一个实体的话，他与公共利益是不可能一致的。

另一方面，从国家权力的构成来看，国家在结构上不是浑然一体的，它有复杂的组织部门，包括横向的部门与纵向的部门，现代国家具有典型的立法、司法与行政三权分立结构，这些部门之间具有各自的功能，同时相互制约，这在一定程度上控制了权力的膨胀与滥用，但同时也承认了权力作为一种可以分有的事物，它在不同的部门之间具有相互冲突的可能，因为每一个部门都容易受到权力的诱惑与煽动，而成为获取利益的工具，正如美国制度经济学派代表人物康芒斯所认为的，国家的统治权就是一种暴力，它总是为国家本身所掌握，这种权力在现实中总是以财富的样态表现出来，谁拥有财富，就拥有权力，他进一步说，"统治权（或主权）和财产是同一的"①。因此，作为国家财富的来源，税收有时并没有成为人民福利提高的资源，反而会成为国家机器本身的收入，这时，国家权力就远离了公共利益，不再与公共利益保持一致。进一步说，因为组织结构的复杂性与利益的多元性，国家权力无法与公共利益保持永远的一致，同时，作为附带各种利益需求的国家权力本身来说，它也无法实现国家结构自身的完善，也就是说，社会制度是永远不可能完美的，只能是在各种不同的制度中选择更合理的、更正义的制度，通过制度的设计与完善，努力实现公共利益、国家权力与个人利益的相互一致。

二、国家权力与个人权利的一致与对立

罗斯巴德在论及税收的存在时，认为税收是不可避免的一种恶，罗斯巴德认为税收之恶的本性决定了税收正义的不可能性，正义税"本身是不可能的"②。罗斯巴德将税收界定为国家权力对公民财产权的永远侵犯，因此罗斯巴德并不认可霍布斯、卢梭等人的税收的道德性，因为对于个人来说，税收在任何程度上都是对个人权利的损害，即使国家权力源于个人的权利的事实也改变不了税收之恶，实质上，罗斯巴德对于税收的论述，并不是意图消解税收的存在，而只是想得出结论，要使税收成为一种合理的、甚至正义的行为是不可能的，因为国家权力与

---

① 康芒斯：《制度经济学》，商务印书馆，1962年版，第348~349页。
② [美] 穆雷·罗斯巴德：《权利与市场》，刘云鹏、戴忠玉、李卫公译，新星出版社，2007年版，第140页。

个人权利在根本上存有不可解决的冲突与矛盾，这种矛盾构成了罗斯巴德关于税收理论的基础。其实，从契约论本身来说，国家权力作为个人权利一部分的让渡，它在权力的来源上并没有体现出更多的对立性，反而是一致的，只是罗斯巴德将个人之间的差异性过分突出，而忽略了个人之间的相同性，如果从公民本身的需要来说，很多需要是一样的，包括安全、自我保护、趋乐避苦、追求幸福等，即使对这些概念的界定具有多样性，也无法从需要本身予以否定，所以，当国家权力建立在满足个人需要这一层来说，国家权力对个人权利是有意义的，而作为交换，个人出让一部分权利转换为国家权力就显得必要。当然由于个人之间的差异，并加上国家结构的复杂性，以及权力本身的特殊性，国家权力往往在一些名义下对个人权利进行侵犯，这就是国家权力的双面性，"国家权力运行的效应是双重的，它既会给社会带来利益，也可能对社会造成危害；它既可能维护和保障人民的权利和自由，也可能侵犯人民的权利和自由以至于造成奴役和恐怖。就一般情况来说，没有界限和不受制约的权力对社会造成危害的可能性极大；而软弱无力的权力也无法维护自由和正义"①。可见，作为双重作用的国家权力，它源于个人，也最终通过权力的行使促进个人权利的实现。在来源上与目的上，个人权利与国家权力具有一致性，国家权力作为个人权利的一种转换，它在国家结构的附着下，成为一种具有强大支配力的能力。然而，当国家权力成为一种不受约束的强力的时候，就可能成为侵犯个人权利的危险物，正如孟德斯鸠所说，权力总是只有遇到阻止它的边界才肯停止，而个人权利显然不具有如此的属性，国家权力的扩大，往往使个人权利受到挤压，这就必然导致了国家权力与个人权利的冲突，所以，国家权力与个人权利在一定维度上存在着难以调和的悖论，并突出地表现在这些方面：

第一，个人权利总是伴随着个人的自由，而国家权力恰恰对自由造成破坏。在一定程度上，自由就是一种权利，洛克说，"人的自然自由，就是不受人间任何上级权力的约束，不处在人们的意志立法权之下，只以自然法作为他的准绳"②。康德指出自由是人的最基本的权利，是代表"个人对他人专断意志与控制的独立"③。卢梭同样认为，人生来自由，这是人最本质的特性，但由于个体无法在复

---

① 张文显：《法哲学范畴研究》，中国政法大学出版社，2001年版，第396页。
② [英] 约翰·洛克：《政府论》（下），叶启芳、瞿菊农译，商务印书馆，1996年版，第15页。
③ [美] E. 博登海默：《法理学——法律哲学与法律方法》，邓正来译，中国政法大学出版社，2001年版，第77页。

杂而充满危机的自然与他人的关系中独自生存，需要霍布斯所说的利维坦来维护个人的安全，然而个人要获得保护的前提，必须付出一部分权利。即使如此，国家权力并不能倚借个人权利的让渡而侵犯个人权利，他人也不能借口国家权力去侵犯他人，但能在遭到侵犯的时候进行自卫，正如密尔所说："人类之所以有理有权可以个别地或者集体地对其中任何分子的行动自由进行干涉，唯一的目的只是自我防卫。"① 那么，在国家之中，如何对权利与权力进行有效的界定，并以大家都知道的形式体现出来，这就需要稳定而公开的规范，法律由此产生。可以说，法律是国家存在的依据，真正的国家应当建立在宪政与法律的基础之上，国家的正当性也应从法律上寻找，正如哈贝马斯所说，"只有政治制度才拥有或者才可能失去合法性，只有它才需要合法性"，"合法性的意思是说……合法的制度应该得到承认。合法性就是承认一个政治制度的尊严性"②。凯尔森也认为，"国家权力不过是法律秩序的效力和实效"③。很难想象，如果国家权力没有任何的约束，它对个人权利会造成难以防备的伤害，尽管法律在一定程度上具有约束国家权力的作用，但按照马克思主义对法律的理解，法律往往是占统治地位的阶级所拥有的对被统治阶段的一种工具，那么，法律也就极有可能在国家意志力之下成为侵犯个人权利的工具，在这种情况下，国家权力与个人权利的背离就成为了一种必然。

第二，个人利益的确定性与国家权力的相对模糊构成了二者之间难以消解的矛盾，对于个人来说，他所需要的、排斥的都具有确定性，因为作为理性存在者的个人，他知道自己的特殊利益，如果借用功利主义的观点，趋乐避苦可以直接反映到并进入个体心里，因此，相对于通过契约而成的国家联合体来说，个体的存在更为真实，个体自身利益与自身需要的追求就成了个体的首要选择，在缺乏理性、道德与法律的引导的时候，个体在关怀他人利益的维度上无法与个体的自利性相提并论，在个体看来，他人的利益与公共利益具有很大的不可确定性，因为每个人不可能比他人更熟悉他自己需要什么，所以在这样的情境下，他人利益或者共同利益是一种异己的存在，马克思说得很明白："因为各个个人所追求的仅仅是自己的特殊的，对他们来说是同他们的共同利益不相符合的利益（普通的东西本来就是一种虚幻的共同体的形式），所以他们认为这种共同利益是'异己

---

① ［英］约翰·密尔：《论自由》，许宝骙译，商务印书馆，1959年版，第10页。
② ［德］哈贝马斯：《重建历史唯物主义》，郭官义译，社会科学文献出版社，2000年版，第128页。
③ ［奥］凯尔森：《法律与国家的一般理论》，沈宗灵译，中国大百科全书出版社，1996年版，第283页。

的',是'不依赖'于他们的。"①

尽管如此,若从国家存在的维度进行考察,由于国家的产生缘于个人的自私与力量的弱小,国家就有了因权利转换而具有的合理性权力,马克思主义从阶级的立场上得出结论,"为了使这些对立面,这些经济利益互相冲突的阶级,不致在无谓的斗争中把自己和社会消灭,就需要一种表面上驾于社会之上的力量,这种力量应当缓和冲突,把冲突保持在'秩序'的范围以内"②。这就是国家存在的理由,它一方面建立在个人权利的基础之上,又同时需要这种权利转换而成的权力维护权利,虽然这种权力具有相当程度的抽象性,黑格尔也认为,国家在伦理上比个人具有强的现实性,黑格尔甚至认为个人不具有伦理的特质,只有国家才是真正的伦理实体,黑格尔把家庭、市民社会和国家看作伦理实现的三个环节,而"国家是伦理理念的现实","国家是绝对自在自为的理性东西,因为它是实体性意志的现实……成为国家成员是单个人的最高义务……个人本身只有成为国家成员才具有客观性、真理性和伦理性"③。在黑格尔看来,个体是孤立的,无论在视野上,还是在利益上,都没有达到普遍性的境界,并且自利的本质决定了个体不可能完成人类历史的重大使命,这就需要在人的生存范式上实现从个体、家庭到市民社会,最终上升到国家的转变。但在现代国家政治结构中,个人的私人生活空间与公共空间的混合,使得国家权力在两大领域中的作用点难以得到清晰的揭示,虽然罗尔斯认为其正义原则主要关涉的是政治领域,但很多学者认为罗尔斯对公共生活领域与私人生活领域的划分并不成功,沃尔泽(Jeremy Waldron)认为自由主义要透过分别公共和私人生活领域的方式保障个人隐私,实际上是有困难的,因为所谓的个人隐私指的并不是独处的隐私,而是指家庭生活之类的隐私,然而在这些自由主义政治体制所要保障的私人领域中,往往都涉及权力和合法性等大的问题,所以沃尔泽认为自由主义事实上面临一个两难的情境。④ 这就必然导致了国家权力在面对私人生活问题所处的尴尬境地,个人权利要受到国家的保护,但国家权力又不能在私人生活领域渗透太深,否则就会造成对个人权利的侵犯。而对于国家权力来说,由于公共领域与私人领域边界的模糊性,国家权力往往成为借口公共利益名义而侵犯个人权利的工具,可见,这些因素不可避免地构成了

---

① 《马克思恩格斯选集》(第2卷),人民出版社,1972年版,第38~39页。
② 《马克思恩格斯选集》(第4卷),人民出版社,1958年版,第166页。
③ 黑格尔:《法哲学原理》,商务印书馆,1961年版,第253~254页。
④ Jeremy Waldron. "Theoretical Foundations of Liberalism." *The Philosophical Quarterly*, Vol. 37, 1987, p. 147.

国家权力与个人权利之间的矛盾。

三、 公共利益与个人权利的统一与对立

从公共利益的来源上说，公共利益与个人权利具有一致性，因为公共利益在根本上并不是脱离个人利益的抽象存在，它是个人权利的集合，但却不是功利主义所认为的个人权利的简单相加，诚如马克思所说，人是社会关系的总和，就是将人的共性综合，却并不排斥个体之间的差异性，托马斯·潘恩说："公共利益不是一个与个人利益相对立的术语。"① 从这个维度上说，公共利益的整体平衡不是以否定人的个性自由为前提，而是以建立个体的自由与权利的前提之上。诚如有学者所说，公共利益以个人权利为出发点和归宿，它不是凌驾于个人权利之上的不能分解和还原的终极利益，而是存在于个人权利之中、由个人权利组成的派生的复合利益。这种利益，只有能够有助于绝大多数人的生存和发展时，才具有实际的意义，才是一种真正的利益。② 所以公共利益离不开个人权利，而个人权利也离不开公共利益。庞德在论述公共利益与个人权利时，举了一个著名的例子：某甲控诉某乙偷了他的手表，要求归还原物，或给予相应的赔偿。这时，某甲的主张是以维护个人物质利益和私有财产权为基础的，但另一方面，这种要求也是与保障所有权的社会利益、社会关系相一致的，因为某乙的行为既破坏了某甲的私有财产权，也破坏了社会公共秩序，因此，当某甲通过控告使检察官对某乙提起公诉时，某甲的主张就是以保障所有权的社会公共利益的名义提出的。③ 可以说，公共利益既是个人权利的抽象，又是个人权利之所以成立的参照物，如果没有社会，没有公共利益，个人权利就缺乏了成立的理由与必要，所以马克思很明白地指出："共同利益恰恰只存在于双方、多方以及存在于各方的独立之中。"④ 公共利益并不排斥个体利益的差异性，但更强调每个个体都希望获得的利益需要，也就是个体权利的同一性，尽管如此，突出个体利益的相同部分并不是对个体的独特利益的否定，对于国家与法律来说，对个体权利的维护同时就是保证公共利益的有序进行，凯尔森也说："维护私人利益也是合乎公共利益的。如果不然的话，

---

① ［英］史蒂文·卢克斯：《个人主义》，阎克文译，江苏人民出版社2001年版，第46页。
② 戴涛：《公共利益悖论及其解构》，《法治论丛》，2005年，第2期。
③ 沈宗灵：《现代西方法律哲学》，法律出版社，1983年版，第75页。
④ 《马克思恩格斯全集》（第46卷），人民出版社，1979年版，第197页。

私法的适用也不至于托付国家机关。"① 可见，从总体上说，个人权利与公共利益是相互诠释的，作为社会的人，或者作为政治社会的人，个人权利与公共权利在一定程度上是统一的，并且两者的正当性需要彼此的证成。

尽管如此，由于公共利益与国家权力在形式上都具有一定的抽象性，公共利益并不如个体利益那般直接与易于确定，甚至究竟什么是公共利益也往往受到质疑。马克思认为，在阶级社会，只有国家利益、个人利益和阶级利益，不存在超阶级的公共利益，所谓国家利益与公共利益一致，不过是统治阶级"为了达到自己的目的就不得不把自己的利益说成是全体社会成员的共同利益"而已②，国家之所以将公共利益作为一个比较确定的概念，是为了将个人利益的一部分抽取出来，变成一种独立的利益存在样态，而获取实体性的好处，从而更加方便地履行国家职能。但马克思同时认为，公共利益与个人权利从根本上说始终处于矛盾之中，因为个人权利总是具有自利性，而公共利益恰恰是通过对个人权利的分有而满足他本人不愿提供却能给他人带来某种好处的利益，虽然在很多情况下，个人出让的利益与他本人的权利并不冲突，甚至是一致的，诸如社会福利、公共设施的服务，这些利益是每个人所欲的。但是，这些相互一致的需要并不可能消解公共利益对个人权利的侵犯，在本质上，任何个人权利的让渡对于个体来说都没有完全的自愿性，所以公共利益与个人权利的矛盾不可能消除，马克思接着说："正是由于私人利益和公共利益之间的这种矛盾，公共利益才以国家的姿态而采取一种和实际利益脱离的独立形式。"③ 而国家作为一种权力形式就承担起了实现公共利益的使命，国家的利益也因公共利益而得到证成，恩格斯指出国家"只有维护公共秩序、公共安全、公共利益，才能有自己的利益"④，既然公共利益是一种必需，但又与个人权利保持张力；所以，如何减小或解决二者之间的部分矛盾，就成了一个正义的问题，即可否以公共利益之名安排二者的顺序，以及如何安排二者之间的顺序。

对于大多数学者来说，个人权利总是优先的，除非公共利益对每个人都有利，这显然是不可能的。对于康德来说，个体的人就是目的，"具体的人作为特殊的人本身就是目的"。而公共利益具有太多的不确定性，并且难以普遍化。熊彼特就认

---

① ［奥］凯尔森：《法与国家的一般理论》，沈宗灵译，中国大百科全书出版社，1996年版，第232页。
② 《马克思恩格斯选集》（第1卷），人民出版社，1972年版，第609页。
③ 《马克思恩格斯选集》（第3卷），人民出版社，1972年版，第37页。
④ 《马克思恩格斯全集》（第2卷），人民出版社，1972年版，第609页。

为"不存在什么全体人民能够同意或通过理性论证的力量能够同意的被出色地决定的共同的幸福那样的东西",因为"对不同的个人或集团而言,共同的幸福势必意味着不同的东西",而只要一个社会存在着价值上的分歧,作出不同价值选择的个人和集体势必具有不同的关于"共同幸福"的观念。① 从自由主义视角来说,多元主义的利益观与价值观决定了个人权利与公共利益具有必然的差异,由于多元主义本身具有冲突性,那么个人权利与公共利益就难以达成一致,所以,如果没有得到个人的自愿认可,或者公共利益满足的程度达不到个人的预期,个人权利就具有逻辑上的先在性,并且这种权利是不能侵犯的。功利主义认为个人权利是公共利益的基础,损害了个人权利也就损害了公共利益,但功利主义认为公共利益只是个人权利的简单扩大,因此,如果个人都去追求自己的利益,那么公共利益就可以最大化,当个体追求自身的利益时,就会自动产生理性的结果,这一结果就是公共利益,在功利主义看来,因为私人平等交易的时候,并未损害对方的利益,这种交易对双方都有利,而对第三人也没有损害——这就是经济学家奥尔森所归纳的"经济学第一定律"。按照功利主义的理论,个人权利与公共利益似乎没有冲突,因为个人权利的先在性决定了公共利益的构成,实质上,功利主义在前提上预设了个人权利的优先性,而公共利益由个人权利派生出来。但奥尔森认为,有时候第一定律是站不住脚的,因为无论个体如何努力追求自己的利益,社会的理性结果最终不会自动产生,只有依靠指路的手或适当的机构才能带来具有集体效率的结果,这就是所谓"经济学第二定律",即个体利益之间也存在冲突,并可能损害到公共利益。奥尔森因此提出一个"集体行动的困境"观点,认为除非一个集团中人数很少,或者除非存在强制或其他某些特殊手段以使个人按照他们的共同利益行事,"有理性的,寻求自我利益的个人不会采取行动以实现他们共同的或集团的利益"②。与公共利益的抽象性与不确定性相比,个人权利的真实性与直接性必然具有优先性。罗尔斯看来,每个人都拥有一种基于正义的不可侵犯性,"这种不可侵犯性即使以社会整体利益之名也不能逾越",因此,"正义否认为了一些人分享更大的利益而剥夺另一些人的自由是正当的,不承认许多人享有的较大利益能绰绰有余地补偿强加于少数人的牺牲"③。

---

① [美] 熊彼特:《资本主义、社会主义和民主主义》,吴良健译,商务印书馆,1999年版,第314页。

② [美] 奥尔森:《集体行动的逻辑》,陈郁等译,上海人民出版社,1995年版,第2页。

③ [美] 罗尔斯:《正义论》,何怀宏等译,中国社会科学出版社,1988年版,第3页。

尽管如此，如果对个人权利的维护无法实现每个人都需要公共服务，那么，就有必要对个人权利与公共利益的排序重新定位，新制度经济学理论认为，公共服务的提供很难通过个人权利的满足得以实现，因为个人的自利性，以及公共服务的非竞争性与非排他性，会导致个人的"搭便车"现象。所以，在公共服务无法从个人权利本身实现的时候，就需要在一些情况下，承认公共利益的优先地位，否则，社会福利、社会救济就不能实现。当然，在突出公共利益的优先性时，它必须具有相当的合理性，哈耶克就是在这样的语境下承认公共利益的优先性的，他认为"只有在公共收益明显大于个人因正常期望受挫而蒙受的损害的情形中，才能允许对私域予以上述必要的干预"①。并且，公共利益的界定与内容必须具有明确的表达，通过法律的形式表现出来，诚如西方格言所说，"人民的福利应当是最高的法律"。哈耶克认为，此一格言就意指法律的目的应当是人民的福利，亦即一般性规则应当被制定来服务于人民的福利，而绝不是指任何关于某个特定的社会目的的观念，都可以为违反这类一般性规则提供合理根据。一个具体的目的，亦即欲求达致的一个具体结果，绝不可能成为一项法律。② 所以，在一般情况下，公共利益是一个下位概念，当且仅当公共利益是为了满足公共需要、提供公共服务时，才可以先于个人权利发生。这就一方面限定了公共利益的应用空间，另一方面也表明了个人权利在一定情况下必须让位于他人与社会的共同福利，诸如这些公共利益：国家安全和军事用途；交通、水利、能源等公共事业或市政建设；教育、文化、卫生、慈善机构等社会公共事业；国家重大经济建设项目等。即使如此，公共利益的应用空间应当在法律体系中得到明确表达，在英国，根据普通法，在公路上的任何地方集会"都是妨碍公共利益"的行为，都可能被提起刑事控告。我国《宪法》第13条第3款规定："国家为了公共利益的需要，可以依照法律规定对公民的私有财产实行征收或者征用并给予补偿。"可见，在公共服务与个人权利的关系上，个人权利的前提性基础在一定情况下必须作出让步，唯有这样，才能通过个人权利的出让，获得足够的资源以补充公共服务所需要的财富。

虽然如此，我们在承认公共利益的优先性时，必须防止对公共利益的泛化，因为公共利益作为一个边界模糊的概念，很容易被伪装成获取特殊权利的借口，这样，不仅实现不了可以普遍化的公共福利，反而会造成对个人权利更大的伤害。退一步说，即使公共利益得到认可，但如果它的实现建立在超出个人权利的基础之上，同样会导致个人权利的牺牲，诚如有学者说，如果公共利益、社会整体利

---

① ［英］哈耶克：《自由秩序原理》，邓正来译，三联书店，1997年版，第276页。
② ［英］哈耶克：《自由秩序原理》，邓正来译，三联书店，1997年版，第199页。

益绝对包容、压倒个体利益——无论出于怎样的历史必然性和现实必要性，那么，个体便很难享有权利，因为这个时候，落实到个体的主要是以职责和责分为表现形式的义务，与义务相对应的权利者则是通常作为公共利益或社会利益代表者的公权者。① 在这样的情境下，公共利益的合理性就需要重新进行考察。

因此，我们认为对个人权利与公共利益二者关系的定位是税收的核心课题，对于税收的发生与合理性来说，无论是税收恶理论，还是税收善理论，实质上都可以还原到个人权利与公共利益的关系上，以及行使税收征纳的国家权力上。个人权利是一种源初性的权利，它必然构成了税收关系的前提，但人作为社会性的存在者，又必然需要公共力量，即国家权力的保护，公共利益为此构成了税收产生的理由，而这理由在现实上就是税收的直接目的，而对于国家来说，它只能成为税收征纳的行使者，税收的发生与税收目的的实现是国家权力作用的结果。如此，税收关系不再仅仅是政治或者经济范畴，它同时是法学与伦理学范畴，对税收关系核心问题的考察，就成为了一个正义的问题，即税收能否正义。

---

① 夏勇：《走向权利的时代》，中国政法大学出版社，2000年版，第640页。

第三章 税收正义的一般理论

既然税收的存在是必然的,那么再谈论税收的存废就不再必要,必要的是应当考察如何通过理性的计算与制度的设计,使得税收更加合理。罗斯巴德认为个人权利是绝对的,国家对个人财产的任何占有都是一种恶,税收本身就是财产的一种牺牲,因此基于这样的视角,罗斯巴德断言税收不可能正义。然而按照契约论的观点,税收虽然是个人权利的一部分,但它一方面为政府的运行提供资金支持,另一方面通过政府的力量来维护个人权利,所以,税收本质上的恶并不表示它在目的上也是恶的。进一步来说,税收关涉到个人权利、国家权力与公共利益三重关系,根据前文的论述,个人权利是基础,公共利益是目的,国家权力是执行的手段,只要对税收三重关系进行合理的梳理,税收的恶即使不能消除,也可以最大化地减少这种恶,并最大化地实现税收的德性价值,从这一维度来说,税收正义的实现就是可能的。我们认为,税收的历史发展与国家政治的历史发展一样,它在不断地优化,税收越合理,国家就越体现出政治的正当性,所以我们应当在这种语境的要求下,考察税收正义的一般含义,并为税收的实践提供理论上的证明。

第一节 税收正义的含义

从词源上说,税收正义是正义在税收行为上的表现与实现,"正义"是一个古老的概念,它最初的精神是"得其应得",并且得到了大部分人的认可。[①] 但正如

[①] 罗马法学家乌尔比安认为:"正义就是给每个人以应有权利的稳定而永恒的意志。"托马斯·阿奎那认为:"正义,是一个人以一种永恒不变的意志使每个人获得其应得的东西。"麦金泰尔认为:"正义是给每个人……包括给予本人……应得的本分,并且是不用一种与他们应得不相容的方式来对待任何人的一种品质。"参见博登海默:《法律哲学与法律方法》,邓正来译,中国政法大学出版社,2004年版,第261~329页;戴剑波:《权利正义论》,法律出版社,第21~27页。

博登海默所说,"正义有着一张普洛透斯似的脸(a Protean face),变幻无常、随时可呈现不同形状并具有极不相同的面貌。""从哲学的理论高度上来看,思想家与法学家在许多世纪中业已提出了各种各样的不尽一致的'真正'的正义观,而这种种观点往往都声称自己是绝对有效的。"① 可见,正义本身的复杂性与相对性,使得我们对正义难以确切把握,因此对于税收正义来说,如何合理界定它的本质也变得极其艰难,无论是税收法定主义还是量能课税主义,或是实质课税主义,虽然都考察了税收正义,但如何对税收正义进行界定却呈现出差异性,甚至难以找到税收正义概念的准确定义,我们试图通过文本的梳理,对税收正义的论述进行整理,进而提出自己的观点。

一、 关于税收正义的几种观点

税收集中体现了个人权利、国家权力与公共利益的博弈关系,因此,学者对税收正义的论述都围绕三者进行展开,但由于税收本身的发展并不是自足的,总是受到政治、经济与其他因素的影响,在不同时期、不同发展程度,对税收正义的理解并不一样,国内学者多以自己的立场突出税收正义的不同偏向,以致税收正义概念变得模糊而不确定,台湾学者黄俊杰认为,税捐正义概念内涵之不确定性及多义性,主要原因系涉及观察面向之差异,而导致不同的认知结果。② 有的侧重于突出个人的权利,有的突出公共利益,有的突出税收当以个人的能力主臬,还有的从税收的理性设计上归纳出各种原则,以保证税收正义的实现,所以,我们可以将税收正义的相关理论划为如下类型:

(一) 能力说。斯密认为个人既然受到国家的保护,他就有义务将自己的一部分收入交给国家,再在国家的力量下获得进一步的保护,但斯密同时认为,税收的上缴必须建立在国民能力的基础之上,与斯密思想较为一致的另一个英国经济学家巴恩泰布尔也认为,国家税收如果只是出于利益的考虑是不合理的,因为利益只是提出了税收的原因,但却无助于实现税收的公平,因此,他提倡"以最为人知,最为广泛承认的能力——财力作为课税尺度的原理",这就将个人能力视为税收正义的核心。在巴恩泰布尔看来,税收"均等牺牲原则不过是均等能力原则的另一种表现。均等能力意味着负担牺牲的能力均等。均等负担应使均等能力的纳税人们所感觉的牺牲相同,能力不均等时,应规定不均等的课税额以达到这一

---

① [美] 博登海默:《法律哲学与法律方法》,邓正来译,中国政法大学出版社,2004年版,第261页。
② 黄俊杰:《税捐正义》,北京大学出版社,2004年版,第2页。

均等牺牲的目的"①。税收是一种牺牲,但如果这种牺牲超出了个人的能力,就会破坏税收本身的公平,而"税收公平乃税收正义的首要内容,依个人给付能力平等课征的量能原则系税收正义对所得税的基本要求"②。而对个人税收能力的强调又在平等与差异的基础上体现出来,正如有学者所说的,税收正义要做到水平与垂直两个向度上的公平,即对相同负担能力者课征相同税捐,对不同负担能力者则应予合理之差别待遇,故应兼顾水平公平(horizontal equity)及垂直公平(vertical equity)。至于衡量公平之标准,则应依个人给付能力(The ability-to-pay approach)为之。③ 水平公平与垂直公平基于权利的平等与差异,在政治社会生活中,个人的资质、生活的背景导致了个人社会地位的差异,社会财富也呈现出差异性,因此,个人所具有的税赋能力也不相同,那么在税收的征纳上,就必须体现税收能力的平等与差异,我国学者将税收的能力说与税收平等结合起来进行考察,"所谓平等征税,通常指国家征税的比例或数量与纳税人的负担能力相称。具体的有两个方面的含义:一是纳税能力相同的人同等纳税,即所谓'横向公平';二是纳税能力不同的人不同等纳税,即所谓'纵向公平'"④。

(二)权利说。洛克认为政府的运行虽然需要一定的经费支持,但它特别强调个人税收必须建立在个人权利的基础之上,洛克认为财产权是个人最基本的权利,国家对公民的征税必须得到人民的同意,否则税收就是不正义的,洛克在此就提出了个人权利在税收关系上的重要性。当代自由主义经济学家在古典自由主义学说的基础上,进一步突出个人权利在税收中的优先性,布坎南在与马斯格雷夫的讨论中,坚持个人权利与公共利益的先后排序,认为国家不应当介入市场行为,在税收关系上,个人权利就构成了税收正义的关键。在另一个自由主义者诺齐克看来,个人权利具有至高无上的地位,甚至除了个人之外,没有任何合法的政治与社会实体,只有单个的人是真实的,因此个人的权利就成了一切权力的边界,并且这种边界约束是绝对的,诺齐克认为"对行为的边际约束反映了其根本的康德式原则:个人是目的而不仅仅是手段;他们若非自愿,不能够被牺牲或被使用

---

① 《欧美财政思想史》,中国财政经济出版社,1987年版,第367~368页。
② 黄俊杰:《纳税者权利保护》,台湾翰芦图书出版有限公司,2004年版,第5页。
③ Simon James&Christopher Nobes, The Economics of Taxation, 1992, p.67~p.93,其在p69谓早期之 The benefit approach 系着重政府支出面之需求,而忽略个人方面之因素,导致难以接近税收实质公平。
④ 陈共主编:《财政学》,四川人民出版社,1994年版,第244~245页。

来达到其他的目的。个人是神圣不可侵犯的"①。罗尔斯也认为,"个人权利拥有的不可侵犯性即使以社会整体利益之名也是不能逾越的"。因此,个人权利的先在性与目的性确定了税收关系的排序,税收正义必须建立在个人权利的基础之上,并且在税收的目的上,税收正义的意义就是实现个人权利,诚如有学者所说,"税捐正义之功能,正是为确保宪法所保障人民基本权利之有效实践"②。台湾学者黄俊杰认为,税收正义必须在宪法层面体现出来,"国家的课税权之行使,则应依民主程序由立法机关以多数决定为之,并符合税捐法定主义、税捐公平原则与过度禁止原则等之宪法意旨,以有效落实纳税者之权利保护"③。可见,税收关系中的个人权利对于国家课税权具有根本性的边界约束,要使得国家税权具有合法性,必须合理界定个人权利在税收关系中的地位。

(三) 公共利益说。虽然自由主义经济学家认为个人权利具有至高无上的地位,但自由主义理论并不能很好地解决社会公众的整体福利,建立在亚当·斯密理性经济人基础之上的市场经济无法自发地促进国民生活的整体提高,因为人的自私与恶阻碍了个人对他人以及社会公共服务的关注,因此,在社群主义学者看来,自由主义所倡导的国家中立是不足取的,因为它颠倒了权利与善的关系,个人权利尽管重要,但如果遮蔽了公共福利对人类整体的价值,就无法实现社会的公共善。所以,社群主义者认为,国家必须承担起参与公共事务的重任,通过对社会财富的合理分配,并提供公共服务。所以,与社群主义一致的经济学家马斯格雷夫主张政府本身可以为人们的福利作出贡献,他在考察税收时,认为税收在提供公共服务方面效果显著,因为社会商品的非排性与非竞争性决定了个人难以主动地提供公共产品,个人对公共服务在客观上是冷漠的,这就突出了税收对于公共利益的重要性。与自由主义观点相比,社群主义与福利经济学派更强调国家在社会生活中的积极作用,他们的差异性主要体现在权利与善、目的与自我的先后排序上,因此,作为调节二者关系的税收来说,各自所持的立足点进而决定了税收的功能,自由主义持的是税收权利说,而社群主义与福利学派持的是公共利益说,两种理论在税收正义层面表现出不同的偏向,就公共利益说而言,税收正义并不排斥个人权利,而是将二者结合起来,"就税捐正义而言,应给予纳税义务

---

① 诺齐克:《无政府、国家与乌托邦》,何怀宏等译,中国社会科学出版社,1991年版,第39页。
② Klaus Tipke, Steuergerechtigkeit in Theorie und Praxis, 1981, s. 22f.
③ 黄俊杰:《纳税者权利保护》,台湾翰芦图书出版有限公司,2004年版,第5页。

人个人有效的主观权利保护,并实现课税之合法性以及课税平等,以维护公共利益"①。并且,在公共利益论者看来,税收的目的是唯一的,"税收取之于民、用之于民,税收国家有义务为社会提供公共服务,除此之外,不能另有独立目的","国家的存在本身不是目的,而是为了满足公共需要,最终是为了更好地实现个人需要"②。

二、对税收正义几种观点的反思

在以上关于税收正义的观点中,能力说、权利说与公共利益说均在某一方面突出了税收正义的本质,能力说侧重于表现个人能力在税收征纳上的关系,将个人收入与税收支付结合起来,其中蕴含了个人权利与个人政治义务的矛盾及消解路径,当税收能力与税收义务发生冲突时,当以个人能力为首要选择,否则将严重伤害个人的生存及发展权,这是能力说的价值取向。权利说则偏重于个人的权利,在个人权利与社会公共利益、个人权利与国家权力的关系上,个人权利具有优先性,并且这种优先性是绝对的,国家的税收权利必须严格建立在个人权利的基础之上,否则会破坏国家政治的正当性基础。而公共利益说在税收正义的关系上着重强调税收的目的性价值,国家本身并不是税收的目的,但是公共利益并不是税收的终极目的,税收的最终目的仍是个体的人。可见,以上对税收正义的考察都涉及了税收正义的某一方面,或者突出个人权利的重要性,或者突出公共利益的权重,或者强调了税收行为的必要性,但却没有从总体上界定国家、社会与个人之间的逻辑辩证关系,即使有所触及也只是对某一偏向的侧重,却没有将三者结合起来考察,以致在一定程度上割裂了个人权利、国家权力与公共利益之间的联系,这显然有失偏颇。我们认为,要考察税收正义,必须将三个范畴统一起来考察,三者之间呈内在的逻辑关系,其中,个人权利是税收的前提,公共利益是税收的直接目的,而国家权力是税收正义实现的手段,因此,在税收正义中,对任何一个维度的忽略,都难以在整体上证成税收正义,税收正义就是实现国家权力、社会公共利益与个人权利三个维度之间关系的协调平衡,在保护并尊重个人权利的前提下,通过国家权力的合理行使最终实现公共利益。在税收行为中,税收只有以公共利益为目的时,它才是正义的。所以,无论是能力说,还是权利说,或者公共利益说,都没有从整体上对税收正义予以把握,故而在一定程度上割裂了三者的圆融统一关系,分别表现在税收价值取向的偏差、税收目的与基础

---

① 陈清秀:《税务诉讼之诉讼标的》,台湾三民书局,1992年版,第567页。
② 刘剑文、熊伟:《税法基础理论》,北京大学出版社,2004年版,第37页。

的混乱以及税收权利与义务的模糊。

　　首先，税收能力说表现出税收价值取向的偏离，并且无法证明税收的正当性。税收能力说强调个人能力在税收征纳中的重要性，由于自然与社会历史的原因，每一个个体在政治社会中的处境并不相同，加上智力的差异，使每个人拥有的财富以及获得财富的能力具有差异性，因此，国家税收必须考虑个人的纳税能力，能力强则多纳，能力弱则少纳，这就是税收纵向公平原则。能力说充分考虑到了个体差异与税收支付之间的关系，有助于通过税收的征纳实现财富差距的缩小化，但是，能力说对于税收正义来说，无法合理地解决两个问题。第一，税收能力说没有合理地解释国家税收的理由与目的，因而使得税收能力说在税收正义的价值取向上并不准确。因为税收是个人权利的部分让渡，通过这种权利让渡，获得代表公共利益的国家权力的保护，同时享受由税收带来的公共服务。但是，如果每个人获得的保护与公共需要是相等的，付出的财富却有差异，那么能力强而多交税就难以得到公众的认可，进一步而言，如果不存在绝对贫困的情况下，每个个体都处于一种比较舒适的生活状态，社会整体公民之间财富相差不远，那么根据公民的能力而征税就缺乏正当的理由。因此，税收能力说无法解决税收的正当性，而造成税收能力说困境的原因就在于税收的目的并不明确，因为能力说建立在不过分伤害纳税人的权利的基础之上，如果每个公民在财富上的差距不大的时候，能力说就显得苍白。第二，即使能力说可以成为税收正义的核心，它仍然难以解决随之而来的另一个问题，即税收能力的判定标准，持税收能力说的学者认为，公民纳税的能力有主观与客观之分，客观说主张以所得、财产和消费（支出）等几项测量标准，一般大多主张以所得作为测量纳税能力大小的标准为适宜。[①] 而主观说以公民在纳税行为中所感受的牺牲程度作为测量标准，如果每个公民在纳税过程中感受到的牺牲程度是相同的，那么纳税就是公平的。两种判定标准从不同方面指出了税收能力的实现机制，但实际上两者都有偏颇，客观说虽然提出了实际的税收缴纳标准，但忽略了主体的感受能力。主观说从主体的感受考察税收的支付，尽管表现出更多的人道主义关怀意识，但这种感受能力是难以量化的，并且不同的个体对牺牲的体验具有差异性，故主观说缺乏有效的实际可操作性。税收能力说对这两个问题都没有能够很好地解决，因为税收能力必须与税收权利结合起来考察，否则就无法证明个人能力在税收正义中的地位，从这个层面说，税收能力说偏离了税收正义的价值取向，所以难以通过税收能力说证明税

[①] 金鑫等主编：《中国税务百科全书》，经济管理出版社，1991年版，第143页。

正义。

其次，税收权利说表现出税收目的与基础的混乱。税收权利说认为，国家对个人征税必须建立在保护纳税人权利的基础之上，并在宪法中体现这种精神，我们对税收权利说这种观点是没有疑问的，但如果将个人权利视为税收正义的目的，显然并不合理。进一步来说，自由主义政治学家与经济学家认为个人权利构成了税收权利的边界，坚持个人权利在公共利益面前的绝对优先性，那么个人的税收权利就构成了公共利益的基础。这样，前一种观点将个人的税收权利视为税收正义的目的，后一种观点又将个人权利视为税收正义的基础，这就造成了税收目的与税收基础在税收正义范畴上的混乱。我们认为，个人权利并不构成税收正义的目的，至少不是税收正义的直接目的，虽然在个人与公共利益的关系上，二者在很大程度上具有很大的重合性，但个人之间的差异性决定了公共利益不可能是个人权利的简单扩大，因为没有重合的部分就是个人的私人利益，因此代表公共利益的国家一方面要保护个人的私人利益，另一方面要实现每个个体共有的共同利益，即公共利益，而税收本质上是个人权利的部分让渡，所以个人权利就不是税收的目的，它恰是税收正义的前提，没有个人权利，税收就不可能发生。唯有公共利益才是税收的直接目的，当然公共利益又不是脱离个人利益的虚拟利益，它实质上是个人利益的普遍化，这样，税收正义的目的与前提就变得清晰而明确，个人权利应当是税收正义的前提性基础，它并不成为税收的直接目的，而税收权利说混乱了税收正义的目的与基础，显然是不合理的。并且，税收权利说只是将个人权利与公共利益的关系展开讨论，并没有把个人的税收权利与税收义务结合起来，使得税收权利说略显理论上的单薄。

再次，公共利益说模糊了个人税收权利与税收义务的边界。公共利益说虽然比能力说与权利说更能体现出税收的目的性价值，但公共利益说同样面临几个方面的难题。第一，公共利益说主张税收的目的是公共利益，但公共利益是一个仍待厘清的概念，公共利益与个人利益既有重合的部分，还有相互冲突的部分，将重合的部分视为税收的目的并不会受到过多的质疑，但正是由于存在未重合的利益，个人权利与公共利益的关系就需要进行合理的安排，公共利益说认为税收只有唯一的目的，就是提供公共服务，当个人权利与公共利益产生冲突的时候，个人权利必须让位于公共利益，可见，公共利益说突出的是公共利益的优先性，并将税收目的视为税收正义优先性的理由，而个人权利是第二位的，这就必然面临自由主义经济学家的反对，这正是公共利益说难以解决的问题之一。第二，既然公共利益说突出了个人权利的下位性，那么反映出来的就是个人税收义务在税收权利上的下位性，当公共利益与个人的税收权利产生冲突时，个人必须作出必要的牺牲，缴纳税收，这就表现了税收义务的强制性，但在现代法学中，我国法律精神开始从义务本位走向权利本位①，这就在法律层面突显了税收权利与义务的矛盾，如果公共利益说不进一步阐明公共利益与个人权利的关系，那么，就无法解决从法律角度带来的疑问。所以，从这两个问题来看，公共利益说过分强调个人的税收义务，却忽略了个人税收权利的意义，因此，公共利益说对于税收正义的证明是不严谨的，基于这样的反思，我们有必要进一步对税收正义进行整体上的考察，真正阐明税收正义的本质性含义。

三、税收正义的内涵

能力说、权利说与公共利益说都从税收范畴的不同侧面表现出了税收正义的部分实质，因此都具有部分的合理性，能力说指出了国家征税必须关照个人的能力，在纵向上实现税收的公平，个人的财产能力是税收实现的可能性，如果缺乏基本的生存与生产能力，个人就无法创造足够的财富，如此，税收将无税可征，因此，从这个层面上说，税收能力说限定了税收正义的可能性维度。税收权利说则指出了税收的源初性基础，国家税收必须建立在个人税收权利的基础之上，按照权利说的观点，如果个人收入的来源是合法的，那么个人的权利就具有至高无上的地位，任何占有个人权利的行为都是非正义的，所以权利说尽管突出了个人权利的重要性，但又将这种权利绝对化了，以致出于任何其他的目的，都不能破坏个人权利的绝对性，实际上，税收权利说构成了税收正义的前提性条件，税收当以个人权利为根本前提。而公共利益说则直接明确了税收正义的目的，认为国家的目的就是实现公共利益，税收因此成了实现公共利益的资金支持，公共利益一方面指出了税收的目的，同时也指出了国家税收的理由，所以公共利益在税收正义中具有直接的目的性价值。然而，无论是能力说、权利说，还是公共利益说，都没有在整体上对税收正义进行关照，能力说突显了税收正义的可能性，但没有

---

① 我国学者张文显等学者认为，社会成员皆为权利主体，没有人因为性别、种族、语言、宗教信仰等特殊情况而被剥夺权利主体的资格，或在基本权利的分配上受歧视；在权利和义务的关系上，权利是目的，义务是手段，法律设定义务的目的在于保障权利的实现；权利是第一性的因素，义务是第二性的因素，权利是义务存在的依据和意义。还有学者认为权利是国家创制规范的客观界限，是国家在创制规范时进行分配的客体。法的真谛在于对权利的认可和保护。参见张文显：《从义务本位到权利本位是法的发展规律》，《社会科学战线》，2005年，第3期；张光博、张文显：《以权利和义务为基本范畴重构法学理论》，《求是》1989年，第10期；孙国华：《法的真谛在于对权利的认可和保护》，《时代论评》1988年创刊号；张恒山：《法的重心何在——评"权利本位"说》，《政治和法律》1989年，第1期。

结合税收的理由,并且忽略了税收权利与税收能力的紧密关系;权利说坚持了个人权利在税收正义中的本源性意义,但夸大了个人权利的绝对性价值,以致无法解决个人权利与公共利益的既一致又矛盾的联系;公共利益说虽然明确了税收正义的直接目的,但同样没有充分考虑公共利益与个人权利的紧张关系,并且,即使明确了税收正义的目的,也没有进一步展开考察公共利益实现的途径。故我们认为能力说、权利说与公共利益说三者都只具有部分的合理性,因此它们彼此之间处于一种相互隔离的状态,要完整地考察税收正义的本质,应当突破片面的、孤立的考察方式,而将税收范畴的各个面向统一起来考察。个人权利、国家权力与公共利益是最主要的税收范畴,因此,将三者结合起来思考才能真正突出税收正义的本质。

我们认为税收正义是以个人税收权利为前提,通过国家权力的作用,实现公共利益的过程。在这个过程中,个人权利、国家权力与公共利益呈现出相互博弈的动态关系,若个人税收权利的空间越大,国家权力与公共利益的空间就越小,国家在实现公共利益上的力量也越弱,反过来又影响个人税收权利的保护与实现;若国家权力的力量越大,则必然削弱个人税收权利的空间,当国家权力超过个人税收权利的边界,就会造成个人权利的超负荷牺牲,进而影响个人的税收能力,减少税收收入,最终减弱公共利益的实现;若公共利益的空间越大,则国家权力必须相应膨胀,否则难以有效实现公共利益,但公共利益易于成为国家权力的借口,以公共利益为名侵犯个人权利。因此,个人权利、国家权力与公共利益之间是一个动态的、可循环的博弈系统,任何一方的强化都会影响其他方面的运行,故此,我们必须将三者统一起来考察,突出三者相互促进、相互制约的动态关系,进一步构建整体性的税收正义。

首先,税收正义的前提是个人权利。税收在本质上不是一种对等行为,它是国家利用强制力在满足法定要件的条件下向纳税人征收的无对价金钱给付义务,在任何情况下税收对纳税人来说都是一种牺牲,个人在税收关系下将自己的财产之一部分无条件上交给国家,却无法从国家的行为中获得直接回报。国家权力与个人权利呈现出紧张的二元关系,这种紧张就源于国家权力的强制性与个人权利的先在性,国家究竟在多大程度上向个人征税,征税根据何在,国家必须为税收找到合理与正当的理由,国家机器的存在本身不是税收的理由,只有满足公共利益的需要才成为税收的合法根据,我们认为,个人权利的保护并不是税收正义的目的,或者说不是税法的直接目的,在税法领域,个人权利实质上是国家税收的前提，这是税法的本质决定的。① 如果没有个人权利的先在性，国家将无税可征，或者说个人财产在征税之前没有得到认可与尊重，那么，我们所言说的税收行为、税收关系将不存在，在那样的境地中，国家的任何行为都不需要得到民众的同意，必将表现出国家统治的专制与霸权。

可见，在税收关系上，个人权利，或者说个人财产权的保护与尊重是税收的前提性条件，如果没有这一前提，税收将不可能，因此，在税法或相应的行政法规中，无论是量能课税，还是公平征税都是对这一前提的注解，进一步说，对个人权利的认可与尊重应该在宪法层次上得到体现，只有以宪法作保障的个人权利才能在具体的税法中得到确认，尽管我国《宪法》第2条规定了"中华人民共和国的一切权力属于人民"，但并没有以更加明确的表述阐释对个人权利的保护，而只是为其他具体法律包括税法提供了宪法上的依据，因此，对税收范畴中个人权利的设定仍需要在宪法高度上作更大的努力。同时在具体法律中，个人权利作为前提性条件也应该具有确定的内容，国外法律就为我们提供了借鉴，如法国的《人权宣言》第14条就规定："所有公民都有权亲身或由其代表来确定赋税的必要性，自由地加以认可，注意其用途，决定税额、税率、客体、征收方式和时期。"② 日本在《纳税者权利宣言》中从多个方面列举了纳税人的权利：（1）最低生活费等非课税的权利；（2）接受"正当程序"的权利；（3）对违法课税处分有接受救济的权利；（4）统制租税征收方式和用途的权利；（5）工薪阶层纳税者平等的申报及扣除等权利；（6）纳税者的个人秘密不得受侵害的权利；（7）要求公开情报、参加财政过程的权利。③ 在美国，《纳税人权利法案》规定纳税人有自然权利、抗辩权利等。④ 在我国，对纳税人的权利进行了法律层面上的规定，包括知情权、保密权、诉讼权、申请减免、缓交权等。这些权利在税收关系上处于国家税收行为的先在位置，并不是国家为了租税而返回给纳税人的权利，个人权利既具有逻辑上的先在性，也具有事实上的先在性。在这些权利中，纳税人的生存权永

---

① 我们说个人权利的保护不是税法的直接目的，这是税法的本质决定的，税收是国家为了公共利益而向个人强制课予的金钱给付，它在本质上不是为了保护个人权利，恰恰是在一定程度上对个人权利的牺牲，而对个人权利，尤其是财产权利的保护是其他法律，特别是物权法的目的。

② 郑勇：《税收法定主义与中国的实践》，载刘剑文：《财税法论丛》（第1卷），法律出版社，2002年版，第117页。

③ ［日］北野弘久：《纳税者基本权论》，陈刚等译，重庆大学出版社，1996年版，第251页。

④ 刘剑文、熊伟：《税法基础理论》，北京大学出版社，2004年版，第88页。

远处于至高无上的地位，国家的课税必须以不损害纳税人的最低生活水平为限度，学者黄俊杰认为，"税收基本权是一种宪法所保障的基本权利，禁止税法对于纳税义务人及其家庭的最低生存需求采取税收侵犯，因此应以人民可支配的财产权剩余作为国家课税权行使的对象，并以维持人民重新运营经济生活所必要的再生利益作为国家课税权之宪法界限"[1]。除了个人生存权具有优先性以外，个人财产权也处于优先位置，国家在对个人财产进行课税之前，必须给出恰当的理由，并遵循法定要件，即严格遵守税收法定主义原则。此外，个人权利还包括平等权、言论自由权、知情权，个人有先在的权利对税收获取相关信息。只有个人权利首先得到保护与认可的基础上，国家税收才有可能，才具有合法性。

其次，税收正义的目的是实现公共利益。国家权力机关都通过税收的方式获得资金来保障自身的运行并实现国家之治，但国家机器本身的运行并不是税收的目的，如果说，传统意义上的国家职能主要着力于保护生命与财产，防止战争，那么这只是一种消极的国家行为，国家税收支出仅用于消极地维护社会秩序，防止国家权力滥用，保护公民的权利。这种国家治理形式虽然有助于对个人权利的尊重与保护，但却对社会的总体发展与社会总正义不利，这正是以罗尔斯为代表的当代政治哲学家进行批判并思考的原因，罗尔斯认为一个国家幸福总量的增加并不必然让所有人受惠，社会幸福增加的关键不是一味将蛋糕尽可能地做大，而是以一种公平的制度、公平的程序在平等的基础上优先照顾大部分处于社会不利地位的民众，应当从传统意义上的国家理念走向福利型国家。国家的存在与运行是为了营造稳定的社会秩序并维护人民的权利，国家通过税收的再分配促进社会福利的增加，"税收取之于民、用之于民，税收国家有义务为社会提供公共服务，除此之外，不能另有独立目的"，"国家的存在本身不是目的，而是为了满足公共需要，最终是为了更好地实现个人需要"，从这点上说，国家不是一个权力主体，而是一个义务主体，国家的职责在于为民众提供必需的公共服务，包括教育、基础设施、国防、社会治安、社会福利，由于国家不直接进行生产活动，因此这些服务的提供需要社会供给一定的资金，税收就是这样一种国家财政行为。

因此，税收的征收与支出当以公共利益为依归，在公共利益与个人权利的关系上，税收并不旨在直接为个人谋求福利，它们之间真实的关系恰恰是以减少个人的部分财产权来实现公共利益，这种减少就是一种牺牲，但这种牺牲是必要的，这正是税法的本质所在。在个人权利与公共利益之间，往往呈现出三种关系，或

---

[1] 黄俊杰：《税捐基本权初探》，2002年11月台湾大学"第二届行政法实务暨学术研讨会"论文。

者二者利益一致，或者个人权利优先，或者公共利益优先，在法治实践中，不同的法律对二者关系的调适角度不尽相同。总体上说，公法突出公共利益的优先性，私法突出个人权利的优先性，税法作为公法之典型，它在个人权利与公共利益的关系上必然突出后者的优先性，并且以公共利益为国家税收之目的。此外，从新制度经济学角度来说，国家税收主要提供公共产品，满足公共需要，由于公共利益非排他性与非竞争性特点产生外部不经济现象，使得个人或社会团体往往不会主动地提供公共服务，反而会出现"搭便车"现象，为个人与社会团体获取便利，这在客观上促使国家必须担当起服务公共利益的职责，这也正是国家税收的原因与目的。从功利主义角度来说，公共利益就是最大多数人的最大幸福，它与社会的整体幸福相一致，因此，国家税收的支出就当以提高整个社会的幸福为目的，虽然个人才是社会的真正主体，但对于宏观调控方式上的国家税收来说，公共利益才是它运行的真正目的。

再次，税收正义的实现手段是国家权力。税收作为一种个人的牺牲是必需的，它一方面是获得保护的代价，另一方面又是获得福利的成本，然而，这种保护与福利的获得如何实现，显然是单个的人无法完成的，它需要一个得到个人认可并具有一定权力的机构，在现代宪政体制中，实现这一过程的机构只能是社会的统一体——国家。国家之所以能担此重任，是它具有个人自愿让渡出来的权利，这种权利通过一定的方式转换成国家权力。正是因为具有了个人渡让出来的权利，国家才具有管理社会的合法性，以公共利益为依归的国家税收才得以实现。因此，国家具有了调适公共利益与个人权利的合理根据，也具有了实现税收正义的工具价值，而国家权力就成为了达至税收正义的方式与手段。然而由于国家权力本身具有自我膨胀的特性，就需要国家在执行公共事务时必须受到一定的制约，国家权力应当有其边界，宪法与法律就是它的边界。在这样的视阈下，当我们论及税收正义时，我们所关注的更多是强调对国家权力的限制以保护个人权利，国家税收必须遵循税收法定主义、量能课税主义以及实质课税主义，只有在遵守这些原则的基础上才能防止国家权力的滥用，同样，我们在思考以法律手段来制约国家权力以保护个人权利的时候，我们也应该看到，对个人权利的保护也同样需要依借国家权力，国家权力是一把双刃剑，它既可以积极地保护个人权利，又有可能对个人权利造成侵害，我们应该在宪法与法律的限度内使国家权力发挥积极的作用。

在现代福利国家发展过程中，出现了三种形态：凯恩斯主义福利民族国家、李斯特主义工作福利民族国家与熊彼特主义工作福利后民族国家，它们在经济政策社会政策方面都特别关注国民总福利与公共利益，在充分就业、需求管理、就业福利等方面作出了细致安排。① 在国家税收的宏观层面，国家依借税收权力以公共利益为目的，提高整个国民的总福利，这正是税收正义的内在要求。同时，在国家税收的具体层面，国家权力在税收的所有环节上发挥作用，包括税收立法、税收征收、税收支出以及税收救济。在税收立法上，国家课税权力来源于民，也用于民，因此必须在人民同意的基础上课予税种、税率以及税期，公民的同意是赋税的基础，是政府课税的合法性所在，"未经人民自己或其代表同意，决不应该对人民的财产课税"。同时，一旦国家获得了公民的同意，公民就应当服从国家权力的安排，自觉缴纳税款。在税收司法过程中，国家权力应当为程序法治作出努力，严格限制具体的行政机关滥用权力，包括税务机关、财政机关与海关机构。对于我国，法治的完善与国家权力机关本身的完善一样重要。可见，国家权力的积极作为是实现税收正义的必然要求。另一方面，国家税收正义的实现又要防止国家权力的滥用，否则国家权力极容易对个人权利造成侵犯，正如孟德斯鸠所说，权力总是只有遇到阻止它的边界才肯停止。因此，国家权力在税收中既要积极发挥作用，同时又要以宪法与法律为限度，税法之制定及实施必须限制在宪法为其设置的边界之内②。然而在我国税收实践中，无论是国家权力的积极发挥，还是国家权力的制约都显得相对不足，因此我们要建立更加完善的法律体制，一方面促进国家权力对社会福利的提高，另一方面又严格遵循法定主义原则，制约国家权力，保护个人权利，实现公共利益，税收正义的实现必须依靠国家权力的合理行使。

通过以上对个人权利、公共利益与国家权力的整体考察，我们因此明确了税收正义的真正含义，个人权利是税收正义的内在前提，公共利益必须建立在尊重个人权利的基础之上，国家权力不能以公共利益的名义任意冒犯个人权利，同时，唯有通过国家权利的运行，才能提供公共服务，最终实现公共利益。同时，税收正义不是一个封闭的范畴，它需要与社会制度、法律结构结合起来，才能保障税收正义的有序进行，对于个人来说，还需要培养懂税、纳税以及护税的品格，唯有建立了正义的税收制度，加上良善的公民，税收正义才能完全实现。

---

① ［英］鲍伯·杰索普：《重构国家、重新引导国家权力》，何子英译，《求是学刊》，2007年7月。
② 黄俊杰：《宪法税概念与税条款》，传文文化事来有限公司，1997年版，第16页。

第二节 税收正义的原则

将税收正义界定为个人权利、公共利益与国家权力之间的博弈关系，有效地矫正了税收能力、税收权利与公共利益理论的片面性与静态性。我们认为税收正义是一个动态的实践过程，个人权利、公共利益与国家权力之间是一个制约与推进的平衡系统，个人权利是税收的先在性前提，公共利益是税收的直接目的，而国家权力则是实现公共利益，进而实现税收正义的手段。然而，在税收正义框架性结构中，个人权利与公共利益以及国家权力的关系并不总是如此清晰与简化，由于税收能力的差异、经济发展的不平衡以及公共利益覆盖性的不均衡性，个人权利、公共利益与国家权力之间的关系表现出明显的冲突与矛盾，因此，我们在考察税收正义的时候，需要进一步结合个人权利、个人能力与经济发展以及公共利益等维度，探讨税收正义的相关性要素，建立合理而明确的税收正义原则。我们认为，既要从个人维度考察个人的税收权利与义务以及个人的税收能力，也要从经济维度考察税收的地区差异与社会差异，并且个人权利与经济差异又需要与税收的公共利益目的结合起来，因此，这些方面关涉了税收正义的实质性正义层面。另一方面，税收的实质正义需要依靠制度与法律的保障才能实现，因而税收还需要从形式正义的层面加以实现，这就需要对税法予以考察。此外，税收正义的实现是一个实践过程，即使有了税收的实质正义与形式正义，还需要国家权力机关与行政机关的合法程序，税收正义即程序正义，故税收正义应当遵循实质正义、形式正义与程序正义三个原则。

一、税收的实质正义原则

税收的实质正义主要指向税收结果的公正合理，由于税收关涉个人、国家与社会之间的关系，个人能力的差异、先天占有资源的差异、地区经济发展的差异以及社会公共服务的差异，使实现税收的结果公平并不容易，并且，税收的结果公正不是一个不证自明的课题，它必须得到正当性的论证，否则无法获得普遍性的认可，没有得到正当性论证的结果是非正义的，同时税收的结果正义需要建立在税收起点上的公正之上，这样，我们就必须考察税收起点上的实质正义与结果上的实质正义两个层面，税收起点上的实质正义与个人的能力、先天占有资源以及对公共利益的期待紧密相连，对税收起点正义的安排必然影响税收的结果正义，所以，我们对税收实质正义的考察，必须将个人、社会的差异性因素与税收起点正义以及结果正义结合起来。

第一，税收起点上的实质正义。起点上的实质正义指税收必须按税收能力进行征收，同时保证个人的税收权利，并依据经济发展的差异设计公正的税收政策，它指出了税收正义的正当性基础，既关涉到个人权利，也关涉到国家政治的合法性，诚如日本学者所说："为何要课征税收，其正当根据是什么，这是在税收的历史上，很早就一直阐述的问题。它与如何看待国家的本质，具有十分密切的联系。"① 因此，税收起点上的正义有三个层面：首先，个体能力正义。一方面，由于先天占有资源的不同，每个公民所拥有的财富在起点上不一致，财富的多寡影响个人的税收能力，按照罗尔斯的观点，先天财富的占有并不必然具有道德上的正当性，因此罗尔斯主张通过遗产税收对个人财富进行重新分配，这就是从财富能力的层面对税收起点正义的界定。先天财富占有的多寡进一步影响到个人在智力发展、受教育程度以及个人的生活环境，并必然影响个人的未来前景与获得财富的能力，也就是说，起点上的优势必定影响个人的能力发展，所以在起点上征收遗产累进税是必要的。另一方面，基于先天财富形成的个人能力差异与后天努力培养的个人能力差异也会造成税收能力的差异，这就要求税收应当根据能力的差异实行阶梯式的税收原则，即税收的纵向公平，经济情况不同、纳税能力不等的纳税人，其税收负担亦应不同。斯密在论述税收原则时，就主张平等原则应当建立在能力差异的基础之上，"一国国民，都须在可能范围内，按照各自能力的比例，即按照各自在国家保护下享得的收入的比例，缴纳国赋，维持政府"②。瓦格拉同样认为，在税收缴纳层面上，能力不同，课税额度也不应相同，根据能力公平纳税。其次，个体权利正义。起点上的税收实质正义不仅要体现出税收能力的差异性，又要使这种差异性与个体的权利结合起来，能力的差异导致财富的差异，财富的差异进而导致税收能力的差异，但是，这种税收能力的差异必须建立在不伤害个人基本生存权与发展权的基础上，罗尔斯虽然认为社会财富的分配要照顾社会中处于弱势地位的大多数人，但认为个人权利仍然具有优先的地位，诺齐克进一步强化了个人权利的重要性，认为只要是通过合法的手段获得的财富，就具有至高无上的绝对性，因此，对于税收起点来说，必须尊重个人的合法权利，如

---

① [日] 金子宏著：《日本税法原理》，刘多田等译，中国财政经济出版社，1989年版，第15页。

② [英] 亚当·斯密：《国民财富的性质和原因的研究》（下卷），郭大力、王亚南译，商务印书馆，1974年版，第384页。

果建立在不同比率基础上的税收伤及公民的财富之本,就是非正义的,这就要求税率的制订必须与个人的生存权与发展权严格要结合起来。再次,税收经济正义。在个体维度,个人的税收能力与税收权利构成了税收起点实质正义的边界,那么,在群体维度,同样要关照税收起点上的税收正义。由于历史因素、资源因素、地理环境因素以及国家政策方面因素,不同地区的经济发展水平是不一致的,这就要求国家税收应当关注地区间的经济差异,按照不同的税收标准予以征税。并且,税收具有再分配功能,由各地区上缴的税收并不以公共服务的形式原路返还,这样,一些地区的税收就在国家再分配的过程中成为了其他地区的经济资源,那么一个地区的公民就无法获得原初的税收目的期待,如果这样的期待成为一种习惯,就会导致地区间的税收非正义,英国经济学家瑟尔瓦尔对此有深刻的论述,他认为地区经济的差异容易导致地区发展差距的进一步扩大,他指出,在存在地区间不平等的状态下,"经济力和社会力的作用使有利地区的累积扩张以牺牲其他地区为代价,导致后者的状况相对恶化并延缓它们的进一步发展,由此将导致不平等状态的强化"①。因此,要实现税收起点的实质正义,经济发展呈现差异的地区就应当在税收的征收额度上得到体现,减轻落后地区的税收负担,而适当提高经济发达地区的税收负担,并且需要建立再分配的重新转移,将经济发达地区上缴的税收转移投入到欠发达地区。

第二,结果上的实质正义。税收结果的实质正义指税收应当通过公共利益的满足最终实现人的幸福,其中有两个阶段,一是实现公共利益,二是实现人的幸福,这构成了税收正义结果的实质正义。与税收起点的实质正义相比,结果上的正义更加突出了税收的目的性价值,如果说起点上的正义主要关涉人的能力的差异性与经济发展的差异性,那么结果上的正义则更多地关涉着人的整体福利与幸福,突出了人作为共同体成员的一致性。罗尔斯在论述实质正义时,指出实质正义的关键是制度的正义,为此他认为两个正义原则内在地蕴含了某种至善,这种善就是人的幸福,他说道:"某种理想孕育在两个正义原则之中,那些与原则不相容的欲望的满足没有任何价值",他同时承认,"契约论与至善论有相同之处,事实上,两个正义原则甚至不提及福利的总额及分配而仅仅涉及自由和其他主要善的分配"②。因此,在罗尔斯的正义理论中,第二个原则所体现出来的对弱势群体

---

① A. P. 瑟尔瓦尔:《增长与发展》,金碚等译,中国人民大学出版社,1992年版,第121~122页。

② [美] 约翰·罗尔斯:《正义论》,何怀宏、何包钢、廖申白译,中国社会科学出版社,1988年版,第327页。

的关怀实质上就是同时对善的追求。在税收正义的目的上，公共利益与人的自由幸福就构成了税收结果上的实质正义。首先，对公共福利的追求。税收的直接目的是实现公共利益，这同时是税收结果的实质正义，亚里士多德很早就对正义进行了论述，认为正义就是一种美德，而这种美德与个体的幸福相互联系，他认为"正义是全部德行的综合体，正义以公共利益为依归，正义寓于'某种平等'之中"①，而公共利益作为达至个人幸福的桥梁，只要公民具备了正义的德性，就能获得到幸福，税收的实质正义就是通过对公共利益的满足而实现公共福利。阿奎那进一步发展了亚里士多德的正义理论，他认为"法律就以下几点来说可以被认为是合乎正义的，就它们的目的来说，即当它们以公共福利为目标；或就其形式来说即当它们使公民所承担的义务是按公共幸福的程度实行分配时"②。近代功利主义理论不只将个人的感受与整体福利结合起来，同时认为公共利益就是个人利益的扩大，他们认为实现公共利益就能实现个人的幸福。其次，个体幸福原则。在公共福利与个人幸福两个维度之间，个人幸福无疑具有更多的真实性，尽管对公共福利的追求是税收结果实质正义的表现，但公共福利的最终目的仍然是为了人本身，当然，这个层面上的人本身并不单指原来的纳税主体，而是指每个人，因为税收通过再分配之后，它提供的公共服务分散到各个个体之中，这样利益就出现了转移，原初纳税主体上缴的税收通过税收的再分配转移到另外的个体，在这个过程中，每个个体获得的福利并不相同，能力的差异、需要的差异以及其他方面的因素影响到个体福利的获取，也就是说个体福利的满足与实现是有差异的。这是税收结果实质正义的一方面，通过税收提供的公共服务进一步实现个人幸福。另一方面，公共利益是一种非排他性与非竞争性的利益，每个人都可以在公共服务中获得利益的需要，公共利益是不可分割的利益形式，一个人享用公共福利并不会阻碍其他人同时享用公共福利，社会公民可以在享用公共福利的时候促进人的整体福利，如果税收在结果上不能促进个人的幸福，那么就称不上税收结果的实质正义，即使以公共利益之名进行征税，对于个人来说也是非正义的。所以，税收结果上的实质正义必须同时关涉公共福利与个人幸福两个维度，只有这两个维度都实现了正义，才能构成正义的完整性。

---

① 亚里士多德：《政治学》，吴寿彭译，商务印书馆，2009年版，第148页。
② 阿奎那：《阿奎那政治著作选》，马清槐译，商务印书馆，1963年版，第120~121页。

二、税收的形式正义原则

税收在税收关系上,既要在前提上尊重个人权利,又要在目的上追求公共利益,这是税收实质正义的核心,它突出了税收的直接性与终极性目的,也突出了税收主体在税收权利与义务上的差异性,但对于税收来说,除了这种差异性之外,还有更为根本的同一性,即税收主体作为人的共同性,这种共同性决定税收还需要具备形式上的正义,所谓税收的形式正义是指税收应当平等地适用于任何人,并通过明确的规范确保这种平等适用的实现。罗尔斯在论述实质正义与形式正义时,认为实质正义就是制度与规范的正义,将实质正义视为一种结构与原则,"它们为基本的权利与义务提供了一种分配办法,并决定着社会合作利益的划分"①。而要实现这些规范,就需要在实践中对这些规范与原则予以坚持,并且是一致的、公正的坚持,他称之为形式正义,"这种对法律和制度的公正一致的管理,不管它们的实质性原则是什么,我们可以把它们称之为形式的正义。如果我们认为正义总是表示着某种平等,那么形式的正义就意味着它要求:法律和制度方面的管理平等地(即以同样的方式)适用于那些由它们规定的阶层的人们"②。罗尔斯借用西季威克的话论述道:"形式的正义是对原则的坚持,或像一些人所说的,是对体系的服从。"③ 所以,形式正义是在更抽象的层面上对实质正义的把握与坚持,它将实质正义予以确定化,并确立实质正义的有效依据,罗尔斯将形式正义主要视为法律上的形式正义,把形式正义与法治等同起来,并进一步认为形式正义为实质正义确立明确的规则,以此来保护司法诉讼的正直性的指针,故此,大多数人认为形式正义就是"类似案件类似处理","法无明文不为罪"。佩雷尔曼认为形式正义就是指"对每个人同样地对待"。被考虑到的人必须受到同样的对待,而不管他们是长者或晚辈,健康或虚弱,富裕或贫困,正直或可耻,有罪或清白,高贵或卑贱,白肤或黑肤。④ 因此,统观形式正义,一方面指出了形式正义对实质正义的补充,另一方面指出了形式正义对实质正义的规范性意义,对于税收正义来说,应当在税收实质正义之外,确立税收正义的形式正义维度,即税收法定原则。

---

① [美] 约翰·罗尔斯:《正义论》,何怀宏、何包钢、廖申白译,中国社会科学出版社,1988年版,第58页。
② [美] 约翰·罗尔斯:《正义论》,何怀宏、何包钢、廖申白译,中国社会科学出版社,1988年版,第58页。
③ [美] 约翰·罗尔斯:《正义论》,何怀宏、何包钢、廖申白译,中国社会科学出版社,1988年版,第58页。
④ 沈宗灵:《现代西方法理学》,北京大学出版社,1992年版,第439页。

税收法定原则包含两个层面的意思：一是税收行为必须出于相应法律依据，否则就将破坏税收的合理性；二是所依据的法律本身必须是正当合理的，这实质上就是法律的实质正义。这两个方面构成了税收法定的内在规定，但对于税收的形式正义来说，我们将侧重于第一个层面的考察。在第一个层面上，税收法定在更抽象的层面上考察税收行为，以法的形式规定国家的税收实践，淡化个人的差异与各种背景资料，突出人的共同性特征，而税收法定以实现抽象的人格平等和个人自由为条件，把人视为具有相同理性的存在者，在税法等相关法律的规约下，体现纳税主体相同的税收义务，也给予税收主体同样的法律保护，并集中体现在"税法面前人人平等"的形式正义理念中，税法面前人人平等是"法律面前人人平等"在税收领域的体现，因此，被抽象出来的人不仅具有相同的税收权利，也必须承担相同的税收义务，而不论他们的出身、肤色以及知识结构，并且，税收法定指出了税收是一种法定行为，没有法律依据而征税就是非正义行为，这就是税收法定原则的形式正义含义，它保证了处于同等经济情况的人，一方面不会因为行政机关的自由裁量权泛滥而受到不平等的待遇，另一方面个人权利在法律保留原则的保护下，免受国家公权力的恣意侵犯，在本质上，税收法定原则就是指相同情况相同处理，不同情况不同对待，两者都具有普遍性，我们甚至可以将后者视为前者的特殊表达。我国《税收征收管理法》第3条规定："税收的开征、停征以及减税、免税、退税、补税，依照法律的规定执行；法律授权国务院规定的，依照国务院制定的行政法规的规定执行。任何机关、单位和个人不得违反法律、行政法规的规定，擅自作出税收开征、停征以及减税、免税、退税、补税和其他同税收法律、行政法规相抵触的决定。"

进一步来说，税收法定表现出来的形式正义有三层含义：第一，平等保护。这是税收权利对税收义务的先在性价值，纳税主体的权利是税收法定首先应当遵循的精神，任何社会成员的合法权益，税法以及其他税收法规都予以同等保护。在西方税法实践中，"无代表则无课税"、"不经人民同意就不能向人民征税"就在税收权利的基础上指出了税收主体应当得到平等的保护。第二，平等遵守。这是指纳税主体在税收义务上是相同的，不能因为身份的不同或者出身的差异享有不同的税收义务，就纳税主体而言，凡是符合税法规定的纳税条件的纳税主体都应依法纳税，所以，对于个人与其他税收主体来说，均需课税，并且在税收义务面前，不能存在对特殊阶层的免税，对本国人和外国人在课税上也应一视同仁，在法律要求课税层面上内外一致。第三，平等适用。在法律上，税法与其他税收法规对于任何公民的意义都是一样的，法律一律平等地适用而无因人而异的区别对待，同时，纳税主体依法享有还付请求权等实体权利，以及申请税收行政复议权或诉讼权利等程序权利,平等适用明确了税收法定在法律操作上的一致性,必须依法对凡是属于税法规定的征税范围内的征税对象予以征税,在对违反税法的行为上也应当依据法律予以公正地处理,对凡是欠、漏、逃、偷、抗税等违反税法的行为都应依法处理或提请司法机关处理。

可见,税收法定在抽象层面上突出纳税主体的共同性特点,并以法律的形式样态确定纳税行为,它一方面突出主体的抽象性,另一方面突出法律的形式性,这就是税收形式正义的完整内涵,但我们知道,税收的形式正义是无法与实质正义相分离的,税收法定虽然在抽象的层面明确了人作为人之共同体的相同权利,却没有在现实层面突出人的个性与差异性,而恰恰由于差异性的存在——包括财富的多寡、地发经济发展的不平衡、个人能力的差异——要求税收应当具体情况具体对待,这样才能实现税收的实质正义,故税收的形式正义与实质正义应当结合起来,一方面体现纳税主体的权利与义务,另一方面体现税收的目的。日本学者北野弘久将税收法定的发展分成三个阶段:一是传统的税收法定主义阶段,这个阶段不是税收法律的具体内容,仅以法定的形式规定税收。二是现代宪政条件下的税收法定阶段,从禁止立法机关滥用权力、制约议会课税权的角度,构筑租税法律主义的法理学,突出量能课税原则、公平负担原则以及保障生存权原则等实体性原理。三是财政民主下的税收法定阶段,这一阶段立足于维护纳税者基本权,立足于租税的征收与使用,税收有权只依据合宪的法律纳税,有权基于税收法定主义的原理,关注并参与税收的支出过程。① 在北野弘久对税收法定论述的三个阶段中,纯粹的形式正义只出现在第一个阶段,在第二与第三阶段中,税收法定的形式正义与实质正义联系越来越紧密,我们认为,如果只有纯粹的税收形式正义,将大大削弱税收的价值与意义,因为形式正义并没有对税收的终极性目的予以确定,只有在实质正义的结构中,个人的税收权利与义务才能得到正当性的解释,才能促进税收形式正义的实现,诚如罗尔斯对形式正义与实质正义关系所作的结论:"形式正义要求的力量或遵守制度的程度,其力量显然有赖于制度的实质性正义和改造它们的可能性。"② 这同样适用于税收的形式正义与实质正义。

三、税收的程序正义原则

税收实质正义原则规定了基于人的差异性基础之上的税收权利与税收义务,

---

① [日]北野弘久:《税法学原论》(第4版),陈刚、杨建广等译,中国检察出版社,2001年版,第73~80页。

② [美]约翰·罗尔斯:《正义论》,何怀宏、何包钢、廖申白译,中国社会科学出版社,1988年版,第59页。

同时突出了税收的目的性价值，而税收形式正义则规定了基于人的共同性基础之上的税收法定原则，体现了税法面前人人平等的抽象正义原则，二者的统一则构成了完整意义上的税收正义，如果说税收实质正义主要指向税收的结果正义，则税收形式正义更多地指向税收的起点正义，那么如何从税收的起点正义走向税收的结果正义就需要具有可操作性的方式，我们认为这种方式就是税收的程序正义，它是税收形式正义与实质正义之间的桥梁，通过具体的征纳程序，包括税收立法、税收征稽、税收知情、税收返还、税收救济以及税收减免等方式实现税收的正义，并且这种程序本身必须是正义的。①

罗尔斯在其《正义论》论述了三种程序正义原则：完善的程序正义、不完善的程序正义与纯粹的程序正义。其中完善的程序正义包括两个方面，既有一个决定结果是正义的独立标准，又有一种保证达到这一结果的程序。但罗尔斯认为，完善的程序正义在现实中是很少见的，因为它要同时满足实质正义与结果正义两种目标。不完善的程序正义是指：当有一种判断正确结果的独立标准时，却没有可以保证达到它的程序。而纯粹程序正义则是这样一种形式：不存在对正当结果的独立标准，而是存在一种正确的或公平的程序，这种程序若被人们恰当地遵守，结果也会是正确的或公平的，无论它们可能会是一些什么样的结果，罗尔斯以赌博为例对纯粹程序正义予以说明，赌博的参与者在进入游戏之前就认可了这种博弈的规则，并没有独立于这种规则之外的其他规则，那么按照赌博的规则得到的结果就是公平的，所以罗认为纯粹程序正义必须被实际的执行才具有现实性，他说决定正当结果的程序必须实际地被执行，因为在这些情形中没有任何独立的、

---

① 从类型划分上来说，程序正义是一个并不清晰的概念，有学者将程序正义与形式正义等同，美国学者戈尔丁就认为形式正义就是程序正义，并且将形式正义视为实质正义的下位概念。参见［美］戈尔丁：《法律哲学》，北京三联书店，1987年版，第240页。就学者将程序正义视为独立的法律范畴，季卫东认为"程序正义并不能与形式正义划等号。什么是形式正义？用一句话来概括，就是'平等地对待平等之物'。换言之，形式正义的核心是在正义普遍实现的过程中所坚持的平等性。而实质正义的本质是不限于平等，还要包含差异以及因地制宜、因时制宜的具体分析。程序则是对形式化和实质化的扬弃。在诉讼程序中，形式性主要体现在证据法规定之中，特别是作为平等的对话和商谈的论证过程，而实质内容则主要体现为与所谓'赎罪契约'相关的主观因素。"参见季卫东：《法律程序的形式性与实质性——以对程序理论的批判和批判理论的程序化为线索》，《北京大学学报》，2006年，第1期。我们采用后一种观点，认为程序正义与形式正义虽然有相关性，但程序正义更多地指向从起点正义到达结果正义的过程，形式正义却更多地突出正义的共同性，却没有突出税收如何实现的实际经过，因此，我们在这一层面认为程序正义是独立于形式正义的，但我们仍然认可在广义上程序正义从属于形式正义。

参照它即可知道一个确定的结果是否正义的标准。① 在罗尔斯三种程序正义中，完善的程序正义虽然是最优的，但在现实中很难见到，因为按照罗尔斯的观点，每个人出身之后就已处于一种先在的正义环境之中，不可能每个人再另行创造新的环境，因此，独立的正义标准就变得格外艰难。而在不完善的程序中，即便有大家都认可的正义目的，但缺乏正义的程序，于是获得的结果既可能是正义的，也有可能导致更大的非正义，所以，不完善的程序正义应当摒弃。罗尔斯于是认为，纯粹的程序正义虽然没有完善的程序正义那般优越，但它遵循了一种公平的程序，故获得的结果是相对公正的。但他谨慎地论证说："为了在分配份额上采用纯粹的程序正义概念，有必要实际地建立和公平地管理一个正义的制度体系。只有在一种正义的社会基本结构的背景下，在一种正义的政治结构和经济和社会制度安排的背景下，我们才能说存在必要的正义程序。"② 这样，罗尔斯就将程序正义与实质正义联系起来了，我们认为，程序正义的独立价值不能脱离于实质正义，同样，实质正义要得到实际的实现必须通过程序正义，要实现税收的实质正义，就必须考察税收程序正义。

我们认为税收的程序正义就是通过正义的法治与行政行为保护个人权利与实现公共利益的过程。这个过程包括税收立法、税收征稽、税收救济、税收返还等程序必须体现出正义性，而这些过程可以通过一定的原则予以界定，从古老的法律格言来表述，就是"法律不仅应当是正义的，而且应当以看得见的方式加以实现"。这种看得见的方式就是法律的实际操作程序，这种程序必须是正义的，在英美判例法传统中，最初的自然法精神要求法律在实际运行中做到程序公正，并且指出了程序正义的最低标准：一是任何人不能审理自己或与自己有利害关系的案件，即任何人或团体不能作为自己案件的法官。二是任何一方的诉词都要被听取。③ 美国法学家戈尔丁从仲裁程序的角度把程序正义的标准分析为三个标题下的九项标准，具体包括：（1）与自身有关的人不应该是法官；（2）结果中不应含纠纷解决者的个人利益；（3）纠纷解决者不应有支持或反对基本一方的偏见；（4）对当事人的诉讼都应给予公平的注意；（5）纠纷的解决者应听取双方的论据和证据；（6）纠纷解决者应只在另一方在场的情况下听取一方意见；（7）各方当事人

---

① ［美］约翰·罗尔斯：《正义论》，何怀宏、何包钢、廖申白译，中国社会科学出版社，1988年版，第86页。
② ［美］约翰·罗尔斯：《正义论》，何怀宏、何包钢、廖申白译，中国社会科学出版社，1988年版，第87页。
③ ［英］戴维.M.沃克：《牛津法律大辞典》，北京光明日报出版社，1989年版，第628~629页。

都应得到公平机会对另一方提出的论据和证据做出反响;(8)解决的诸项条件应以理性推演为依据;(9)推理应论及所提出的论据和证据。① 这些标准包括了中立、公平与公开,以及效率等精神,我国学者孙笑侠将之归纳为如下标准:中立(与偏颇、偏私对立)、平等(与差别对立)、公开(与秘密对立)、科学(与任意、擅断、愚昧对立)、效用(与低效、浪费对立)、文明(与野蛮对立)。② 因此,在税收的程序正义范畴中,从税收立法到税收征稽,再到税收救济,都应当以这些原则为圭臬,进而实现从起点的形式正义到达结果的实质正义。

首先,在税收立法上,要做到立法程序上的公正性。税收作为与公民权利紧密相关的法律行为,税收的开征与税种以及税收额度的确立,都应当在宪法的指导下,由权威的立法机关通过民主的程序产生,而任何其他机关所制订的法规与条例都应当经过立法机关的授权,否则就是对立法正义的破坏,我国税收的确立显然在这一点上是极其不够的,税收立法的权利应当严格限于人民代表大会,国务院作为行政机关虽然可以在人民代表大会的授权下制定税收法规,但必须将这种授权进行严格的限制,其他机构在税收立法上的权力必须予以绝对性的约束,并且,税收的立法应当经过人民的同意,避开民意擅自立法是非正义的,必须突出税收立法过程中民众的参与作用,通立公开立法、举行听证会、征求民众意见,实现人民在程序立法中的价值,只有这样,税收的立法才是正义的,才符合"无同意则无税"的精神。

其次,在税收征纳程序中,做到税收征稽的正义。税收的征稽既是一种行政行为,更是一种法律行为,它直接影响到纳税人的利益,因此,在税收征稽过程中,必须将税收征纳与纳税人权利的保护结合起来,并对纳税人权益进行程序性保障。对于国家税收工作人员来说,应当在税收征稽过程中,实现理性执法,包括表明身份、平等地对待纳税人,同时对纳税人进行税法方面的普及性教育,提高纳税人的税收知识,以做到更好的税收征纳效果。对于国家权力机关来说,要将税收的相关信息充分、及时地传达给社会民众,做到信息公开,并且对于税收的支配与使用,国家权力机关也应当将这些信息对公众公布,设立有效的权力监督机制,只有这样才能真正做到"取之于民、用之于民"。

再次,在税收诉讼程序中,做到诉讼程序的正义。诉讼程序的正义对公民来

---

① [美]戈尔丁:《法律哲学》,齐海滨译,北京三联书店,1987年版,第240~241页。

② 孙笑侠:《法的形式正义与实质正义》,《浙江大学学报(人文社会科学版)》,1999年,第5期。

说极为重要，它是公民权利与国家权力之间的直接交流，如果公民的诉讼权利得不到有效的保障，那么公民的权利就难以得到有力的保护，因此，在税收诉讼过程中，应当开放宪法与违宪审查制度，增强宪法税收条款的司法化，在税收行政复议程序中，增强裁决机关的独立性与中立性，并增强复议行为的参与性与开放性，让纳税人有机会、有权利与国家权力机关直接对话，保障公民的辩护权。在税收行政诉讼程序中，实行审理程序的简化与分流，提高审理的效率，节约税收诉讼的成本。同时，在税收救济程序中，应当扩大国家对纳税人的赔偿范围与赔偿额度，纳税人在国家权力机关面前始终处于弱势地位，应当通过税收诉讼的方式维护纳税人的权利，进而有效地约束国家权力。正如有学者所说，税收正义的实现仰赖于以人权保障为核心的纳税人基本权利的切实维护，而税收程序性权利则是纳税人基本权的核心内容。①

第三节 税收正义的相关理论检视

通过对税收正义内涵的论述，我们已明确税收正义就是在税收范畴中以个人权利为前提，通过国家权力的行使，实现公共利益的过程。这个过程同时是个权利与国家权力以及公共利益之间的博弈，若个人权利加强则会影响国家权力的行使，也会减少公共利益的份额，若公共利益份额增加，则会削弱个人权利。而国家权力由于自身构成的特殊性，它的加强则会同时影响到个人权利与公共利益的实现，国家权力虽然源于个人权利的让渡，但由于它具有强力性与膨胀性，使得国家权力容易成为专制的工具，因此，在个人权利、公共利益与国家权力三种关系中，必须明确个人权利的基础性价值与公共利益的目的性价值，并以此约束国家权力，否则国家权力极有可能假借公共利益之名侵犯个人权利，也有可能以维护个人权利之名在公共利益上不作为，这两种情形都会导致税收正义无法实现，尽管如此，国家作为人民的委托机构，它又具有一定的正当性，它是个人权利与公共利益之间的桥梁，要实现税收正义，需要发挥国家权力的工具性价值。在税收正义的三个维度中，个人权利与公共利益以及国家权力必须结合起来考察，任何执其一端的观点都是片面的。但在三者关系之间的博弈中，我们即使认可了个

---

① 施正文：《略论税收程序性权利》，《税务与经济》，2003年，第1期。

人权利的前提性价值与公共利益的目的性价值,以及国家权力的工具性价值,是否就能够通过三者之间的制衡实现税收正义,也就是说,建立个人权利让渡或者权利交换基础之上的税收交换论能否实现个人利益与公共福利之间的合理分配?以公共利益为目的的税收能否保证个人权利的完整性与优先性?作为个人权利与公共利益之桥梁的国家税权的合理性能否被证成?这三个问题构成了现代国家税收理论的关键,我们有必要对此予以考察。

一、检视一:税收交换论能否实现分配正义

建立在契约论基础之上的税收交换论能否真正突出分配正义,是我们需要检视的问题之一。税收交换论认为税收是个人与他人、个人与社会以及个人与国家之间利益的相互交换行为,而这种交换的基础又建立在个人权利、公共利益与国家权力之上,那么,由个人权利让渡产生的国家权力能否实现税收在个人、社会与国家之间的正义分配,税收交换论与分配正义是否具有逻辑上的同向性,仍然需要进一步的澄清与解答。我们认为税收交换论与分配正义没有不可调和的理论冲突,并且税收交换论可以在正义的机制下实现分配正义。而要回答这一问题,我们有必要在概念上对税收交换论与分配正义进行简单梳理,突出二者的差异与共同性,找到它们的逻辑联系。

在前文中,我们已经知道,税收交换论是建立在权利基础之上的个人与国家之间的利益交换行为,个人权利具有逻辑上的先在性,国家是个人权利的让渡,而税收是人们获得国家保护所应付出的代价;国家征税和人们纳税是一种权利和义务的相互交换,通过这种利益的交换,不仅社会资源得到充分、有效地利用,并且通过税收获得的财富为整个社会提供公共服务,进行促进整个国民的福利。税收交换论有三个特征:第一,税收交换论的基础是个人权利。在霍布斯、洛克等传统契约论思想家看来,国家源于个人权利的让渡,个人为了获得安全等其他利益从而诞生国家,国家在传统契约国家理论中就是对个人的安全与财产进行保护,因此,国家征税的权利来自人民自身,如果没有人民的同意,擅自向人民征税就是非正义的,个人权利由此构成了国家与个人之间平等交换的基础,而这种交换也同时在个人与他人、个人与社会之间进行,因为按照契约论思想,人性是自私与自利的,相互间的冷漠与资源的总体匮乏需要建立克鲁泡特金所说的互助社会,那么个人就需要转让一部分财富或财产来获得自身无法创造的利益,这部分财富通过国家的再分配实现个人与他人之间的利益转换。在现代公共财政理论中,马斯格雷夫进一步提出了公共经济自愿交换理论,它强调个人要获得公共服务,就应该自愿与他人交换自己的财富,否则就无法享受彼此都需要的公共服务,

公共经济理论认为个人是自身利益最大化的决策者，个人的理性自觉能够认可税收作为利益交换的媒介。第二，税收交换论的目的是满足公共需要，获得公共服务。传统契约论者坚持国家的主要职责是保护公民的安全、财产等需要，这时的国家职能是保守的，与现代政治自由主义者诺齐克所倡导的"最低限度国家"有极强的渊源关系，但与诺齐克的"守夜人"身份的差别在于，传统契约论视阈中由个人权利让渡出来的国家同样要对人们的福利有所关心，边沁等功利主义学者就认为政府的目的就是要实现最大多数人的最大幸福，与这种理论相一致，凯恩斯等现代经济学家认为国家要为国民的整个幸福进行谋划，这就要求通过税收的形式为社会公众提供公共服务，满足公民的公共需要，而且，公共需要与公共利益同时构成了现代税收的直接目的。第三，税收交换论尽管与个人权利与公共利益密不可分，但它本身蕴含了道德与正义的德性。税收交换论建立在个人权利的基础之上，它依据个人的财产与能力缴纳相应的税额，或者依据个人的期望缴纳税款，这应当是税收交换论原初的含义，它蕴含了税收应该建立在人们的普遍性认可基础之上，这就体现了个人权利与国家权力的平衡，这在道德上是合理的。进一步说，以能力与财富以及期望为基础的个人并不可能获得与自己财富完全一致的回报，因为以税收所带来的公共服务能被所有人共享，能力小、财富少而缴税少的个人与能力强、缴税多的个人在享受公共服务上是平等的，这种公共产品不可分割的特性使税收具有分配正义的德性，诚如罗尔斯所说的，社会经济向弱势群体倾斜就是公平正义原则的必然品质。

税收交换论以上三个特点突出了权利、利益与德性，它以权利为基础，以利益为媒介，并将个人的认可与同意视为税收交换论的前提，那么国家权力能否有权利对个人的权利进行再分配，从而实现分配正义？要回答这个问题，我们有必要进一步对分配正义进行一番考察。

在西方传统正义理论中，正义的中心议题是"相同的人相同对待，不同的人不同对待"与"得当所得"。亚里士多德在他的正义理论中区分了分配正义与矫正正义，认为分配正义就应该在平等的人与不平等的人之间作出差异的安排，亚里士多德认为分配正义的目的在于确立政治权利和经济利益分配的原则，关注社会成员或群体之间进行权利、义务和责任配置问题。至于如何实现分配正义，它认为应根据各人对构成城邦各要素的贡献大小而定，"分配性公正，是按照所说的比例关系对公物的分配（这种分配永远是出于公共财物按照各自提供物品所有的比例)。不公正则是这种公正的对立物,是比例的违背"①。在亚里士多德的正义论中,实质上就突显了现代正义论的两个维度,即实质正义与形式正义。而在正义的归属与结果上,正义要使付出与所得相一致,即"得当所得",西塞罗很早就提出正义是"使每个人获得其应得东西的人类精神"②。当代社群主义学者麦金泰尔指出"正义是给每个人……包括给予者本人……应得的本分,并且是不用一种与他们的应得不相容的方式来对待任何人的一种品质"③。这样,"得当所得"就为正义的实质性维度增加了具体的内容,但从整个社会环境来说,正义即使具有了实质正义的内容与形式正义的精神,也并不表示正义就能立即实现,因此,更多的学者将正义视为制度本身的德性,密尔认为"社会应当平等地对待所有应当绝对平等地获得这种平等待遇的人。这就是社会的和分配的正义(social and distributive justice)所具有的最高的抽象标准;应当使所有的社会制度以及所有有道德的公民的努力在最大程度上聚合在一起,以达到这一标准"④。正义必须置于社会制度的安排之下,才能发挥作用,罗尔斯故此坚持"正义是社会制度的首要德性",所以罗尔斯从两个正义原则建构政治社会中的分配正义,其一为正义的平等原则,其二为正义的差别原则,两个原则分别对应于形式正义与实质正义。在差别原则中,罗尔斯认为社会的和经济的不平等应该这样安排,使它们:(1)在与正义的储存原则一致的情况下,适合于最少受惠者的最大利益;(2)依系于在机会公平平等的条件下职务和地位向所有人开放。⑤ 罗尔斯进一步认为,"所有的社会基本善——自由和机会、收入和财富及自尊的基础——都应被平等地分配,除非对一些或所有社会基本善的一种不平等分配有利于最不利者。"⑥ 对于罗尔斯而言,社会最不利者由于出身、天赋或者能力的原因所造成的弱势状态应当受到更多的关怀,为了一种真正意义上的平等,社会必须更加关注那些天赋较低和出生

---

① 苗力田主编:《亚里士多德全集》(第八卷),中国人民大学出版社,1992年版,第101页。
② [美] E·博登海默,《法理学法律哲学与法律方法》,邓正来译,中国政法大学出版社,1999年版,第264页。
③ [美] 麦金泰尔:《谁之正义?何种合理性?》,万俊人等译,当代中国出版社,1996年版,第56页。
④ [英] 弗里德利希·冯·哈耶克著:《法律、立法与自由》(第二、三卷),邓正来、张守东、李静冰译,中国大百科全书出版社,2000年版,第118页。
⑤ [美] 约翰·罗尔斯:《正义论》,何怀宏、何包钢、廖申白译,中国社会科学出版社,1988年版,第302页。
⑥ [美] 约翰·罗尔斯:《正义论》,何怀宏、何包钢、廖申白译,中国社会科学出版社,1988年版,第303页。

于较不利的社会地位的人们，主要的社会资源应该花费在智力较差而非较好的人们身上。这看上去似乎与"相同的人相同对待"形式正义精神不一致，但它通过社会资源的再分配改善了社会弱势群体的生存状态，进而促进国民的整体福利，这恰恰是实质正义的内在要求。

可见，分配正义关注的就是财富与资源在社会中的再分配，它本身蕴含了权利与利益的相互关系，所以，我们可以在此将税收交换论与分配正义结合起来考察，首先，税收交换论以个人权利为基础，坚持税收应当建立在个人的能力之上，并且国家征税应当征得人们的同意，而罗尔斯正义原则的第一个原则也是对个人权利的表述，他认为个人自由是人们拥有的最广泛的权利，并坚持个人自由原则在正义原则中的优先性，这与税收交换论是一致的，因此，个人权利的基础性价值构成了二者共同的理论前提。其次，税收交换论以公共利益为直接目的，将公共需要与公共服务视为税收的理由，由于人性的自私与自利以及能力的限制使得个人不可能完成公共服务的提供，就需要国家通过税收的再分配满足公共需要，分配正义在这一层面显然与税收交换论也是一致的，罗尔斯认为税收就是分配部门的职责，分配部门就是通过税收和对财产权的必要的调整来维持分配额的一种恰当正义。① 也就是说，税收正义的实现同时就是分配正义的实现。再次，税收交换论尽管坚持个人权利的基础性价值，但它同时主张个人能力与财富的多寡是税收缴纳的必要标尺，通过累进税、比例税等税收形式达到能力强、财富多者多纳税，能力弱、财富少者少纳税，以此缩小个人之间的差距，这样既约束了财富的集中与垄断，又保护了弱势群体的利益，因此税收交换论在实质上体现了税收在制度上向社会不利者倾斜，这与罗尔斯正义原则中的差别原则又具有一致性，二者在正义的维度上都表达了对弱者的关怀意识。

所以，我们得出结论，税收交换论可以实现分配正义，二者并不存在难以调和的矛盾与冲突，这两种理论都坚持个人权利为理论基础，以权利、利益为具体内容，并通过国家权力的行使达到社会资源与财富的合理再分配，主张税收制度与社会制度向社会不利者倾斜，二者的目标是实现对每个人境况的有效改善，因此，我们坚持税收交换论是税收正义范畴的理论基础，它可以在个人权利的基础上实现分配正义。

---

① [美] 约翰·罗尔斯：《正义论》，何怀宏、何包钢、廖申白译，中国社会科学出版社，1988年版，第278页。

二、检视二:公共需要论如何维护个人权利

税收正义在目的上坚持公共需要的满足与公共服务的实现,而公共需要作为与私人需要相对应的范畴,它与个人权利存在什么样的辩证关系?税收以个人权利为基础,在不断扩大现代社会的分层结构中,公共需要论是否仍能如功利主义所主张的个人权利与公共利益相互一致,现代财政国家中,国家不再停留在只保护个人安全与维护个人权利的消极功能上,社会救济与社会福利成为现代国家的重要使命。社会阶层的扩张、贫富差距的突显、人们对生活水平要求的差异,使公共需要与公共利益呈现出多元化,并且这种多元化仍在扩大,在这种情况下,人们的多元化需要论如何保证个人权利的尊严与完整性就成了问题,显然,在税收正义的视角下,我们的回答是肯定的,我们认为,公共需要论在任何时候都可以证成税收的合理性,并且公共需要论在本质上可以维护个人权利,这即是公共需要论本身的要求决定的,也是个人作为社会的成员决定的。我们将从公共需要论的本质以及个人权利与公共需要的关系予以辩护。

首先,公共需要在本质上是"每个人"的需要。此处的"每个人"是指同时分有抽象性的社会人与具象的个体人的统一体,我们将人的社会性界定为人的抽象,是因为社会本身是一个宽泛而抽象的概念,社会的存在始终基于个体人存在的先在性(肉体的),有机体的个人在逻辑上永远先于社会性的人,因此个人的生存需要成为了人之存在的第一需要,这就意味着人是自然性与社会性的统一,人受到自然属性与社会属性的双重限定,诚如马克思所说"人是社会关系的总和",人永远脱离不了动物性的一面,"人来源于动物的事实已经决定人永远也不能摆脱兽性。所以问题永远只能在于摆脱得多些或少一些,在于兽性与人性的程度上的差异"[①]。在这种情况下,生存需要与发展需要就构成了人之需要的双重维度,如果说生存需要对应于人的自然性,那么发展需要则关涉人的社会性,依据马克思与马斯洛等人的需要理论,其中生理需要、安全需要可以独立于人的社会性而存在,而社交需要、尊重需要与自我实现的需要则主要指向人的社会性,这样,生理与安全的自然性需要与社交、尊重、自我实现的社会性需要就构成了人之整体需要的统一。因此,在现代性视阈中,人的自然性需要与人的社会性需要就内在地由人的自然性与社会性所规定,而人的社会性维度又进一步蕴含了公共需要的元素,并且为公共性需要提供了正当的理由。甚至可以说,在本质上公共需要就

---

① [德]马克思、恩格斯:《马克思恩格斯全集》(第20卷),人民出版社,1972年版,第110页。

是一种社会性需要，因为公共需要的必要性建立在个人与社会、个人与国家的多元关系之上，在个人与社会以及国家三者之间，国家与社会均由具体的个人集合而成，在契约主义思想中，"每个人"需要在外部建立一个具有权威的机构来维护个人的权利并扩大自身的利益，这种需要使得国家得以诞生，于是在个人的认可与个人之间的协议下，将自身的部分权利让渡并通过一定的方式组成国家，再通过个人与国家之间的契约实现国家职能，保护个人权利，并为整个社会创造美好的生活，最终实现人的幸福。在这种意义上说，国家与个人的目的是一致的，英国政治学家鲍桑葵如此对此下结论道："国家的目的就是社会的目的和个人的目的——由意志的基本逻辑所决定的最美好的生活。"[1] 而"国家的行动就是维护各种权利"[2]。因此，国家的产生在根本上就建立在人类公共需要的基础之上，并且国家本身就是人类公共需要的结果，而由国家附着的权力又可以进一步实现人类的其他公共需要，包括生存、安全、秩序、福利等。在这个层面上，公共需要是与私人需要相对应的一个范畴，我们认为私人需要是与个人的生存及发展相联系的、个人能够通过努力获得并实现的需要，在特点上私人需要具有私人的受益性与产权性，而公共需要则非如此，它是由非排他性、非竞争性与外部性等属性限定的需要，它具有这样的特征：（1）公共需要是每个成员可以无差别享用的资源，甲的享用不会影响乙同时享用。（2）公共需要是每个人都希望享用的需要，但这种需要并不是每个人需要的数字总和，它需要通过国家权力的作用，通过资源的重新分配才能实现。（3）公共需要只是人的诸多需要之一，人自身幸福的实现建立在各种需要都得到满足的基础之上。（4）每个希望享用公共需要的人必须成为共同体的成员，并为此付出一定的代价。因此，从公共需要的内在规定来看，它并不是脱离于个人的需要而单独存在，公共需要就是"每个人"的共同需要。而"每个人"同时是生活中一定社会、一定国家之中的人，这样，个人既有能够通过自身努力就能获得的私人需要，又有难以凭借自身力量完成的公共需要，这部分需要必须通过国家权力的作用才能实现。可见，公共需要与个人的私人需要并不冲突，尽管个人难以完全享用到由自己付出的税收成本而创造的公共服务，但却享用了其他人提供的服务，这种交换是对等的，如果社会制度足够正义，那么个人需要与公共需要的差异性就会更小，所以，从公共需要的内在规定来说，个人

---

[1] [英] 鲍桑葵：《关于国家的哲学理论》，汪淑钧译，商务印书馆，1995年版，第191页。

[2] [英] 鲍桑葵：《关于国家的哲学理论》，汪淑钧译，商务印书馆，1995年版，第205页。

权利与公共需要具有一致性。

其次,既然公共需要是"每个人"的共同需要,这种需要来自个人自身,并构成个人多种需要的一部分,那么公共需要与个人权利就没有不可调和的冲突与对立,这既是公共需要的本质决定的,又是个人的社会属性决定的。要在税收正义视阈下回答公共需要论能否维护个人权利,只要考察二者之间的关系就能得到答案,我们认为,公共需要与个人权利之间的合理性是相互证成的,两者之间的关系在终极意义上相互一致,虽然德国学者哈特穆特·毛雷尔说,公共利益和个人利益有时相互一致,有时相互冲突。① 但我们并不完全认同,第一,个人权利构成了公共需要的基础,同时构成了公共需要得以实现的财富之源。一个明显的事实是,公共需要的实现必须建立在个人权利让渡的基础之上,因为作为社会、或者作为国家,它们本身是抽象的,并不产生现实的财富,只有通过税收的形式或其他方式使个人的财富储备于国家机构之中,通过再分配的方式返回给个人,或者满足个人的公共需要。在此处我们所指的个人权利,并不单指财富的权利,还包括了生存、言论、信息以及福利权利等,因为基于洛克的理论,人们的同意是国家税权的基础,那么与税收相关的各种权利就进而构成了个人权利与公共需要的内在资源,没有这些诸多权利,每个人的公共需要就必然是一种虚假的概念而已。第二,公共需要有助于个人权利的维护与扩大。我们知道,人是社会性的存在者,这种社会性并不具有先验性,而是在源于他人与社会的规定,只有在不断的社会实践中,个人的生存与发展才能得到更好的提升,因此,社会使人的权利成为必要,而这种权利的维护与扩大又建立在人的需要不断产生又不断满足的过程中,公共需要就是个人在不断拓展的社会交往行为中产生的,人不仅需要生存与安全的需要,更需要作为社会人而欲求的尊重、友爱以及自我实现的需要,对这些需要的满足将会扩大个人的权利,而这些需要的满足既需要个人的努力,也需要在外部权力的作用,所以,个人权利的维护与实现必须建立在公共需要不断得到满足的基础上。第三,对公共需要与个人权利的合理安排有助于二者的同时实现。尽管公共需要是每个人所欲的,但每个人为公共利益所付出的代价与获得的回报并不必然相等,或者说个人并不必然能获得自己预期的公共资源,这样就会影响到个人付出权利的积极性,若个人的预期远远低于自己付出的代价,那么公共需要对个人权利的分有就不具合理性,因此,公共需要的限度与个人权利的让与就应当限定在合理的维度之内。我们认为,公共需要既然是每个人的需要,

---

① [德]毛雷尔:《行政法学总论》,高家伟译,法律出版社,2000年版,第40页。

那么对这种需要必须予以正确的评判，通过一定的方式，诸如召开听证会、数据统计或者审议民主的形式确定公共需要的真实性，只有得到公众认可的公共需要才是真实的，才能成为个人权利让渡、公民纳税的正当理由。同样，在个人权利的维度上，既然公共利益关涉每个人的利益，那么个人不仅享有相应的权利，也必须承担相应的义务，否则公共需要就无法得到满足，因此，我们需要设计正义的制度，唯有这样，个人权利与公共需要才能实现效果上的最优化。

三、 检视三： 国家税收权力的边界如何限定

通过前文的论述，我们已明确税收正义是个人权利与公共利益以及国家权力之间的博弈，这种博弈必须以个人权利为基础，以公共利益为目的，而国家则是税收正义得以实现的工具，那么，在现代财政国家中，国家在税收上的权力是否仍如传统契约论视阈下的国家那般明晰？在传统契约论国家理论中，国家作为公民与社会事务的管理者，它需要个人上缴的税收来维持自己的正常运行，并同时通过公民让渡出来的权力保护个人的各种权利，而税收就是个人为了自身的安全需要与其他需要而付出的代价，显然这种代价是个人通过与他人、与国家的交换实现的。以洛克为传统的自由主义政治理论将个人权利作为国家权力运行的边界，认为国家的征税必须经过人民的同意与认可，现代自由主义理论也坚持这一观点，尤其在诺齐克的国家学说中，个人的自由与权利具有绝对的优先性，而国家的任务应当限定在不触及个人权利的限度之内，他认为正义的国家应当是"最弱意义的国家"，国家"除了防止暴力、偷窃、欺诈和强制履行契约保护性功能之外再无其他功能"[①]。这样，国家在税收上的权力就必须依据国家本身的权力而进行界定，既然国家的职能只是为了保证个人权利在最低限度上不被侵犯，那么，国家就应当在征税的额度与规模上对国家的税收权力予以控制。但在现代财政国家体系中，随着市场经济的日趋成熟，社会整体生活水平的提高，人们在现有的社会需求越来越呈现出多元化，绝对贫困人口开始减少，人们的需求也逐渐提高，尽管安全、生理与生存的需要仍然是每个人所希望的，但尊重与美好生活以及自我实现的需要越来越成为人们需要的主流，在这种情况下，自由主义政治理论与经济理论关于国家职能只是保护公民的基本权利就需要修正，正是在这样的社会与经济背景下，凯恩斯等人的福利经济学理论与社群主义的政治学理论为国家的税权作出了更加合理的解释。那么，我们在认可了国家税权在现代社会中的合理性

---

① 诺齐克：《无政府、国家与乌托邦》，何怀宏等译，中国社会科学出版社，1991年版，第1页。

之后，如何对国家税权的边界进行约束，成了我们思考税收正义的重要课题，所以现代财政国家的税收权力必须予以严格限定，随着国家机构的膨胀，国家权力对私人空间的渗透越来越明显，二者之间的界限越来越模糊，在这种情况下，对国家税权边界的思考就尤为必要。我们认为，要限制税收正义视阈下的国家权力，需要考察三个方面：一是国家税收的理由必须是正义的；二是国家税权必须出于正义的方式；三是国家税权必须是合法的。这三个方面既限定了国家税权的正当性，也构筑了国家税权的边界。

第一，国家税收的理由必须是正义的，我们坚持税收的目的是公共利益，也同时认可公共利益的实现在终极意义上仍是个人的幸福，那么，唯有公共利益才能成为国家税收的正当理由，但是，由于公共利益与个人权利并不具有必然的一致性，并且税收在本质上是对个人权利的侵犯，那么公共利益即使能够视为国家征税的充分条件，也并不表明这种征税是正义的，按照亚里士多德的分配正义与矫正正义理论，以及罗尔斯的公平正义理论，国家税收的理由必须同时保证个人权利与公共利益的平衡，国家税收的理由必须考察以下三个因素：社会贫困程度；公共利益是否真实；个人权利。这三个因素的不同组合反映出国家税收的理由是否正义，我们认为这三个因素必须作如下安排：首先，在绝对贫困人口仍然存在的社会情境下，如果公共利益是真实的、个人权利也具有相当的正当性，那么，国家出于公共利益的需要就应当尽可能地关怀处于弱势地位的人们，进而在税收政策上向这部分倾斜，这样设置累进税率与税收杠杆效应强的消费税与遗产税就是正义的。而对于处于社会强势地位的人们，这部分人的个人权利就应当出于公共利益的需要而作出较大牺牲。这种安排还适用于绝对贫困已经消除，但相对贫困显著的社会中。其次，在绝对贫困已经消除，相对贫困也不显著的社会中，社会公众对生活与自身幸福的要求必将明显提高，这样，公共利益即使真实，国家税收也必须充分尊重个人的权利，除非国家在提高人民的整体生活质量上予以充分的保证并得到每个人的认可与同意，并且每个人都能从税收营造的福利中获得享受，否则诺齐克与哈耶克式的自由理论就具有优先性。再次，在绝对贫困与相对贫困都不显著的社会中，个人尽管应当出于公共利益的需要上缴一定的税收，但如果公共利益并不是真实的，而只是部分人的私人利益，那么国家就不能以此作为征税的理由。这样，国家税收的理由就必须通过以上三个因素得到证成，国家税收不能逾越由它们所组合起来的正义图景。

第二，国家征税必须基于正义的方式，国家税收的理由不仅需要正义的理由，国家行使税收的权力也必须出于正义的方式。正义的方式既包括税收征收的程序正义，也包括税收确立的方法正义。在征收的程序方面，我们已在前文中予以论述,它必须实现税收征稽的程序正义与税收诉讼的程序正义,税收应当以看得见的方式加以实现。因此,我们在此所强调的是税收确立的方法正义,随着国家公共事务的扩大,以及法律确立时效的缓慢,国家在税收上的政策与其他政策一样经常变换,因为税收是与个人的基本权利紧密相关的行为,税收政策的变换如果没有经过合理的方式,它就是非正义的。我们认为在国家税收的确立必须出于正义的方式,这种方式应当包括以下主张:首先,税收的信息向全体成员公开,信息公开是公民与国家进行辩护的前提,缺少这一环节的税收行为本身就会对公民的基本权利造成侵犯。其次,国家税收应当通过民主与辩护的方式才能确立,并且这种民主应当建立在公众与国家平等的基础之上,诚如哈贝马斯所主张的程序民主,他认为"程序主义的民主的核心观念是平等权利与相互承认"[①]。在这种理论的支持下,国家确立新税种与新税率的时候,必须在公开与公平的基础上与公众进行辩论,只有在每个人都被视为平等的主体并主动参与到与国家的辩论所取得的结论才具有正当性。再次,对于未参与到确立税收的人们来说,也应当将辩论的过程对他们进行公开,并在税收正义确立之前留下一定的时间接受公众的理性反思,这对于税收正义的整个过程来说是必需的,因为任何关涉到人的基本权利的行为都应当受到认真的省思。所以,只有在以上三个方面实现税收确立的方法正义,国家的税权才具有真正的正当性。

第三,国家税权必须是合法的。国家的税收行为必须以法律为边界,尽管国家拥有征税的权力,但这种权力应当出于法律的认可,哈耶克在论述国家政府的职能时,说道:"只有政府才有能力提供某些必须通过强制性的征税措施加以资助的服务。"[②] 但同时认为,政府在调整公共服务与公共设施等事务往往只是出于效率或便利的考虑,却并不是出于正义的理由。[③] 正义的理由是指政府的行为应当出自真正的法律,而真正的法律是指效力与行为规则具有普遍性的法律,它的目标是实现社会的正义与人类的幸福,因此,在税收领域中,指涉税收的法律应当本身蕴含这种正义的目标,这种法律才具有真正的权威,才能成为国家税权的合法性保障。这是国家税权必须合法的第一层含义,即税法本身应当是哈耶克所主张的普遍性规范。进一步来说,税法即使具有了自身的合理性,即在个人权利、国

---

① 李俊增:《多元分歧与正当性》,《政治与社会哲学评论》,2004年,第11期,第92页。

② [英] 弗里德利希·冯·哈耶克著:《法律、立法与自由》(第二、三卷),邓正来、张守东、李静冰译,中国大百科全书出版社,2000年版,第339页。

③ [英] 弗里德利希·冯·哈耶克著:《法律、立法与自由》(第二、三卷),邓正来、张守东、李静冰译,中国大百科全书出版社,2000年版,第340页。

家权力与公共利益的博弈关系上安排得相当合理，但税法作为公法之典型的部门法如果与宪法精神产生了冲突，那么必须对税法作违宪程序上的审查，因为作为国家根本之法的宪法对部门法具有绝对的优先性。这是国家税权必须合法的第二层含义。除此之外，国家税权必须合法还应当体现在税收立法的过程中，我们认为税收立法必须限于专门的立法机关，即使由专门立法机关委派的机构所制定的法规也必须得到立法机关的同意，其他机关无权设置新的税种与税率，这就要求对税收的制定机构进行法律程序上的整理，在我国，全国人民代表大会与国家行政机构在税收制定上的权力应当予以法律上的厘清，只有这样，才能保证国家税收权力在法律维度中的纯洁性与正义性。

第四章 遗产税与税收正义

　　税收作为调节社会正义的重要方式,它体现在个人权利与公共利益以及国家权力之间的博弈关系中,税收本身的"恶性"通过个人权利与公共利益的交换得以缓解,个人与国家之间的契约使税收在价值指向上表现出"善"的目的性,故此,罗斯巴德所断言的"正义税不可能"便是一个有待审视的命题,在洛克、罗尔斯等契约主义的政治哲学语境中,只要一种制度获得了人们的同意与认可,那么这种制度就具有理论与现实上的正当性,若这种制度能够满足两个正义原则,那么这种制度就是正义的,所以税收只要在个人权利与公共利益以及国家权力之间的关系上获得恰当的安排,正义的税收就完全可能。任何一种税收都应该在前提与目的上得到正义的处理,在前文中我们已明确税收本身具有证明国家政治正当性、提供公共利益与矫正个人权利的德性,为此确定了税收的真正价值与对人类社会的必要性,我们同时认为,人类社会所确立的税收因为税种之间的差异性而在价值目标上表现出不同偏向,个人所得税主要指向个人权利与义务的均衡,它是个人权利与公共利益之间的直接博弈,因此,个人所得税主要体现出权利正义;社会保障税主要指向社会财富的再分配,它突出了税收在公民生存与社会福利之间的价值选择,社会保障税主要体现出社会正义;环境税则主要体现人在环境中的应然角色,它要求人类应当直面人与环境共存共生的自然事实,因此环境税在一定程度上就是对环境正义的诉求。可见,税收在正义视阈中有自身的层次性,它通过不同的税种体现出来,另一方面,税收的确立与开征又具有显著的历史性,经济、社会、文化以及政治的综合环境会影响到税收的更替,并且这些环境又与国家政府的职能紧密相关。对于社会保障税来说,自由主义政治经济学理论认为国家政府仅具有"最低限度"的职能,因此社会保障税作为促进公民福利的价值就根本突出不了,但社群主义与共和主义则认为群体福利是个体福利的保证,所以国家不仅要保护个人权利不受侵犯,而且要促进整个社会的福利水平,这样,社会保障税对公民福利的价值就得到了体现。对于环境税来说,它更加明确地突出了税收的历史性,随着人口危机、资源危机以及环境危机日益白热化,人与自然环境的关系愈发紧张,环境税应运而生。同时,在人类社会内部,虽然社会的整体财富得到了巨大增长,但这些财富并没有得到平均的分配,而是随着社会分层的扩大集中到少部分人群之中,这种财富的集中又进一步加剧了社会的分层,因此在税收正义的视阈下,社会财富的垄断与集中是否可以通过税收的作用予以调整,进而实现社会财富的分配正义?这就是我们探讨遗产税的最初理由,如果遗产税的开征是必要的,它如何在税收正义的视阈下被证成?进一步来说,如果遗产税的合理性得到了证成,又如何保证遗产税自身的正义性?对这些问题的考察与回答,构成了此章的写作动机与内容。

第一节　遗产税的多维度考察

遗产税被西方人称为"罗宾汉税"①,并且历史悠久,早在4000多年前的古埃及、古罗马就出现了补充军资的遗产税,16世纪末期的荷兰出现了近代税制意义上的遗产税,随后英国、法国、意大利等国家相继开征遗产税,今天世界上有100多个国家和地区开征遗产税,尽管如此,遗产税并没有在所有国家普及,这一方面源于各国经济发展程度的差异,另一方面源于遗产税本身的特质,即遗产税作为古老的税种,它所附载的"劫富济贫"价值是否具有道德上的合理性,同时遗产税即使可以具备"罗宾汉式"的价值取向,它在税收价值上的效率是否达到了预期的效果?因此,我们在考察遗产税的正义向度时,应当在概念与内容上对遗产税予以梳理。

一、遗产税的含义与性质

在概念上,遗产税是指以财产所有人去世以后遗留的财产为征税对象的一种税,通常包括对被继承人的遗产征收的税收和对继承人继承的遗产征收的税收。②也有学者将"遗产税"定义为财产所有人死亡后,其财产转移于他人时所课征的一种财产税。③无论哪种定义,都指出了遗产税与财产的相互联系,遗产税实质上就是一种财产税,因此,征收遗产税必须具备两个条件:一是要有遗产或财产,

---

① 遗产税在西方国家被称为"罗宾汉税",即只对极少数富人征收,有"劫富济贫"的作用。社会分层与财富的相对集中导致贫富差距,对此,西方政府采取了一系列经济、法律手段,税收就是其中的一种调节方式。在美国,1%收入最高的人的赋税占联邦税收的14.7%,德国遗产税率高达50%,其他国家的遗产税率也相当高。
② 刘佐主编:《遗产税制度研究》,中国财政经济出版社,2003年版,第10页。
③ 刘悦:《中国财产继承制度研究》,中国海关出版社,2003年版,第207页。

这个条件又必须建立在个人权利的基础之上,即财产应当是个人权利的一部分,只有在承认财产权利的前提上遗产税才成为可能,故此遗产税与人对物的权利紧密相关,有学者认为遗产税必须以私有财产的确立为前提,遗产税是对私有财产征收的税收,只要私有财产制度存在,或国家承认私有财产的存在。① 只有认可了私有财产权利的先在性,才有随之而来的遗产税。二是遗产或财产所有人在死亡后才能征收,所以又叫"死亡税",如果将个人权利的先在性视为遗产税存在的逻辑前提,那么财产拥有者的死亡则是遗产税征稽的现实前提,这是遗产税的事实条件,就是说该税收的征收必须基于被继承人死亡这一基本事实,若没有财产所有人死亡事实的发生,遗产税的征收就只能在意念中发生,在法律上,被继承人死亡在两种情况下被认可,其一是人的自然死亡,其二是宣告死亡,两种情况都具有法律效力。因此,遗产税虽然是对个人财产征收的税种,但只有满足了以上两个条件才具有合法性。

在性质上,遗产税一般从属于财产税,各国也都将遗产税列入财产税之类,对遗产税性质的如此划分有助于简化遗产税的确立与征收。台湾学者叶淑杏这样论述遗产税的性质:"因继承而取得的遗产就租税理论而言,系属所得,应与其他所得合并课征所得税,始符合租税之公平量能原则。惟租税政策仍属偶发性所得,与经常所得性质不同;且遗产税系对毕生累积之财产课税,属存量之观念,与一般所得属流量,税基不同。故就租税性质而言,列归为财产税较为允当。"② 我们知道,财产税是以纳税人所拥有或支配的财产为征税对象的税种,因此,对遗产征税与对财产征税在性质上并没有差异,所不同的只是方式和阶段上的不同,由于遗产税发生在被继承人死亡后财产转向继承人的过程中,那么遗产税的发生应当从财产转移的行为中予以考察,如果没有继承人,或者财产没有达到起征额的话,遗产税就不会发生,

尽管如此,将遗产税视为财产税并没有得到学界普遍的认可,由于财产不能转嫁,加上被继承人与继承人之间的单向及亲疏关系,使得遗产税的性质随之变得复杂,按照朱公言先生在《遗产税原理及实务》中的归纳,遗产税的性质基本上有以下几种③:(1)大多数经济学家主张为直接税。其区分标准是凡税法规定

---

① Willian. G. Gale, Joel. B, Siemrod (2002): *Rethinking the Etate and Gift Tax: Overview*, NBER working paper 8250.
② 叶淑杏:《财产税法规》,华立股份有限公司,2005年版,第159页。
③ 朱公言主编:《遗产税原理及实务》,中国著作人出版社合作社;刘双:《遗产税公平与效率分析》,山东大学硕士学位论文,2007年,第9页。

纳税义务人所亲自负担之租税为直接税，否则，属于间接税。遗产税不能转嫁，其归属是直接纳税人即继承人。(2) 假使遗产税的征课对象是财产，比如总遗产税以被继承人的遗产总额为对象，那么我们可以说遗产税是对物税或财产税。美国加州大学财政学教授 C. C. Pleh 认为遗产税的税源是移转财产的价值或卖价，而其税基则为财产之本身，所以遗产税是一种特别财产税。假使遗产税征课对象是人，比如分遗产税就继承人继承遗产之数额及亲疏与远近，分别依不同税率课征，那么我们可以说遗产税是一种对人税或特别所得税或嗣承税。美国密歇根大学财政学教授 H. C. Adams 认为遗产是所得之一种，是突然增富的一种，所以遗产税是一种增富税或所得税。遗产税在英国又叫死亡税，那么其着眼处是死去的被继承人而不是存留的继承人，于是我们可以说遗产税是一种追税。有些欧洲大陆学者认为遗产税是一种财产转移时候的额捐税或手续费，所以可以叫做行为税。美国哥伦比亚大学财政学家 Seligman 等认为遗产税是一种混杂税，既可以说它是财产税，也可以说它是行为税，甚至还可以将其列为对人税或所得税。

对遗产税性质的不同理解进一步影响到遗产税的课征方式，课征方式有总遗产税制、分遗产税制以及混合遗产税制。总遗产税制是以被继承人的遗产为对象的课征制度，发生在被继承人的死亡行为之后继承人的继承行为之前，这种类型的遗产税是本来意义上的财产税。① 总遗产税有起征点，在税率上采进累进税制，并不考虑继承人与被继承人的亲疏关系和继承人的个人情况，属于先税后分，美国、英国、新西兰、新加坡、台湾、香港等国家和地区，实行总遗产税制。分遗产税是对各个继承人所继承的遗产分别予以课税，分遗产税会考虑继承人与被继承人的亲疏关系和继承人的实际负担能力，在税率上同样采用累进税率，属于先分后税。日本、法国、德国、韩国、波兰等国家实行分遗产税制。总分遗产税是对被继承人的遗产先征收总遗产税，再对继承人所得的继承份额征收分遗产税，属于先税后分、分后再税，混合遗产税将总遗产税与分遗产税结合起来，两税合征，互补长短。伊朗、意大利、菲律宾等国实行此种遗产税制。

二、从增收到分配：遗产税的正当化历程

遗产税属于古老的税种，但最初的遗产税开征并不具有道德层面的正当性。古埃及与古罗马均开征过遗产税，当时埃及法老为扩大领土四处征战，并耗巨资修建大金字塔，财政面临巨大压力，于是下令开征了对财产继承人征收的遗产税，

---

① ［日］金子宏著：《日本税法》，战宪斌、郑林根等译，法律出版社，2004年版，第 273~274 页。

当时的税率为10%，并采取比例税率。出于战争与大兴土木的原因开征遗产税本身缺少正当性，尽管如此，当时的遗产税增加了财政收入，在一定程度上缓解了财政压力。除古埃及外，欧洲的罗马随之征收遗产税，很多学者认为古罗马的遗产税是从古埃及借鉴过来的，公元6年，奥古斯登征服古埃及后，将埃及的遗产税制度引进到罗马，提出征收5%的遗产税，用作士兵的养老费用和屯田资产。与古埃及相比，古罗马的遗产税更加细致，古罗马的遗产税虽然同样是对继承人继承的份额课征，但规定直系亲属或近亲继承可以免税，一些费用可以扣除，诸如丧葬费用等。亚当·斯密在其《国民财富的性质和原因的研究》一书中记载，古代罗马设置了二十便士取一的继承遗产税，这是对财产由死者转移给生者所课征的税。[1] 从古埃及与古罗马的遗产税来说，它远没有达到现代社会遗产税的计税理念，现代遗产税尽管同样出于财政收入的考虑，但社会阶层的分化使遗产税的确立承载了更多的使命。

  同样，在欧洲以日耳曼为首的西欧封建国家倚借其财产权观念，对遗产与遗产税表现出与罗马不一样的情形，这种财产权观念认为只有亲子才能继承遗产，如没有亲子，财产就应当被部落或君主收回，不必征收遗产税。但随着经济与社会的发展，诸侯的势力逐渐扩大，与君王的矛盾也开始在财产的继承方面表现出来，有些没有亲子的诸侯死后，遗产按照惯例应该被君主收回，但死者的近亲不愿交出，甚至以武力进行抵抗，斗争的结果是达成协议：近亲可以继承遗产，但必须向君主交纳一笔购遗产额费或称为购续费。这实质上就是以遗产税的形式实现个人财产与君主权力之间的交换，虽然个人权利在与君主的博弈中胜利了，但遗产税明确了个人财产在君主专制下的合法化，当然，这时期的遗产税仍限于同阶级贵族与君主之间，微薄的财富并不会给贵族阶级带来可观的财政收入。到了中世纪，由于教会的势力极其强大，教会的力量直接渗透到政治、经济领域之中，教会强行规定居民必须立遗嘱将一部分财产捐给教堂，尤其在十二世纪到十三世纪之间，教会通过参与政治的形式将遗产税直接嫁接到社会公众身上，在意大利文艺复兴时期，由于对古罗马文化的研究，使遗产税也得到推广，一些法学家提出了征收遗产税的建议。14世纪末，许多意大利城市因财政困难，先后征收了遗产税，按比例税率2%~5%课征，并规定捐赠给慈善机构的财产免税。[2]

  古代遗产税主要基于增加财政收入的目的，而调整社会财富趋向公平的价值

---

[1] 邓子基：《财政与宏观调控研究》，中国财政经济出版社，2005年版，第80页。
[2] 王博：《遗产税课税制度的经济学分析——关于我国开征遗产税的思考》，青岛大学硕士学位论文，2008年，第5页。

并不是古代遗产税追求的品德,这一品德几乎完全被前一价值遮蔽了。随着社会的发展,遗产税的社会公平价值逐渐取代财政收入价值,这一转型是政治、经济、法律与道德共同作用的结果,而税收本身的发展直接促进了遗产税的功能变革,这一变革也因此为遗产税获得了道德上的正当理由。现代意义上的遗产税,理论界公认始于1598年的荷兰,采用比例税率,并按继承人与被继承人的亲疏关系等具体情况设置不同的税率,这样的遗产税设置就近似于今天西方国家采用的分遗产税制类型。英国是经济发展较早的西方资本主义国家,也是世界上较早征收遗产税的国家。英国于1694年开征"遗嘱税"(Prolate duty),该税规定遗嘱中有关遗产问题者须贴印花,方为有效,实际上是一种印花税。直到1779—1780年,才产生了现代形式的遗产继承税,包括对遗嘱上的动产课税的分遗产税和对不动产课税的继承税,并根据与被继承人的亲疏设置不同的税率。英国在1894年制定"财政法规"征收遗产税,实行总遗产税,对转移的遗产总额课征遗产税。到了1975年,英国将转移的遗产改为资本转移税,仍采用总遗产税制,但对财产所有者的生前转移(赠与)和死后转移(遗产)累聚起来计算。1975年霍斯曼(Horsman)在其研究报告中提到赠与税逃税的问题,指出在英国60年代从未课税的赠予价值每年约36亿英镑,1968年逃避税额达到1.77亿英镑,而当时的遗产税实际收入仅3.82亿英镑,逃税额占其实际收入的46%,资本转移税是把赠予累计合并入遗产总额一并课税,采用五级累进税率,一定程度上改善了逃税情况。1986年,英国的资产转移税又被"遗产继承税"取代。其他西方国家,法国于1703年,美国于1788年,意大利于1862年,日本于1905年,德国于1906年相继开征了遗产税。现在西方主要发达国家都开征了遗产税,一些发展中国家也开了遗产税。

  在我国,古代并没有遗产税,传统的宗族结构与伦理型政治使遗产税游离于税与费之外,到了近代,开征遗产税的问题才被提出来,1912年11月,即北洋政府第一次税制调整时,就已经将遗产税列于新增设的税种当中。1915年,我国第一次拟定了《遗产税条例草案》,但是考虑到税源太小和遗产评估的复杂性,该草案未能实行。1938年10月6日,国民政府公布了《遗产税暂行条例》,并从1940年7月1日起开始施行。中华人民共和国成立以后,1950年颁布的《全国税政实施要则》中,列有遗产税,但并未实施,由于经济体制、经济发展水平等多种因素的影响,至今为止的50多年来没有开征遗产税。1994年税制改革时,我国才拟定开征遗产税的事宜。随后,开征遗产税被写进了国家税务总局制定的《税收工作"九五"计划和2010年远景目标纲要》。1997年9月12日,中共中央总书记江泽民在中国共产党第十五次全国代表大会上所作的报告中提出:"调节过高收入,完善个人所得税,开征遗产税等新税种"。

三、 国外遗产税现状

截止到 2004 年,世界上有 100 个以上的国家和地区征收遗产税,仅 OECD 组织 30 个成员国就有 24 个开征了遗产税或类似的税项。除墨西哥以外,该组织的 29 个成员国都开征过遗产税。目前仍然征收的国家有 25 个,占整个 OECD 成员国的 83%。4 个已陆续停征遗产税的国家,加上墨西哥,不征收遗产税的占该组织成员国的 16.7%。[①] 而尚未开征遗产税的国家主要分布在发展中国家与欠发达国家,包括拉丁美洲、亚洲与非洲等地区的一些国家。可见,遗产税与一个国家的经济发展水平紧密相关,除此之外,一个国家的文化、政治环境也影响遗产税的确立与征收,不少学者在探讨遗产税时,认为遗产税能够长期存在更多的在于遗产税本身所蕴含的道德价值,通过遗产税的征收来抑制社会财富在社会阶层中的两极分化,更有激进的学者认为严峻的遗产税制度象征着对资本主义体制的疑义与批判,表现出一种深刻而尖锐的道德愤慨,遗产税已不单是一种税,而是徒具税收形式的政治手段。[②] 今天,世界上的遗产税制已拓展了古代遗产税的功能,古代的遗产税主要为了增加财政收入,却遮蔽了遗产税在调节社会财富与实现分配正义方面的价值,今天的遗产税价值则主要在于促进社会财富的公平分配。这一理念在美国表现得特别突出,美国在 1916 年确立了遗产税,并将赠与税作为遗产税的补充,到了 21 世纪,美国总统布什上台后,提出了"经济增长与缓解税收法"一揽子法案,提出 10 年减税 1.35 万亿美元的计划。布什政府要逐步降低直至最终取消遗产税,其取消遗产税、降低赠予税的基本步骤为:从减税法案施行之日起,即将遗产税最高税率由 55% 降低到 50%,以后再降低到 45%,直至 2010 年最终取消遗产税。但有趣的是,竟然有 120 名富翁联名上书,反对政府取消遗产税,富人们在《华尔街日报》、《纽约时报》上刊登广告,呼吁政府不要取消遗产税。这些富人中包括比尔·盖茨的父亲老威廉、巴菲特、索罗斯、金融巨头洛克菲勒等。老威廉在请愿书中写道:取消遗产税将使美国百万富翁、亿万富翁的孩子不劳而获,使富人永远富有,穷人永远贫穷,这将伤害穷人家庭。巴菲特也

---

① 加拿大中央政府 1972 年停遗产税,改对遗产和赠与征收资本利得税,部分省级地方政府继续征收遗产税;澳大利亚 1977 年停征遗产税,部分州级地方政府则继续征收;新西兰 1992 年年底停征遗产税,但继续征收少量的赠与税;意大利 2001 年停征收遗产税。

② 葛克昌:《税法基本问题》,北京大学出版社,2004 年版,第 138 页。

表示:"取消遗产税是个大错误,是极其愚蠢的。取消遗产税会造就一个贵族阶级。"①

从富人对遗产税的态度可以看出,遗产税作为调节社会财富的功能并不会受到来自巨富们的抵制,恰恰他们是最大的支持者,他们认为布什所给出的理由并不令人信服,布什及其拥护者认为遗产税征收难度大,富人们可以通过各种便利的方式逃税,而且认为遗产税对调节社会财富的公平意义不大,但反对取消遗产税的巨富们认为遗产税并不像取消派说的那么糟,认为由遗产税带来的很多收入已用于教育、城市公共设施支出、社会保障以及环境保护等社会福利;遗产税促进了社会慈善事业的发展,增加了社会福利;虽然美国的遗产税只影响了不到2%的富人,但是一旦取消遗产税,则全体美国人都要在其他方面缴纳税收。如果财富过于集中,那么巨富们的后代就可坐享其成,这样富人永远富有,穷人永远贫穷,这不仅有悖于社会公平,而且也违背了美国的创业精神。虽然美国富人们反对取消遗产税,但美国国会仍然通过了修订后的遗产税征收方案,遗产税逐年递减,这多少影响了其他未征收遗产税与已征收遗产税的国家与地区,2001年起我国澳门地区停征遗产税,2006年香港地区取消遗产税,也影响到了我国大陆对遗产税开征的讨论。

尽管在遗产税上有截然相反的观点,但对于遗产税本身来说,无论是开征还是消除,都是与个人财产发生关系的行为,因此,被誉为"罗宾汉税"式的遗产税并不能因为巨富们的观念而成为合理以及合法的理由,按照西方自由主义理论,个人财富只要是合法所得就具有绝对的权利,即便出于公共利益的理由也不能对个人权利进行侵犯,虽然美国巨富们主动赞成开征遗产税,但并不能代表绝大部分的富人群体,所以,建立在部分富人认可基础上的遗产税并不必然成为所有人认同的理由,所以,在遗产税设置方面必须考虑财富的规模,应当将中等财富与其下的人群排除在遗产税对象之外,并且遗产税的征收面一定要窄,扣除项目应从宽,免征额要高,开征遗产税,其重点并不在于增加多少财政收入,应更多关注其社会意义,社会公平价值。从征收遗产税国家的实践来看,遗产税收入点、税收总收入比例都不高。例如英国遗产税收入占税收总收入的1.6%(1992年),美国占1.5%(1999年),日本占4.1%(1997年),韩国占1.82%(1995年),死亡人数缴纳遗产税的比重也很小。例如韩国纳税人仅占0.58%,日本占5.8%,美国占7.3%,英国占3.4%。② 可见,在考虑遗产税时,单纯考察遗产税的财政

---

① http://www.haikuotiankong.net/licai/ycs/ycs.htm.
② 李永丰、韩霖:《遗产税,离我们有多远》,《中国税务》,1999年,第10期。

价值是不够的，必须将遗产税承载的社会价值体现出来，马斯格雷夫在论述遗产税的性质时，认为遗产税有助于"社会财富的分配更加公平"①。

既然遗产税在当前主要是为了调节社会财富的公平分配，那么基于不同收入的财富群体就应当进一步在遗产税制上体现出来，在前文中我们归纳了三种遗产税制，包括总遗产税制、分遗产税制与混合遗产税制，总遗产税制只考虑被继承人的财产税额，却忽略继承人能力的差异性，虽然税制简化，但公平上略有不足。分遗产税制恰恰与总遗产税制相颠倒，它考虑了继承人的能力与差异，但在税收效率上不及总遗产税制，而混合遗产税制综合了二者的优点，但也同时综合了二者的缺点，所以三种税制各有所长，我们应当根据具体的情况采用适当的遗产税制。在税率上，大部分国家是采用累进税率，但税率级次并不一致，如美国遗产税税率级次达到18级，边际税率55%；日本的遗产税税率级次达到13级，边际税率高达70%。② 当然，从税率上来说，并不是遗产税边际税率越高，就能获得更多的财政收入，或者达到更好的公平效果，对于纳税人来说，财富的获取只要是合法的，过高的税率就会打击纳税人的积极性，诚如有学者所总结的：（1）大多数人是合法致富，过高的边际税率会打击公民积累，创造财富的热情，不符合国家鼓励一部分先富起来的政策；（2）过高的边际税率，会使被继承人担心遗产被交纳而产生替代效应，过度挥霍，浪费财富，或纳税人认为花更多的钱，采取更复杂的手段和冒更大的风险来避税是值得的，造成更多的人偷逃避税③。在当前西方遗产税视阈中，西方学者认为过高的边际税率不符合国际税收发展趋势。他们总结20世纪80—90年代期间税制改革的共同趋势时指出，收入和所得的高边际税率应该予以降低。④ 所以，在遗产税的税率上面，必须依据相应的标准，既要达到增加财政收入，实现社会财富的公平分配，又要不伤害纳税人的积极性。此外，在遗产税的起征点上，应当根据一个国家自身的物价水平、人们平均财富水平进行核定，在美国，1999年的起征点为65万美元，在2002年将遗产税扣除额增加到100万美元，2004年增加到150万美元，2006年增加到200万美元，并计划在2010年增加到350万美元。日本遗产税的免征额为5000万日元。当然，遗产税的起征点必须与需扣除的费用结合起来，只对遗产净余额予以课征。

---

① 马斯格雷夫：《财政理论与实践》（第五版），邓子基、邓力平译校，中国财政经济出版社，2003年版，第463页。

② 刘双、赵恒勤：《中国历史上的遗产税及其对现今税制设计的借鉴》，《经济论坛》，2006年，第18期。

③ 王乔、席卫群：《比较税制》，复旦大学出版社，2004年版，第147页。

④ 杨斌：《治税的效率和公平》，经济科学出版社，1999年版，第233页。

第二节　遗产税征收的道德理由

尽管很多国家开征了遗产税，但发达国家之外的发展中国家与欠发达国家开征遗产税的比例并不大，而且有些曾经开征遗产税的国家由于各种原因停止了遗产税的开征，如新西兰1992年年底停征遗产税，意大利2001年停止征收遗产税，我国澳门地区2001年停征遗产税，香港也于2006年停征遗产税，美国也计划在2010年左右逐渐取消遗产税。在这样的背景下，遗产税征收是否会在未来某一天被彻底取消？我们认为，遗产税作为税收之一种，它与任何其他税种一样，它的正当性都应当从个人权利、公共利益与国家权力之间的关系上予以考察，尽管在自由主义的话语体系中，个人权利具有绝对的优先性，即便出自公共利益的理由也不能破坏个人权利的完整性，但自由主义在国家政治与经济的宏观体系中，它并不有助于社会福利与社会公平的实现，亚当·斯密所主张的"看不见的手"在市场经济领域虽然有着效率上的价值，但市场本身只会导致社会财富的相对集中，如果缺乏其他杠杆的调节，财富的这种集中必将进一步导致社会阶层差距的扩大，这样，即使社会的整体财富得到迅速增加，也不必然促进每个个人财富的增加，所以罗尔斯认为，社会财富这块蛋糕并不是越大越好，如果缺乏公平、公正的分配蛋糕的机制，社会财富这块蛋糕只会导致更大的不平等。在这种情况下，就有必要在财富的分配制度上体现出正义，即罗尔斯所主张的建立正义的制度，虽然罗尔斯将正义的制度严格限定在政治哲学视阈下，但他同样认为，作为政府机构的分配部门需要通过税收和对财产权的必要调整来维持分配份额的一种恰当正义。① 罗尔斯认为分配部门的任务之一是征收系列遗产税和馈赠税，并对遗产权进行限制，他同时坚持这些税的目的不是要提高财政收入（把资金让与政府），而是逐渐地、持续地纠正财富分配的错误并避免有害于政治自由的公平价值和机会公正平等的权力集中。② 所以，对于遗产税来说，我们不应该以增加财政收入作为它的目的，更应该突出它在调节社会财富分配中的公平与公正价值，因此，基于这

---

① ［美］约翰·罗尔斯：《正义论》，何怀宏、何包钢、廖申白译，中国社会科学出版社，1988年版，第278页。

② ［美］约翰·罗尔斯：《正义论》，何怀宏、何包钢、廖申白译，中国社会科学出版社，1988年版，第278页。

样的理由，我们认为遗产税具有开征的道德理由。

一、税收理论上的依据

遗产税与其他税种相比，它有两个显著特征：其一是征税的对象范围较小，这部分人在财富的拥有上处于社会阶层的上端，虽然这一群体的数量较少，但拥有较多财富，依据美国遗产税的标准，2006年遗产税起征点是200万美元，这个界线之上的富人群体将上缴遗产税，因此，遗产税的课征对象并不具有普遍性，那么对富人征收遗产税就需要相应的理由，否则必将造成这部分群体的抵制，并且从潜在的人群来说，任何人都有可能成为富人，所以，如果没有正当的理由而征收遗产税就是非正义的。其二是遗产税在时间上具有代际性，遗产税发生在被继承人与继承人之间财产转移过程中，后代人在接受前辈的遗留下来的财富时，亲缘关系与血缘关系受到法律的优先保护，在这种情况下，政府出于政治与经济的原因向继承人征收遗产税同样需要合适的理由，并且在不同文化传统下，公民对遗产税的认同与接受也不相同，这就更需要为遗产税开征的正当性予以证成。

从霍布斯与洛克的古典契约论思想来看，遗产税作为个人与国家之间的利益行为，同样是出于权利上的交换，个人要获得财产权利上的保护，需要以缴税的形式转让自己的部分权利，为此得到国家权力的保护，在遗产税的社会分配价值未彰显的历史阶段，契约主义的税收理论应当成为遗产税的理论依据，现代财政国家建立后，遗产税的财富分配价值突现出来，它更多地表现出个人权利与义务在整个社会格局中的意义，遗产税的课征对象越来越集中在财富积累较多的富人群体中，在资本原始积累过程中，资本家通过扩大生产与追求剩余价值完成了财富的集中，而这一过程是建立在剥削工人劳动的基础之上，因此，资本家与工人阶级在财富上的分布从源头上说就是不正义的，必须要通过正义的方式调整这种不正义，所以马克思认为征收遗产税是无产阶级跟资产阶级斗争的有效工具，他说道："我们的伟大目标应当是消灭那些使某些人生前具有攫取许多人劳动果实的经济权力的制度。……有关继承权的一切措施，只能适用于社会的过渡状态，……在继承方面这样的过渡措施可能是：更广泛地征收国家中业已存在的遗产税，把这样的资金用于社会解放的目的……"[①] 马克思站在历史唯物主义的立场上对遗产税的开征给出了理由，直接道出了阶级社会由于私有制而造成的财富不公，要消除这种不公正，需要通过各种方式，包括革命与制度改革，遗产税就是一种

---

① 《马克思恩格斯全集》（第16卷），人民出版社，1964年版，第416页。

调整财富分配而实现社会公正的手段。马克思的历史唯物主义虽然有历史的正确性，但为此突出遗产税的阶级性会在一定程度上遮蔽了遗产税对整个公民的德性价值。在现代财政国家体系下，当阶级对立不再是社会主要矛盾的时候，遗产税作为调节社会财富分配的价值就更加突显了出来。

密尔在19世纪30年代就指出了遗产税的社会正义价值，他认为虽然人人都有权将自己的财产转送给他人，法律不应限制这种权利，但是，为了避免财富的分配不平等，应该对接受赠与或继承财产的任何人规定一个接受或是继承财产数额的最高标准。在这个限额之内，继承人有权自由地加以分配，超出这个限额，即是不合法、不合理的，应当用遗产累进税加以限制。① 在密尔看来，对富人征收遗产税主要是实现财富分配上的正义，遗产税带来的财政收入本身不是目的，遗产税只是进行财富再分配的手段，他认为国家可以用课税这个工具，作为缓和财富不平等的手段，主张对遗产征收累进度高的税。② 因此，从经济学角度来说，遗产税对财政收入的作用并不是最主要的，它所具有的社会公平价值更加重要，马斯格雷夫也有如此的观点，他认为遗产税在收入上重要性不大，但却是重要的社会政策工具。遗产税是限制财富集中的合适工具，而且是表达社会对遗产权利转移态度的有效工具。他根据社会所希望达到的目标，对遗产税制度的性质和类型进行了分析：其一，社会可能希望限制每个人处置其死亡时的财产的权利；其二，社会可能希望对财富代代相传的权利不断增加限制；其三，社会可能希望限制每个人在没有经过自己努力的情况下通过遗产方式获得财富的权利；其四，社会可能希望达到更公平分配财富的总目标；其五，对遗产的征税也可视为是对所得税的一种补充；其六，遗产税还可视作对收受人终生的资本所得征税的一种替代选择。③ 马斯格雷大坚持公共选择理论，政府有责任增加公共服务方面的支出，税收作为财政收入的主要来源，应当突出财政方面的价值，同时要体现税收本身的德性价值，遗产税就是这样的税种，它即使不能显著地增加国家的财政收入，但在社会财富分配、实现社会公平方面具有相当突出的价值，这恰恰构成了遗产税征收的道德理由。

契约主义坚持税收是个人权利与国家权力之间的交换，遗产税同样可以在这个向度上得到证成，遗产税的课征对象主要是财富相对集中的富人群体，他们拥

---

① 魏堤如：《中国税收大辞典》，中国经济出版社，1991年版，第504页。
② 毛程连：《西方财政思想史》，经济科学出版社，2003年版，第181页。
③ 马斯格雷夫：《财政理论与实践》（第五版），邓子基、邓力平译校，中国财政经济出版社，2003年版，第463页。

有更多的财富,因此在财富保护、权利安全方面更需要国家与政府力量的介入,这样,继承人为此而转让先辈遗留下来的部分财富就能换取国家力量的更多保护。进一步来说,任何富人在获取财富的过程中都不是孤立的,他们必然得到过社会与他人的帮助,由此富人死亡后的财富通过税收的形式返回给他人就具有道德上的自觉性,此外,从纳税能力来说,继承人继承了前人的巨额财富,也就增强了自己的纳税能力,那么缴纳一定的遗产税就是法律上的应当。这些方面都构成了遗产税何以必要的理论依据。我国学者王贞韶在其文章《我国应当建立遗产税制度》中总结了国外关于遗产税征收的理论依据,认为有以下六种[①]:第一,国家共同继承说,以德国法理学家布兰齐里为代表,理由是,私人积累起的财产有赖于政府的帮助和保护,因此,政府有权从私人处取得一部分财产。第二,没收无遗嘱的财产说,以英国功利主义者边沁为代表,他认为遗产由亲属继承是财产所有者的意愿,而对无遗嘱的遗产应当由国家没收。英国的密尔发展了边沁的理论,认为遗产继承不一定与私有财产相联系,即使准许继承的遗产,也应该限于继承人独立生活所需要的部分,其他部分则应当通过征税的形式收归国有。第三,追税说(溯往课税说),由美国韦斯特、法国雪夫勒等所提倡,他们认为国家在课征财产税时,总有人设法逃税,故可对死亡者征收遗产税,对其生前一切逃避税收进行追缴。第四,权力说(利益说)、法律说或交换说,这是最早的正统学派学说。认为继承遗产有赖于国家法律的承认和保护,即承认人应当为此交纳一定的补偿费用,或者国家对遗产拥有领地权、部分支配权,并可以通过对遗产征税实现这些权利。第五,征税能力说,以美国的塞力格曼为代表,认为继承人获得遗产,增加了其税收负担能力,自然应该缴税,而且还要随着继承遗产的数量课征累进税,多继承者多纳税,以符合公平合理原则。第六,均富说,以美国的马斯格雷夫为代表,认为高收阶层将遗产留给后代,会导致社会财富的分配不均,加大贫富差距和社会矛盾。对遗产征税是平均社会财富的一种手段和工具。这六种类型中,既有从法理学角度提出的遗产税征收依据,也有从经济学角度、道德角度与政治角度提出的遗产税开征依据,无论出于怎样的理论向度,都在各自维度上突出了遗产存在的价值,尽管存在因开征遗产税而想方设法避税、进而增加遗产税征收难度的情况,然而并不能因此遮蔽遗产税本身的社会正义价值,遗产税征收难题的解决依赖于立法与征稽技术的提高,而不能因现实征收的困难而彻底取消遗产税。

---

① 王贞韶:《我国应当建立遗产税制度》,《政治与法律》,1992年,第5期。

二、 遗产税的经济德性价值

任何税收都具有增加财政收入的功能,这是税收的经济德性价值,遗产税同样如此,古埃及与古罗马征收遗产税是为了筹集战争经费,这是遗产税的最基本职能,即使在封建社会与教会统治下的中世纪,遗产税也主要是出于增加财政收入的目的,但随着社会经济的发展,尤其在现代财政国家建立后,国家便失去了专制时期那种随意征税的权利,在立法与民意的限制下,政府征税必须得到人们的同意,这一税收思想通过法律与政治的方式体现出来。基于这样的税收思想,遗产税就很难成为政府任意开征并作为增加财政收入的税种了,自由主义经济思想,包括布坎南、哈耶克以及诺齐克等学者,将个人权利视为现代社会的首要法则,合法取得的财富自然具有至上的优先性。但是,现代性尽管完善了政治、经济与法律方面的秩序,同样也带来了各种社会问题,诸如自然环境的恶化、市场化带来的财富高度集中、社会分层的扩大化,这种历史背景下,必须通过有效的、正义的方式应对这些难题,在财富的分配领域,遗产税就是一种必要税种。即使如此,遗产税本身仍具有明确的增加财政收入的功能。美国财政部税收分析师乔尔费因如此论述遗产税的功能,他认为美国遗产税的目的有四个:第一是聚财。一战后美国财政收入下降,为此,通过多种税种的设立增加财政收入,遗产税与赠与税就是在这样的背景下确立的。第二,为弥补所得税税基的缺陷,许多资本不在所得税的课税范围之内,通过遗产税的设置可以补充所得税的征收范围,而且支持了整个财产所有者的累进度。第三,减少财产集中,通过对最富有的财产所有者的遗产课税,可以减少遗产赠与的额度,抑制财产在几代人中的积累。第四,确保每一代的财产都被课税,通过隔代转移税实现这个目的。[1] 很显然,前两个目的是关涉遗产税的财政功能的,后两个则关涉遗产税的财富分配功能。

从各国在遗产税上的收入来看,遗产税在整个税收的比重都不高,很少有超过5%的。英国2000年遗产税总收入25亿英镑,占该国税收收入的0.5%;德国1997年、1998年、1999年的遗产税收收入分别为40.6亿、48.1亿和59.8亿马克,约占该国税收收入的0.5%左右;法国2000年是2%;匈牙利1999年是1.1%;波兰1999年是0.7%;中国台湾从2000年至2004年,遗产税占比分别是

---

[1] David Joulfaian, *The Federal Estate and Gift Tax*: *Description*, *Profile of Taxpayers*, *and Economic Consequences*, OTA Pater 80 December 1998.

2.6%、2.3%、2.4%与2.6%。① 此外，我们可以通过图表考察美国的遗产税情况：

美国历年遗产税收入额及占税收总收入的比重

年度	收入额（百万美元）	占总税收入之比（%）	年度	收入额（百万美元）	占总税收入之比（%）
1917	6	0.55	1965	2 716	2.33
1920	104	1.56	1970	3 644	1.89
1925	108	2.98	1975	4 611	1.65
1930	65	1.60	1980	6 389	1.24
1935	212	5.89	1985	6 422	0.87
1936	379	9.71	1990	11 500	1.11
1938	417	6.13	1995	14 763	1.09
1940	353	5.43	2000	29 010	1.43
1945	637	1.41	2005	24 764	1.15
1950	698	1.77	2006	27 877	1.16
1955	924	1.41	2007	26 044	1.01
1960	1 606	1.74	2008	28 844	1.14

资料来源：David Joulfaian, *The Federal Estate and Gift Tax: Description, Profile of Taxpayers, and Economic Consequences*, OTA Pater 80 December 1998. Economic Report of the President (2009)（其中2008年为估计数）。

从表中可以看出，美国遗产税在总量上呈递增趋势，除了很少年份出现下降之外，其他年份的遗产税收入额都比之前年份要高，尽管如此，遗产税收入额占整个税收收入的比例并不高，并且大部分年份所占比重在1%~2%之间，虽然1936年1938年的比重分别达到9.71%与6.13%，但当时处于极度通货膨胀时期，法定边际税率较高而免税扣除额较低的时期，遗产税课征的对象远远多于其他年份，使得遗产税绝对收入额增加，进而导致了遗产税收入在整个税收收入上比重的加大。进入21世纪后，遗产税收入在整个税收收入上的比重又重新降至1%左右，这就进一突出了遗产税在财政收入功能上的地位，遗产税的主要价值并不在财政收入这一维度之上。我们还可从韩国与日本的遗产税收入情况作出考察。

---

① 禹奎：《中国遗产税研究：效应分析和政策选择》，经济科学出版社，2009年版，第65页。

韩国 2003 年—2007 年遗产税收入额及占国税总收入的比重（含赠与税）

年度	遗产税与赠与税合计 （百万韩元）	国税总收入 （百万韩元）	占比 （%）
2003	1 315 058	92 231 159	1.43
2004	1 708 246	95 276 356	1.79
2005	1 872 827	104 427 868	1.79
2006	2 389 292	113 879 497	2.10
2007	2 841 917	132 508 138	2.14

资料来源：韩国国税厅，国税统计年报

近来韩国遗产税在国税总收入上的比重有所提高，但仍然处于 2% 左右，遗产税绝对数额的增加主要源于两个原因：一是韩国遗产税与赠与税两税合并，多数国家在遗产税的税制设置上都将遗产税与赠与税统一起来，以防止富人通过赠与的方式逃避遗产税，以保证遗产税在征稽上的完整性，这自然增加了遗产税的收入额。二是韩国遗产税起征点不高，遗产税的起征点为 20 万韩元，以法律规定的征税数额减去各种扣除后的数额为遗产税的征收额度，税率上采取 10%、20%、30%、40% 与 50% 的累进税率，如果遗赠者指定其孙子、外孙或孙女、外孙女作为受益人，则该项遗产将被加征 30% 的附加税，税率与附加税率的设置同样增加了遗产税的绝对收入，因此提高了遗产税收入在国税收入上的比重。

日本遗产税收入额及占国税总收入的比重

年度	遗产税 （亿日元）	国税总收入 （亿日元）	占比重（%）
1999	18 853	472 345	3.99
2000	17 822	507 125	3.51
2001	16 745	479 481	3.49
2002	14 529	438 332	3.31
2003	14 425	432 824	3.33
2004	14 465	455 890	3.17
2005	15 657	490 654	3.19
2006	15 186	490 691	3.09

资料来源：日本国税厅官方网站（http://www.nta.go.jp/）

日本遗产税收入虽然占国税收入比重维持在3%左右,这在很大程度上缘于日本遗产税与赠与税的税率都比较高,出于作为财产税补充的考虑,日本在遗产税与赠与税上实行6级超额累进税率,最低边际税率为10%,最高边际税率为50%。同时,日本在遗产税的课征对象上也范围较广,包括在日本境内有住所的继承人与虽在日本境内无住所,但继承在日本境内遗产的个人都属于遗产税的课征对象,即使继承人放弃遗产,也被视为继承人,从而也被作为纳税人对待,在这些情况下,遗产税收入的绝对额就必然得到增加,由此进一步提高了遗产税收入在整个国税收入上的比重。

从这些国家的遗产税现状来看,遗产税尽管可以为国家的财政收入储备一定的资金,但遗产税总收入占国家税收总收入的比重并不大,并且从遗产税的征稽过程来看,因为遗产额的计算程序十分复杂,包括动产与不动产的清理、各种证券价值、保险收益以及被继承人的债务的抵扣,这就使遗产税的征收难度很大,这些因素影响了许多国家在遗产税制上的态度,美国欲取消遗产税的一个重要原因就是遗产税的征收效率不高,有时遗产税收入的额度还抵不上遗产税征收的成本,所以认为遗产税是一个没有经济效益的税种,这成为了支持取消遗产税的有力观点。我们认为,对遗产税来说,财政收入功能并不是它的主要价值,它的主要价值在社会正义维度,但它的财政收入价值并不能因此而否定。

三、 遗产税的社会公平价值

遗产税在客观上能带来财政收入,这是遗产税最初的开征动机,但在现代财政国家体系下,遗产税在国家税收的整个财富结构中并不占有很大比例,并且由于征收程序的复杂使部分国家取消了遗产税,取消的理由还包括遗产税主要建立在个人权利的基础之上,在当代自由主义话语视阈下,个人自由与个人权利具有优先性,那么对部分人课征的遗产税就需要充足的理由,如果只是出于增加财政收入显然缺乏有力的说服力,遗产税更重要的理由应当是对社会财富分配的价值,并且这种价值已远远超出了遗产税在财政收入上的意义,尤其在现代社会财富更加集中的时代背景下,由拥有资源差异与经济财富差异所造成的社会分层越来越突出,这必然需要通过一定的制度来予以矫正,遗产税就是一种调节社会财富趋向正义的方式,并且这种方式可以取得显著效果,宏观经济学家凯恩斯在面对如何解决财富与所得的分配不公问题时,大力主张利用税收杠杆对富人加强征收直接税。他指出,自19世纪末以来英国等一些国家通过征收所得税、超额所得税、遗产税等直接税来消除社会分配不公方面已取得"长足进步"①。凯恩斯认为尽管遗产税作为财政收入的价值并不显著，但它具备突出的财富分配功能，并且从财富自身来说，富人群体在资本积累时期所采取的方式本身就经不起公平的考验，甚至富人的原始资本积累过程就是一种非正义的过程，那么对富人征收遗产税就是对非正义的一种矫正，因此，遗产税具有征收的必要性，凯恩斯特别指出了两点②：一是批评了认为遗产税可以使得固定资本财富减少的"模糊不清"的认识，指出"高额遗产税固然有增加社会消费倾向之功效，但是在消费倾向于永久性增加时，在一般情形之下（除去充分就业情形）投资引导资本同步增加"；二是提出了对食利阶层课以高税的必要性。他认为，在资本主义资本积累时期，资产阶级凭借积累起来的财富坐收利息，这就产生了食利阶层，食利阶层的存在导致了社会财富分配的不公正，而遗产税，正是一种针对食利阶层的课税。在凯恩斯看来，遗产税的最大价值就在于对财富分层的矫正，他指出了社会财富分配不公的历史原因，即资本原始积累的过程本身就具有不公正性，在起点与手段上都不公正，那么在财富分配的结果上予以矫正就是应当的，从凯恩斯关于遗产税的论述中，我们可以逻辑地得出遗产税在促进社会公平过程中的价值指向，通过对部分富人的遗产征税实现社会财富在起点上的公平与公正，这一价值从两个方面体现出来，一是遗产税本身蕴含了正义税的价值，二是遗产税通过对社会财富的再分配实现新的起点正义。

首先，遗产税本身蕴含了正义税的内在价值。在罗尔斯的正义语境中，作为第一原则的权利平等与作为第二原则的补偿原则是正义的两个维度，正义的制度应当是既要做到尊重个人的基本权利，包括自由、财富、安全与各种机会，又要在此基础上将经济与社会利益向处于弱势地位的公民倾斜。这两个原则尽管以词典式的先后次序发生作用，但后者在罗尔斯正义原则中更具有人性关怀，他主张在满足第一个原则的基础上，社会基本善的不平等分配应当有利于最不利者，按照罗尔斯的理论主张，富人所遗留的遗产正好成为罗氏的关注视阈，对遗产征税实质上就是对第二正义原则的实践。当然，要符合罗尔斯第二正义原则，还需要满足这样一个前提，即富人获取财富的手段是正义的，通过合法的手段积累起来的财富才能构成个人的真正权利，唯有这样才能在道德与法律上得到证成，也才能满足罗尔斯第一正义原则的要求，即使这样，遗产税的开征仍是必要的，因为

---

① 凯恩斯：《就业利息和货币通论》，高鸿业译，商务印书馆，1983年版，第317页。
② 凯恩斯：《就业利息和货币通论》，高鸿业译，商务印书馆，1983年版，第318～320页。

它必须满足第二正义原则。在罗尔斯看来，向富人们征收遗产税只需要从正义原则上就可以获得理由，而无须道德的参与，但在不同文化与不同个体中，遗产税往往会受到个体道德的影响，在中国传统文化中，以孝为主导的亲情关系会阻碍遗产税的开征，儿女继承父辈遗留下来的财富是理所应当，因而缴纳遗产税难以得到公民的认可与同意，这正是我国一直未开征遗产税的原因之一。但在西方国家文化传统中，长期积淀而成的社会慈善理念对个人在遗产上的态度有着直接影响，并且共同体观念强化了个人对他人的道德义务，从这个角度上说，遗产税的个人动机具有利他性，这就是美国巨富为何支持遗产税开征的原因之一。进一步来说，如果富人获到的财富不是通过正义的方式，那么对其财富征遗产税就更加必要，虽然很多非正义的财富通过各种方式合法化了，或者经过长时间的资本积累完成了财富的合法化，但这些财富仍更应当受到正义的矫正，从财富的来源上说，它的积累过程是建立在利用他人的权利的基础之上，要还原这种非正义，只能依靠有效的方式才能发生，遗产税就是这样的一种方式。在詹姆斯看来，不仅以非正义的方式获得的财富是不公正的，并且遗产所得本身就是"不公平的分配"①，尽管这种观点具有一定的偏见，但将富人群体的巨额财富视为影响每个个人起点非正义的因素具有合理性，故此，遗产税本身就是对社会财富重新分配以实现社会公平的手段，这种价值不会因为财富获取手段的正义与否丧失证成的效力。

其次，遗产税通过参与社会财富再分配的程序实现新的起点正义。从个人权利来说，遗产属于一种物权，并且物权是一种"反对所有占有者占有它的权利"②，因此财富拥有者对遗产的处理具有绝对优先的权利，而建立在血缘关系上的亲属关系就构成了遗产继承的关系结构，当然，财富拥有者可以选择自身遗产的继承者，但亲属无疑具有法律上的优先性，因为家庭和亲属承担着人的自身生产的任务。诚如恩格斯所说"历史中的决定性因素，归根结底是直接生活的生产和再生产。但是生产本身又有两种。一方面是生活资料即食物、衣服、住房以及为此所必需的工具的生产；另一方面是人类自身的生产，即种的繁衍"③。这就使个人财富以遗产继承的方式实现代际间的转移，从马太效应来说，资源具有累积

---

① 西蒙·詹姆斯、克里斯托弗·诺布斯：《税收经济学》，罗晓林译，中国财政经济出版社，2002年版，第78页。

② [德]康德：《法的形而上学原理——权利的科学》，商务印书馆，1991年版，第74页。

③ 恩格斯：《家庭、私有制和国家的起源》，《马克思恩格斯选集》（第4卷），第2页。

性，累积的资源越多，就越能获得因资源本身带来的收益，并且由资源派生出来的教育、名声等因素又能进一步增加财富拥有者的机会，如果不能有效地限制这种由遗产继承带来的财富差异，就会在之后的下一代继续扩大这种差距，为此，对遗产征收有效的税收就可以矫正这种财富分配上的不公正，它通过以下几个方面表现出来：第一，遗产税可以促进机会公平。机会公平对于每一个人来说，具有至关重要的意义，罗尔斯认为所有的社会基本善都应该被平等的分配，包括机会本身与影响机会公平的财富，对富人征收遗产税就是通过高累进税率控制财富的代际间转移，减少财富在代际间的直接集中，对于富人群体来说，富人不仅拥有足够丰富的财富，并且拥有由财富衍生出来的其他资源，包括就业、受教育、获得信息与人际关系上的资源，这些资源本身就会给后代带来机会上的便利，如果再获得巨额财富的支持，这种机会上的差距必然会扩大，故通过遗产税可以制约这种机会的膨胀，虽然不可能保证后代在机会上的绝对公平，但至少可以产生一定的制约效果。第二，遗产税能够在促进机会公平的基础上进一步实现每个人在能力上的平等。在社会关系中，影响一个人生存能力与发展能力的因素除了自身的知识背景、体力差异之外，家庭财富有着重要的影响，在知识就是力量的时代，财富同样是一种力量，并且这种力量具有更大的辐射作用，在社会关系中，财富往往环绕在一定的共同体之间，不仅仅掌握在单个的个人手中，而且由巨大的财团予以控制，这种情况下，处于财富之中的个人就位于巨大的财富磁场之中，来自财团的力量能潜在地增加个人在社会交往中的能力，所以通过遗产税减少继承者的财富数额，进而影响整个财富共同体的力量，缩小后代在生存能力上的差距。第三，遗产税可以促进正义环境的营造，在洛克与罗尔斯的正义观中，正义的环境就是指资源匮乏与人们之间相互冷淡的状态，我们认为二人只是指出了正义环境的客观状态，并且是指正义环境需要满足的主体间的冷漠状态，并不是对一种正义的环境状态的完整表达，我们以为正义的环境应当是这样一种状态：每个人在生存与发展的起点上差别不大，并且在获取资源、接受教育以及搜集信息等方面有着平等的机会，并做到机会向所有人开放，只有这样，正义的环境才具有现实性。遗产税通过对富人群体征收高额税收，缩小遗产继承者与其他人在社会财富占有上的差距，再通过政府对税收收入的再分配，提供社会所需要的公共服务，或者通过再分配调整财富在强势群体与弱势群体之间的比重，以达到社会环境的正义状态。正义的环境保证了每个人在社会起点上的公正，无论是通过遗产税实现机会上的公平，还是寻求能力上的公平，都是对起点公平的一种追求，当然，遗产税并不只具有实现社会起点正义的价值，它通过政府对遗产税收入的再分配还能实现结果上的公平。

可见，在整体上遗产税对社会公平的促进作用是通过遗产税本身与遗产税所产生的效果实现的，遗产税本身具有调节社会财富再分配的价值。进一步来说，遗产税要实现公平维度上的效果，必须与遗产税的经济功能联系起来，虽然财政收入不是遗产税的主要目的，但遗产税仍然构成了国家收入的一部分，对这部分收入的再分配，以及由这部分收入提供的公共服务对整个社会的社会环境与经济环境意义显著，包括公共设施的提供，教育、文化与社会福利等方面的提升与改善。

第三节　何为正义的遗产税

遗产税的主要价值是对社会公平的推进，虽然遗产税具有与任何其他税种一样的财政功能，但遗产税收入在国家税收总收入中的比例并不高，从遗产税的课征对象与课征税率来说，拥有巨额财富的富人群体才是遗产税的纳税人，并且财富基数越大，课征的税率越高，如美国遗产税税率级次达到18级，边际税率55%；日本的遗产税税率级次达到13级，边际税率高达70%。[①] 这种高额累进税率的遗产税可以有效地安排社会财富在代际间的重新分配，进而抑制财富与其他资源带来的马太效应，之所以有这样的效果，一是遗产税本身具有调节社会财富公平分配的作用，只对富人征税，并且采用高额累进税率，遗产税在动机上蕴含了一种道德上的偏重，从人类生存的代际维度来看，尽管被继承者有权利处置属于自己的任何财产，但对继承者来说，对财富的继承仍需要被合理的证成。从道德层面来说，后代获取上一代留下的财富具有法律上的理由，但这并不能证明继承财富具有道德上的应当。罗尔斯说，应得并不必然表现为应当，在这种情况下，对富人遗留下来的财富征收遗产税就是必要的。从经济层面来说，社会财富的分配必须有助于整个社会的福利增加，社会总财富的增加应当与合理的财富分配制度结合起来，在罗尔斯看来，要使社会处于一种正义状态之中，除了将蛋糕做大做强之外，更重要的是将蛋糕的分切趋于公平，最终的结果是达到帕累托最优，帕累托最优是指资源或财富的分配达到这样一种状态，在不使任何人境况变坏的情况下，不可能再使某些人的处境变好，任何未达到这种状态的阶段，都可以采

---

①　刘双、赵恒勤：《中国历史上的遗产税及其对现今税制设计的借鉴》，《经济论坛》，2006年，第18期。

取一定的方式以使财富与资源的分配趋向公平，这就是帕累托改善。对于贫富差距仍然突出的现代社会，远没有达到帕累托最优，故向富人征收高额遗产税就是一帕累托改善，通过税率与起征点的设置，将遗产税收入纳入到社会财富的再分配领域，提供公共服务，提高社会保障与社会福利水平，即使在财富的分配上达不到帕累托最优，也可以通过遗产税的形式实现帕累托改善。可见，以遗产税作为调节社会财富分配的方式是必需的，它是促进社会公平的重要手段，但诚如我们所考察的，遗产税在税收正义的三维关系上与其他税种一样，关涉到个人权利、公共利益与国家权力之间的博弈，即使突出了遗产税的正义价值，并不必然推出遗产税在任何时候都是正义的，遗产税具有正义的价值是一回事，而遗产税本身是否正义是另一回事，因此，我们不只要强调遗产税的必要性，还要进一步确立一种正义的遗产税。

一、 正义的遗产税环境

遗产税本身不仅应当是正义的，并且它必须建立在正义的环境之上，即是说，遗产税应当建立在一定的条件之上，否则，遗产税开征本身就是非正义的，这是因为，遗产税与其他税种虽然具有很多方面的相同点，并且历史同样悠久，但真正以调节财富公平为目的的遗产税直到近代社会才出现，古埃及与古罗马征收遗产税仅仅是为了补充军费所需与增加财政收入，这就是说现代意义上的遗产税的开征具有一定的历史原因，尤其在现代财政国家视阈下，遗产税必须具备一定的条件才能开征，允许遗产税开征的因素是多方面的，包括政治、经济与文化以及道德等多方面，如果缺少遗产税开征的必要条件，那么任何征收遗产税的行为都是非正义的，这个条件我们称之为正义的遗产税开征的正义环境。

首先，遗产税开征的经济环境。在目前征收遗产税的100多个国家中，大部分集中在发达国家和地区，这意味着只有经济发展达到一定程度后才具备征收遗产税的条件，对于经济落后的国家与地区来说，一些国家的生活水平还停留在解决温饱阶段，此时征收遗产税就是不合理的，人们没有过多的储蓄，除非在这样的国家中，贫富差距相当突出且富人在财富的占有上远远大于其他群体。在这样的环境下，征收遗产税，即使免征额低，仍会给人们生活增添负担；若免征额高，则纳税人的数量不多，征收遗产税不仅会抑制人们的生产积极性，还会增加遗产税征收的成本，无论在成本上，还是在社会公众的心理上，都会影响到遗产税本身的价值。因此遗产税开征必须建立在相应的经济环境上，这种环境应具有以下条件：经济发展程度较高、贫富差距较大以及人们储蓄能力较强，而征收遗产税之后，对社会财富重新分配的意义能够体现出来，缩小社会的贫富差距。当前，世界各国通常以银行指标与基尼系数反映一个国家的贫富差距水平,并以此衡量一个社会的社会公平程度,我们可以通过美国、日本、新加坡与台湾考察遗产税与基尼系数的变化:

开征遗产税前后财产基尼系数比较

国家（地区）	遗产税开征前三年的财基尼系数			遗产税开征后三年的财基尼系数			平均变化率
	前三年	前两年	前一年	后一年	后两年	后三年	
美国	0.511	0.513	0.519	0.501	0.499	0.497	2.9%
日本	0.628	0.633	0.640	0.590	0.587	0.579	7.6%
新加坡	0.470	0.473	0.475	0.465	0.458	0.450	3.1%
台湾	0.499	0.508	0.512	0.488	0.477	0.469	5.5%

资料来源:《世界银行历史资料库》,转引自王晓霞 2001 年硕士论文《中国遗产税前瞻》

依据基尼系数理论,数值越低,社会财富的分配越平均,反之亦然。基尼系数若低于 0.2,表示收入绝对平均;0.2~0.3 表示比较平均,0.3~0.4 表示相对合理;0.4~0.5 表示收入差距较大;0.5 以上表示收入差距悬殊。从表中可以看出,以上四个国家基尼系数都较高,尤其是日本与美国,因此四个国家都开征了遗产税,通过遗产税的开征,对基尼系数的影响相当明显,并逐年降低,可见遗产税促进了财富分配的公平与公正。开征遗产税只有在一个国家财富分配不合理的情况下才是合理的,并且要求这个国家的整体经济水平相对较高,从基尼系数的指数来看,0.4 以上就有必要开征遗产税,这是遗产税征收的经济环境。

其次,遗产税征收的法律环境。遗产税的开征不仅建立在一定的经济条件之上,同时需要具备相应的法律环境,因为遗产税的征稽是一项复杂的程序,包括个人财产的统计、个人债权与债务的清理、其他非实物财富的认定与整理,这些工作若单纯发生在税收征收的过程中显然会增加遗产税征收的成本,进一步来说,遗产税的征收与个人权利密切相关,若没有健全的法律环境,则势必会因为征收具有调节财富分配的遗产税而侵犯个人的权利,因此,要实现遗产税的正义价值,需要在法律层面做到如下几点:(1)需要建立健全的财产核算制度。财产是个人可以自由支配的物权,它与个人的权利紧密联系在一起,因此对遗产税的征收必须确立明确的财产核算制度,首先,包括完善的个人收入申报和财产登记制度,这是遗产税征收的基础,即要对存款、股票市场等资产进行清晰的核实,又要对无形资产,诸如专利、著作等无形资产,要做到个人财产的准确评估,应力求实现个人财产的实名制，这是财产计算效率化的重要维度。其次，必须建立健全的个人财产评估制度与公证制度。财产评估是遗产税征收的重要参数，评估是否准确，直接影响到征税数量的多少，这不仅关涉到遗产税的征稽量，更影响到个人的财产权利，既要做到有效地征收遗产税，又要确保个人权利的完整性。（2）需要建立健全的遗产继承法律制度。我国的继承法和民法都没有对遗产税进行明确的界定，但从前文中得知，遗产税是以财产所有人死亡以后所遗留的财产为课税对象课征的一种税，它从属于财产税，因此我们需要进一步明确遗产的含义，我国《继承法》第3条规定："遗产是公民死亡时遗留的合法财产。"遗产的范围包括动产、不动产和其他具有财产价值的权利。这就指出了遗产必须是个人的合法财产，如果个人财富本身来源于非正义手段，那么需要对个人财产的合法性进行重新判定，只有完成了遗产是否合法的法律程序界定之后，才能进一步征收遗产税。（3）将遗产税与赠与税配合起来征收，赠与税通常是作为遗产税的补充性、辅助性税种而出现的，其目的主要在于防止纳税人通过生前赠与财产逃避遗产税。在国外，许多国家在征收遗产税收，同时征收赠与税，并且二者的税率通常一致，甚至赠与税率还高于遗产税率，如日本应纳在高额遗产数量阶段的税率达到45%，赠与税税率却高达70%。因此，要对遗产税进行开征，不仅要对个人财富进行公正的核算，以保证纳税人的权利，同时要对继承者与被继承者之间的关系予以认定，代际之间的感情因素往往能影响到对遗产税的接受程度，此外，遗产税是一种直接税，财富拥有者在没有形成自觉缴纳遗产税的正义感时，总会寻找一定的渠道逃税，因此需要赠与税的补充作用，以营造遗产税征收环境。

再次，征收遗产税的道德基础。作为调节社会公平的重要方式，遗产税不只具有现代法律制度上的价值，它本身就是一个道德范畴，并且无论是出于法律制度的完善，还是伦理道德的约束与自觉，遗产税的开征都应该与一个国家的道德文化结合起来，只有得到社会公众的自觉认同，遗产税才能成为一种自觉缴纳的税种，因此才能节约征收成本，有效促进社会公平的实现。显然，在不同的文化语境中，人们对遗产与遗产税的认识并不相同，在中国传统文化中，父债子还、子承父业是理所应当的，并且父母一生劳苦主要是为了后代的轻松与发达，在这种情况下，对父辈遗留下来的财富征收遗产税自然会受到继承者的心理阻碍，若政府仍然向公民征税，则会破坏税收本身的正义性，无同意则无税收的税收正义理念也会因此丧失道德上的权威，从这个维度上说，中国传统文化对遗产税征收的观点有别于西方国家。尽管如此，西方国家在遗产税上的态度同样呈现出多元性，按照自由主义经济学的观点，财富的配置只应受到市场本身的调节，政府对此的任何干预都会造成人们权利的破坏，并且，在代际之间的财富占有上，财富的真正权利来自个人的努力所得，继承来自祖辈的财富自然具有合法性。这种情况下，征收遗产税显然与自由主义经济思想相冲突。然而，与之相对的观点同样有相当的正确性，遗产并不是某一个人的财富，它本身就是为后代储备财富，代际之间的财富转移并不是一种自私的行为，相反，是一种利他行为的表现。美国经济分析法学派代表理查德.A.波斯纳就认为："遗产的动机是一种利他主义的动机。"① 这样，在利他主义动机的催动下，对遗产征税就具有了相当程度的合理性。此外，西方国家具有发达的社群组织，这是介于政府与家庭之间的公民联合体，它们具有自发性与志愿性，并伴随着慈善行为，长期的慈善行为形成了较为自觉与稳定的道德心理，这一思想与遗产税的财富分配理念是一致的，因此西方国家更容易产生接受征收遗产税的心理，这也是一些巨富们主动支持开征遗产税的原因之一。所以，要征收遗产税必须在心理上形成自觉的认同，当然，从道德心理的塑造过程来说，需要经历从他律到自律再到自觉的过程，在遗产税的征收范式上，可以将遗产税的开征与塑造社会公众自觉接受遗产税的心理结合起来，通过二者的相互作用，逐渐确立与完善遗产税。

二、立足权利、公益优先

遗产税在一定程度上是一种富人税，它的课征对象是具有相当财富的富人群体，并且遗产税的课征税率比其他税种要高，日本遗产税率最高达70%，遗产税的开征与纳税人的权利更加密切，那么要征收遗产税就必须建立在一定的条件之上，包括得到社会公众的认可、健全的法律环境，以及社会财富的分配显著地集中在不同阶层之中，这些因素是开征遗产税的必要前提，否则任何开征遗产税的行为都是非正义的。进一步来说，遗产税的主要目的并不在于增加国家的财政收入，而在于调节社会财富的再分配以实现社会正义，这必然影响到富人群体的个人权利，并且每个人都是潜在的遗产税课征对象，遗产税势必与每个人的权利息息相关，所以，即使有了遗产税开征的环境，仍要保证遗产税本身必须是正义的，从个人权利来说，遗产税应当保证个人权利与社会正义的平衡，既要达到社会财富分配趋向正义的目的，又要保证个人权利的完整性，在总体上做到立足权利、公益优先。

对个人来说，财产权是一种最基本的权利，它在一定程度上证成个人自由的合理性，哈耶克在论述个人自由与社会正义时就认为，为了维护个人自由，我们

---

① [美]理查德.A.波斯纳：《法律的经济分析》，蒋兆康译，中国大百科全书出版社，1997年版，第660页。

必须让个人在私人领域中拥有自我发展、自我完善的机会和条件。其中，个人有拥有财产的机会并且确保财产受到保护是最基本的条件，否则，个人就无法生存，拥有财产以及相应支配权的人将凭借这一优势对他人实行任意专断的强制。① 当然，个人所拥有的财产本身必须是正义的，它才能得到正义的维护，诚如洛克在论述财产的来源时就说道："土地和一切低等动物为一切人所共有，但是每人对他自己的人身享有一种所有权，除他以外任何人都没有这种权利。他的身体所从事的劳动和他的双手所进行的工作，我们可以说，是正当地属于他的。所以只要他使任何东西脱离自然所提供的和那个东西所处的状态，他就已经掺进他的劳动，在这上面掺加他自己所有的某些东西，因而使它成为他的财产。"② 只有通过自身劳动的财产才具有合理性，在现代市场经济条件下，人们获取财富的方式呈现多元化，即便如此，获取财富的手段必须建立在合法的前提上，否则就不能视为正义的财富，也就谈不上正当的个人权利。如此，基于正义手段获得的财富就转换为个人的财产权，个人有权利对其进行支配。休谟认为，正义的财产可以完成这样的行为，即稳定财产占有、根据同意转让所有物和履行许诺，以及四条主要的财产权原则，包括占领原则、时效原则、添加原则和继承原则。休谟认为，个人权利是一种稳定性的权利，财产就是一种可以稳定的占有的权利，否则，任何人都会因觊觎他人的财富而威胁到他人财产的权利，并且个人财产权利的一个重要表现是财产可以被继承，休谟断言了遗产代际转移的合理性，也就坚持了个人在遗产与遗产税上的权利，故以实现社会正义的遗产税需要与个人权利结合起来，我们认为，应当从税制的设置、免征额与税率方面进行考察。

首先，在税制的设置上应当以个人权利为逻辑起点，以公共利益为归宿。我们知道，税收必须建立在尊重个人权利的基础之上，向公民征税不能伤害到公民的生存与发展。对于遗产税来说，课征对象主要集中在财富较多的富人群体中，这就避免了对人们生存之本的伤害。尽管如此，个人权利在遗产上的优先性与社会正义的目的性应当维持平衡，这应当关注三种情况：第一，要关注继承人与被继承人的抽象权利，被继承人通过确立遗嘱的方式对自己的财产进行代际转移，这种权利具有优先性与绝对性，政府不能为了财富分配正义的目的而削弱两者的权利，对于继承者来说，同样有完整的权利接受被继承人转移的财富，这种权利

---

① 王彩波主编：《个人权利与社会正义——当代西方政治学名著导论》，中国社会科学出版社，2007年版，第85页。

② [英]约翰·洛克：《政府论》（下），叶启芳、瞿菊农译，商务印书馆，1996年版，第18页。

同样不能被剥夺。第二，虽然被继承人与继承者在财产转移与接受的层面具有不可侵犯的权利，并且按照法定的继承顺序发生财产的代际转移，但仍有两种情形会影响遗产分配的正义：一是继承者是多人、并且每个人在获取财富的能力上差距较大的情况下，就应当在遗产税的安排上体现出纵向正义，财富多者、纳税能力强的人多缴税，反之，少缴税。尽管遗产继承的顺序与被继承者的亲缘关系为参照，但必须将这种顺序与继承者的财富与纳税能力结合起来。二是在被继承人虽然留下足够的财富、但通过遗产的核算与清理发现资不抵债的情况下，继承者却要先缴纳高额的遗产税才能获得遗产，这种情况下，就会影响继承者的权利，因此我们认为应当在遗产税的设置上将这种情况考虑进去，不能因为财政收入的目的而将继承者在遗产上的继承权完全忽略。第三，个人权利与社会正义的次序安排必须通过正义的税制类型体现出来。在当前税制类型上，有总遗产税、分遗产税与混合遗产税，三种税制各有特点，总遗产税税制简单，便于征稽，但不考虑继承者的实际水平与能力差异。分遗产税先分后税，充分考虑了亲缘关系与纳税能力。总分遗产税是先税再分再税，综合了前两者的优点，同时也综合了前两者的缺点。我们认为，分遗产税更能体现个人权利与社会正义的平衡，虽然总遗产税具有税制简单的优势，但它没有关注继承者之间的差异，因此，从税收正义的维度来说，分遗产税充分考虑了纳税人在财富与能力上的差异，不同的人、不同的能力，缴纳的税额应当不同，既要关照税收的水平公平，同样要关注税收的纵向公平，才能做到个人权利与社会正义的平衡。

其次，在遗产税免征额的设置上做到个人权利为基，公益为矢。尽管遗产税在西方国家被称为劫富济贫的"罗宾汉税"，但在自由主义经济学理论与政治学理论中，个人获取财富的手段只要是正义的，就具有绝对优先的处置权，这是个人自由与个人权利的完整诠释，因此，社会正义对富人财富代际转移的介入要有正当的限度，这个限度应当通过整个社会的经济、社会发展水平与个人的生存与发展状态予以界定，遗产税的课征对象是富人，他们的生活水平已超出了满足基本生存需要的阶段，按照马克思与马斯洛的需要理论，他们的生活水平已处于发展与自我实现的阶段，即使在贫富差距较大的国家，对这部分人征收遗产税仍应当充分考虑富人的各种需要。此外，遗产税的开征同样要考虑国家的整体经济发展水平，以此确定合理的遗产税免征额，遗产税免征额是协调社会正义与个人权利的重要参数，免征额越高，遗产税的课税对象就越小，反之越大。同时，免征额越高，代际转移的财富就越多，这是对个人权利的一种维护，然而，如果一个国家的贫富差距较大，遗产税的免征额就应当降低，以获取更多的财政收入提供公共服务，提高社会的整体福利，实现社会正义。我们可以通过西方国家遗产税免征额与该国经济发展水平的关系来进一步考察个人权利与社会正义的平衡。

部分西方国家遗产税免征额与人均 GDP 的关系

国家	人均 GDP （2000 年） 单位：美元	人均 GDP 单位：本国货币	遗产税免征额 （本国货币）	免征额/ 人均 GDP
美国	34100	34100	675000	19.79
英国	24430	12703.6	231000	18.18
德国	25120	37428.8	600000	16.03
意大利	20160	22784832	350000000	15.36
日本	35620	4694716	80000000	17.04
韩国	8910	11073285	200000000	17.09

数据来源：《国际统计年鉴2002》及依据相关数据计算而得。

注：表中德国的免征额是指配偶最高免征额、日本的免征额是假设继承人平均为3人时的免征额。

从西方国家的经济发展水平与遗产税免征额数量来看，免征额与人均 GDP 关系密切，二者的比例保持在 20 倍左右，可见，遗产税免征额并不是越高越好，它应当考虑一个国家的经济发展水平与财富的分布状况，但总体来说，遗产税免征额与人均 GDP 呈同向的发展关系，免征额随人均 GDP 的提高而不断提高，呈现正相关；但人均 GDP 达到一定程度时，免征额提高的幅度低于人均 GDP 增长的幅度。① 只有将遗产税的免征额与整个社会的经济发展水平结合起来考虑，才能既保证个人权利的完整性，又能体现遗产税的社会正义目的。

再次，在遗产税率的设置上体现立足权利、公益优先的准则。由于遗产税的征收有明确的起征点，起征点越高，遗产税征收的税基就越大，这样遗产税率的设置就直接影响纳税人缴纳的税额，从财政收入的角度来说，税率越高，遗产税收入就越大，反之越小。但现实情况并不如此，遗产税作为直接税，尽管很难进行税负转嫁，但纳税人可以通过各种方式避税，而且拥有财富越多，避税带来的效益更大，财富多的人就比财富少的人更有能力支付避税所需要成本，在这种情况下，如果税率设置不合理，就会强化财富拥有者避税的动机，这样不仅难以有效实现遗产税的征收，也会由此削弱遗产税承载的社会正义价值。根据美国国内税收总署的数据，价值最高的遗产（2000万美元）的平均遗产税率实际上要比

---

① 赵惠敏、李国生：《国外遗产税免征额与人均 GDP 的关系及我国遗产税免征额的界定》，《税务研究》，2005 年，第 10 期。

250万到500万美元低。① 因为拥有巨额财富的人通过一定的方式实现了避税，以致遗产税的征收并不能达到财富分配趋向正义的目的，因此，在遗产税的征收上，不但要完善征收的程序，更要将遗产税率与个人的道德心理结合起来，从个人来说，慈善心理会催动富人自觉缴纳遗产税，但更多的人会坚持个人权利的优先性，自己通过正义的手段获得的财富被无偿上缴给政府总是难以接受的，即使是出于公共利益的名义。这就需要通过遗产税率的合理设置，既做到财富拥有者主动缴纳一定数额的遗产税，又能满足纳税人交纳遗产税后的心理期待，削弱财富拥有者避税的心理，以致遗产税的征稽能顺利进行。进一步来说，遗产税应当采用累进税率，通过税率与免征额的结合，真正体现个人权利在遗产税中的地位，同时，又能实现社会正义。当前，西方国家在遗产税率的设置上，均采用多级累进税率，如美国遗产税税率级次达到18级，边际税率55%；日本的遗产税税率级次达到13级，边际税率高达70%。② 并且，依据继承者与被继承者之间的亲缘关系设置不同的税率，应当保证个人权利在遗产中的地位，通过遗产税的纵向公平与横向公平体现出来。

三、公平优先、兼顾效率

公平与效率一直是现代社会分配领域中的一组重要关系，对公平的考察主要集中在哲学、伦理学领域，它追求的是社会制度的合法性与社会分配的合理性。效率则是一个经济范畴，它指涉的是经济关系中成本与收益的比例，指收益的最大化与最优化。对于遗产税来说，它的主要价值在于促进社会财富分配的公平，通过向富人群体征收高额的遗产税阻止继承者在财富上的进一步集中，以此缩小每个人在财富上的差距。尽管如此，遗产税本身的公平价值能否完成转换为现实的遗产税实践并不是理所应当的事情，多种因素影响并制约着遗产税在现实上的公平，包括不同文化对公平的理解③、一个国家的经济发展水平以及对遗产税效率

---

① 刘双：《遗产税公平与效率分析》，山东大学硕士学位论文，2007年，第37页。

② 刘双、赵恒勤：《中国历史上的遗产税及其对现今税制设计的借鉴》，《经济论坛》，2006年，第18期。

③ 马克思主义认为，公平是一个历史的、相对的、辩证的概念，并不存在普适性的公平观。在哲学视阈中，公平更多地指"得所应得"，苏格拉底、柏拉图、亚里士多德、休谟、康德都持近似的观点；在法学视阈中，公平主要指"相同的事相同对待、不同的事不同对待"，这一思想构成了法律判决的理论来源；在经济学领域，公平则更多地指"经济交往的自由与相互同意"，因此，在不同的学科领域有着不同的公平观念，尽管如此，我们在本文中，将公平视为一个综合性的概念，不再对公平的各种观点进行考察，以突出公平在遗产税上的整体价值。

的追求。对公平的不同理解会影响遗产税的开征与设置,虽然遗产税开征的目的是为了财富的分配更加公平,但它的课征对象是特定的富人群体,对这部分人征税必将侵犯他们的个人权利,为了社会的整体公平而伤害部分人的权利,这种公平本身就需要得到有效的证成,进一步来说,为了多数人的福利而伤害少数人的权利是否算得上真正的公平?这正是公平本身对遗产税公平的考验。而一个国家的经济发展水平对遗产税公平的影响同样显著,地区经济差异、贫富差距与整个国家的人均收入是征收遗产税的重要条件,那么,遗产税的设置能否体现地区公平与个人之间的公平,显然是必须关注的。除公平概念与经济水平对遗产税具有影响之外,遗产税开征的效率是关涉遗产税公平的重要因素,效率是指资源配置的优化与成本的最小化,在经济学领域中,效率是一个至关重要的范畴,它研究如何在资源有限的条件下以最小的成本获得最大收益,从整个社会来说,效率是追求整个社会发展水平的提升,最终达到"帕累托最优"。然而,我们在追求一种行为经济成本最小化的时候,往往会因为了节约成本而伤害它的公平价值,从经济活动本身来说,垄断与资本集中会产生更高的经济效率,但却会伤害势力弱小的经济主体,这种结构是不公正的,因此,从遗产税来说,高额的税率、简化的税制与较低的起征点会促进遗产税的效率,却会削弱遗产税的公平,所以,我们认为,要保证遗产税的公平,必须寻求二者之间的平衡。

首先,遗产税公平与效率的关系。遗产税是调节社会财富再分配的方式,它追求财富在每个人之间的公平分配,在新古典经济学理论中,社会财富的增加应当与社会全体福利的增加结合起来,必须缩小财富在社会阶层中的扩大,征收遗产税就能有效抑制财富分配的不均状况,经济学家马歇尔指出,财富的不均虽然没有通常被指责的那样厉害,但的确是我们经济组织的一个严重缺点。而通过对遗产征税这种既不会伤害人们的主动性又不会大大限制国民收入增长的方法减少这种不均,显然是对社会有利的。① 这是由于遗产税有利于社会公平的实现,尽管如此,遗产税的征收会影响因其带来的经济效率与行政效率②。第一,遗产税追求社会财富的公平分配,会影响经济资源的优化配置,进而减缓整个经济的发展速

---

① 马歇尔:《经济学原理》(下册),商务印书馆,1981年版,第364~365页。
② 在本文中,我们主要考察的是遗产税的经济效率,对于行政效率,我们将其界定为遗产税征稽过程中的效益,影响它的因素包括遗产税政策的设定、征收人员的税收知识、征收能力以及行政人员的职业道德,因此,遗产税的行政效率与纳税人的缴纳行为联系密切,并进一步影响到由遗产税承载的政治正当性德性,故此,我们在考察遗产税公平与效率时,主要突出遗产税效率的经济维度,而将遗产税的行政效率置于遗产税公平如何实现的维度中进行考察。

度。从经济益率来说，财富的相对集中有利于经济产业的建立，经济产业越科学、越雄厚，就越能进一步扩大再生产，促进经济的发展。但政府对巨额财富拥有者征收高额遗产税后，再以公平的方式重新分配，就大大削弱了富人资产的数量，富人因此没有更多的资本投入再生产，而被平均分配的财富很大一部分用于公共服务的提供，以及更多地被分布到处于生存与发展阶段的群体中，这在一定程度上影响了经济再生产所需要的资金支持，进而影响到经济发展的整体效率。第二，遗产税会影响财富拥有者的储蓄积极性与消费观念，进而影响经济的发展效率。遗产税在目的上促进社会财富在后代上的公平分配，以实现每个人在起点上的正义，这对整个社会来说，能够有效地实现最大多数人的幸福，但对于巨额财富的拥有者来说，由于高额的遗产税降低了财富代际转移的可能性，使得财富拥有者为了避免高额的税收而增加消费，通过消费来缩小自己的财富数量，降低投资的积极性，同时，财富拥有者为了避税，会减小个人储蓄的热情，储蓄数额减少，进而减小投资，最终影响经济的发展。第三，遗产税的主要价值在于社会公平，但无论是税制的设置还是税率与免征额的设置，都会与遗产税的效率发生联系，在遗产税的类型上，混合遗产税最公平，它充分考虑了继承者之间的差异，包括能力的差异与亲缘关系上的差异，但混合遗产税征稽程序格外复杂，会大大影响遗产税的征收效率，同时，混合遗产税两次征税，会更加减弱财富拥有者的积极性。在税率的设置上，对财富越多的人设置越高的税率，从理论上更加符合遗产税的公平，但高税率可能会增强财富拥有者的避税动机，这样，不仅无法实现遗产税的公平价值，还会降低遗产税的财政收入。可见，通过遗产税促进社会公平的时候，会不可避免地影响到遗产税的效率。同样，如果要追求遗产税的效率，必将会影响遗产税的公平价值，若将遗产税的效率限于社会经济发展水平维度，那么，遗产税的效率指应有助于提高经济效益，保证经济的良性、有序运行，实现资源的有效配置。那么在两个方面可以提高遗产税的效率：一是扩大遗产税课征对象的范围与降低遗产税率，课征对象的增加有助于遗产税收入的增加，进而增加国家财政收入，而降低遗产税率则可以减少对个人权利的伤害，维持个人在储蓄与投资上的积极性，进而促进经济的发展。二是在遗产税收入的分配上，不是将遗产税收入投入到公共服务与个人的分配，而是通过国家参入投资，加强国家对经济的宏观调控，促进经济的发展。显然，这两种方式都能促进遗产税的效率，但都削弱了遗产税的公平价值。这样看来，在遗产税公平与效率的关系上，存在着此起彼伏的运动趋势，似乎二者之间是一个两难选择，但我们应当根据正当的理由合理安排二者之间的关系，使遗产税的公平与效率达到平衡。

其次，在二者的排序上突出遗产税公平对效率的优先性。遗产税的公平价值与效率价值是遗产税价值的两个维度,对其中任何一个价值的遮蔽都是不合理的,既要保证社会财富在每个人之间的公平分配,又要通过遗产税收入的再支出提供公共服务,增加经济投入,促进经济发展。尽管如此,遗产税的主要目的是调节财富的正当分配,因此,在两者的排序上,应当以公平价值为优先价值,而遗产税的效率价值应当是一个下位概念,这是因为:其一,遗产税作为税收的一种,它具有自身的特点与征税偏好,它的主要目的不是增加财政收入,而承担财政收入的任务可以通过其他税种实现,诸如个人所得税、企业所得税与增值税等。从征收遗产税国家的实践来看,无论是遗产税课征对象,还是遗产税收入占整个税收收入的比重都不大,例如英国遗产税收入占税收总收入的1.6%(1992年),美国占1.5%(1999年),日本占4.1%(1997年),韩国占1.82%(1995年),死亡人数缴纳遗产税的比重也很小。例如韩国纳税人仅占0.58%,日本占5.8%,美国占7.3%,英国占3.4%。① 从这些数据可以看出,遗产税在财政功能上的价值并不大,遗产税在经济效益上并不具有特别大的意义,所以遗产税的效率价值应该让位于遗产税的公平价值。其二,遗产税的开征必须建立在必要的环境之上,这个环境包括国家经济发展水平与社会财富在不同阶层中的分布,具备了这些条件,遗产税才具有征收的正当性,这就明确了遗产税开征的目的是为了调节社会财富的公平分配。因此,遗产税的课征对象必须是拥有较多财富的富人群体,整个社会贫富差距较大,开征遗产税正是为了抑制财富的进一步集中、缩小贫富差距,最终促进全体社会福利的增加,所以,出于社会正义的价值就具有了优先其他价值的正当性。福利经济学家正是在这个意义上强调遗产税的公平价值的,庇古认为把高收入者的一部分货币收入转移给低收入者将增加效用从而增加经济福利,所以如果政府征收累进的所得税和遗产税将有助于经济福利的增大。② 以上两个方面从不同角度论述了遗产税公平价值的首要性。当然,遗产税公平价值与效率价值并不是分离的,公平价值确定了遗产税的终极理念,而效率价值则可以在现实上促进社会的物质生产,它直接决定着社会财富这块蛋糕的大小。没有效率价值,遗产税的公平价值将变成空想;同样,没有遗产税的公平价值,社会财富这块蛋糕再大,也只会导致更大的不公平,无法提高社会的整体福利。

再次,遗产税公平价值与效率价值的实现。既然明确了遗产税公平与效率的价值排序,那么还需要进一步探讨两种价值如何实现。对于遗产税来说,它的主要目的在于财富的公平分配,并主要追求每个人在起点上的正义,因此,从遗产

---

① 李永丰、韩霖:《遗产税,离我们有多远》,《中国税务》,1999年,第10期。
② 夏闻:《经济学大师解析经济难题》,华文出版社,2003年版,第189页。

税开征的环境到遗产税制度的设置,再到遗产税的实现各个环节都要体现出正义性,这既包括遗产税的实质正义,也包括遗产税的程序正义。而从遗产税的效率价值来说,应当寻求在公平的基础上,如何简化税制与如何设置完善的征收方法阻止避税。第一,在遗产税的实质正义层面,要突出遗产税本身的公平与目的上的公平,本身的公平应当从课征对象的个人权利与纳税义务角度进行考察,财富拥有者出于正义的手段获得的财富在面对国家税收权力时,个人权利应当成为税收义务的边界,要保证个人权利的完整性,同时,对遗产税的继承者来说,必须将能力上的差异考虑在遗产税公平的设置因素之内。对于遗产税的目的来说,必须明确公平价值的首要性,尤其在遗产税的分配层面,它必须以公共服务的提供为圭臬,并将遗产税的分配向处于弱势地位的人们倾斜,最终促进每一个人福利的增加。第二,在遗产税的程序正义层面,要保证遗产税确立的正当性与税收征稽过程的合法性,这是遗产税公平价值得以实现的具体方式,在一定程度上,遗产税的程序正义具有不依赖实质正义的独立性,诚如法学家贝勒斯在《法律的原则》中说,程序价值不取决于判决结果,而是"来自于程序本身的令人感到满意的东西",诸如程序中的公平对待、尊重人的尊严、平等参与、被当事人知晓、及时处理等利益或价值,即使这些东西并未增进判决的准确性,法律程序也要维护这些利益或价值。[①] 这就要求遗产税的开征,包括税率、税制与免征额的确定应当得到社会公民的普遍认可,通过民主、对话的方式实现遗产税开征的正当性。遗产税开征的正当性完成后,在遗产税征收过程中,同样要做到信息公开、平等参与、尊重纳税人的诉讼权与行政复议权,使遗产税征收的方式是正义的,并以看得见的方式得以实现。第三,在保证了遗产税公平价值的优先性后,还要考虑遗产税的效率,并且这种效率的考察应当建立在遗产税公平价值的基础之上。要提高遗产税的效率,一方面,应当设置简化的遗产税制度,在三种遗产税制类型上,分遗产税保证了纳税能力的差异与亲缘关系的差异,即保证了遗产税的公平,而征收程序则比混合遗产税简单,相对于总遗产税与混合遗产税来说,它更合理。另一方面,要完善税收征稽程序,防止纳税人的避税行为,可将遗产税与赠与税结合起来,有效防止财富拥有者为了避税而进行财富转移。

---

① 孙笑侠:《法的现象与观念》,山东人民出版社,2001年版,第308页。

第五章 税收正义视阈下的中国遗产税

税收正义是寻求个人权利、公共利益与国家权力之间关系的平衡,在这三个范畴中,个人权利是税收正义的基础,即使作为公众意志契约而成的国家出于公共利益的名义向个人征税也要获得公众的认可与同意,税收正义必须建立在尊重与保护个人权利的前提之上。然而,个人作为自然个体与社会单元的事实决定了它无法脱离对社会与他人的依赖,个人需要国家的力量来保护自己,并且需要凭借他人与国家的力量来满足不同层次的需要,故个人必须出让自己的部分权利作为获得回报的交换条件,税收由此产生,也由此具有了道德上的理由,这同时确定了个人缴纳给国家的税收必须以提供公共利益为目的,最终实现个人权利,国家权力因此成为了实现税收正义的中介或手段。但是,正如我们在前文中指出的,每个人在社会关系中的地位并不是绝对平等,由于资源、历史、智力、能力以及地理位置等多种因素的影响,每个人在财富的拥有上呈现出差异,当这种差异影响到社会有机体的正义秩序的时候,应当通过一定的方式在每个人缴税的基础上再次进行财富上的重新分配,以此来缩小财富上的差距,保证每个人在新一轮起点上的正义,这就是遗产税开征的价值所在,也是遗产税与其他税种相区别的重要特征。遗产税的开征与设置在动机与目的上是为了实现财富分配的公正,但它必须建立在一定的前提之上,包括一个国家的整体经济发展水平、贫富差距的强度以及人们对遗产税的认可与接受,只有具备了这些条件,征收遗产税才是正当的。对于中国来说,至今仍没有开征遗产税,虽然有了遗产税征收方面的考虑[①],但是否真正会征收遗产税,或何时能征收遗产税仍是一个未知数,这是否意指中国还未具备征收遗产税的条件?或是其他原因?我们认为,当前的中国不仅已具备了遗产税征收的环境,并且有必要在短期内将遗产税变成直接的现实。故此,我们接下来对中国遗产税的必要性与可能性予以分析,以此突出遗产税在税收正义结构中的意义。

[①] 2004 年中国出台了《中华人民共和国遗产税暂行条例(草案)》,但至今仍没有将草案转为实际的征收条例。

第一节　中国遗产税未开征的伦理考察

中国历史上不曾大规模地开征遗产税，虽然在民国时期出现过短暂的遗产税征收，但由于战争等原因很快搁置了。与西方悠久的遗产税历史相比，中国遗产税历史几乎没有①，尽管西方遗产税最初的征收动机是增加军费所需、补充财政收入为理由，并不是建立在贫富差距的基础之上，不是出于实现财富公正分配的目的，但近代社会的遗产税却更多地表现出税收的公平价值，遗产税作为财政收入的价值则退居其次，究其原因，就在于西方国家具备了遗产税征收的环境。而对于中国税收历史来说，多种因素影响到遗产税的开征，经济生产落后、政治统治专制、伦理文化一元化以及法律体制未建立，在这些因素中，伦理道德的约束直接影响了遗产税正义环境的建立。

---

① 20世纪初，孙中山先生首先提出了以征收所得税与遗产税"节制资本"的思想，以此限制私人资本的扩张，维护社会公平。国民政府上台后，在1927年欲整顿财政，通过设置新的税制来增加财政收入，补充因战乱而消耗的费用，遗产税因此被考虑在内，国民政府拟订了《遗产税暂行条例草案》及《遗产税施行细则草案》，在1928年中的全国财政会议中通过，同样由于战乱等原因没有真正实行。次年在重新考虑遗产税征收工作时，以美国顾问甘末尔为首的财政部设计委员会认为中国缺乏西方国家的税收环境，诸如制度设置、态度习惯等，故认为中国还不适于征收遗产税，这一意见影响了国民政府在遗产税上的政策，遗产税再次被搁置。1938年再次提出遗产税的立法与征收工作，以补充财力。立法院审议通过了《遗产税暂行条例》共24条，随后又公布了《遗产税暂行条例施行条例》，最终确定于1940年7月1日在全国实施（参见刘佐主编：《遗产税制度研究》，中国财政经济出版社，2003年版，第10页）。至此，遗产税从孙中山提出到实际实施已近30年。抗战胜利后，国民政府于1946年4月16日正式实施了一部六章二十七条的《遗产税法》，由此产生了中国第一部遗产税法。1949年新中国成立以后，中央人民政府在最初制定税制的时候，虽然考虑了遗产税，但为了促进经济的恢复和发展，并以此调整公私关系，决定暂时不开征遗产税。改革开放后，中国政府在税制层面进行了三次改革，分别发生在1983~1984年、1993~1994年、2004年至今三个时间段中（参见：倪红日、谭敦阳：《税制改革30年进程、经验与展望》，《税务研究》，2008年，第10期）。虽然三次在整体上对税收制度、税收征管、税收的公平理念上有很大改善，也增加了一些具体的税种，包括资源税、增值税等，但遗产税一直没有得到突出的强调。尽管在第三次税制改革时，讨论并形成了《中华人民共和国遗产税暂行条例（草案）》，但并没有将这一草案转为实际的遗产税征收行为。

一、政治伦理化影响了遗产税的政治环境

中国的传统政治建立在宗族结构的基础之上,而宗族结构却具有典型的伦理型特征,按照费孝通先生的观点,家国同构的政治结构必然摆脱不了儒家伦理中的宗族伦理格局,而作为宗族伦理基本内涵的忠孝节义、礼义廉耻则不可避免地导致了传统政治的专制化,儒家伦理追求天下一家、天下为公的政治图景,但这种伦理价值理想本身是不平等的伦理形态,儒家伦理强调上下、尊卑、贵贱的人伦秩序,这恰是对个人权利与社会正义的消解。在伦理型政治话语体系中,独立的个体处于被遮蔽的状态,自然缺少对个人权利应有的尊重,因此,伦理型的政治缺乏开征遗产税的政治环境。

第一,长期的中央集权型政治切断了遗产税的生长环境。中国历史上的政治格局一直以等级森严的中央集权制度延续下来,即使不断改朝换代都没有跳出中央集权的窠臼,这种政治制度一个最大的特征是阶级的截然对立,即统治阶级与平民阶级,而中央集权严格代表统治阶级的利益。在中央集权的政治制度下,统治阶级形成了一致的利益共同体,权力被严格掌握在统治阶级手中,财富也在权力的作用下主要集中在统治阶级共同体中,虽然历史上的中央集权不断变换,"从共主集权政治转变为专制集权政治,从王权政治转变为帝权政治,从贵族政治转变为官僚政治"①。严格的阶级对立导致了财富分配上的不平等,在这种历史环境中,虽然贫富差距极度突出,但统治阶级显然不会出于调整社会财富分配公平的目的而向自己征收遗产税,这既是统治阶级维护自己利益的本性使然,也是中央集权内在的政治逻辑结果,更为重要的是中央集权的政治格局消解了个体的独立性,个人利益,特别是处于社会等级下层的公众利益无法得到统治者的认可与尊重,更不用说这一群体的后代人的利益了,因此,唯上不唯下的伦理型政治难以产生遗产税开征的政治环境。

第二,政治上的专制严重束缚了经济的发展,而传统的经济形态又强化了中央集权的政治制度,二者的相互作用使遗产税环境的产生变得不可能。传统的经济形态表现为重农抑商的小农经济模式,这种经济模式需要强有力的国家政权来保证小农经济的生产和再生产,并维护地主阶级的政治与经济利益。同时,小农经济模式本身难以完成资本的原始积累与扩大再生产,也就是说小农经济如果没有得到权力的有效保护,它往往很难形成大规模的经济产业,这就截断了通过小

---

① 杨幼炯:《中国政治思想史》,商务印书馆,1998年版,第25页。

农经济拉大贫富差距的路径。因此，在中央集权制的政治制度下，统治阶级与平民阶级的不平等状态很难被破坏，一方面统治阶级不会主动向自己征收遗产税来缩小贫富差距，另一方面，小农经济又无法在平民阶级本身产生剧烈的贫富差距。这两种情况都抑制了遗产税开征环境的出现，一直到了近代，在西方政治制度与经济制度的影响下，孙中山才首先提出以遗产税来节制资本、维护社会公平，尽管因为种种原因没有实际征收遗产税，但至少在税收思想层面考虑到了遗产税的社会价值，此时，无论是中央集权的政治制度，还是小农型的经济形态都已发生了显著的改变。

二、 孝伦理抑制了遗产税的代际公平心理

中国传统道德中的"孝"伦理构成了传统文化的重要内容，这一伦理形态在很大程度上抑制了代际公平心理的产生与成长，在中国传统社会中，家族延续的统一性与稳定性是社会结构的重要特征，而使这一结构得以产生与发展的重要文化基质就是"孝"，"孝"不仅是一个现实的道德范畴，而且具有本体论的意义，在《孝经》就如此表达："夫孝，德之本也。又，天之经也，民之行也。"[①] 正因为"孝"具有如此重要的规范价值，所以成为指代际之间关系的重要道德范畴，它有继先辈与承后代两个层面上的意义，一方面要向上赡养父母、不辱前辈遗志，另一方面又要努力拼搏，建立功名，向下为后代营造超越先辈的生活。"光宗耀祖"与"封妻荫子"就是"孝"的完整含义。要保持代际之间在继承上的完整性，就必须实现先辈祖业的整体传承，并将这种思想内化为坚定的道德理念，孔子说："今之孝者，是谓能养。至于犬马，皆能有养；不敬，何以别乎？"[②] 那么，在财富的代与代转移过程中，遗产就必须以整体的样态进行传承，任何伤害财富的行为都是一种不"孝"，若儿女挥霍家产导致家庭落魄就会留下不肖子孙的骂名，因此，保证先辈遗产代与代转移的完整性就成了后代的使命，这种思想自然影响了代与代公平心理的产生，遗产税在形式上对整体的财富进行了分解，这种分解不是指遗产被不同的后代主体继承，而是指遗产税分割了遗产的一部分，它导致了财富数量的减少，所以，要维护"孝"的道德规范，就必须维护遗产税的整体性，这种心理显然不只存在于财富拥有极少的平民阶层，同样深深存在于掌握政治权力、拥有巨额财富的统治阶级，因为两种对立的阶级都受到传统儒家文化的影响，儒家思想的道德理念对两个阶级的渗透作用是一致的，因此，不仅平

---

① 《孝经》。
② 《论语》。

民阶级难以产生通过征收遗产税来实现代与代公平的心理，统治阶级同样如此。这就是以甘末尔为首的美国财政官员在比较了中西文化差异而认为中国当时不具备遗产税征收条件的原因，显然，中国传统道德文化中的"孝"观念是一个重要的影响因素。当然，除了"孝"观念的影响之外，中国传统道德文化中与遗产税理念相关的其他范畴也很薄弱，诸如正义与权利等概念都没有得到真正的强调与考察。总之，中国传统道德文化与遗产税本身的价值理念有着一定的距离。

三、 法律道德化制约了遗产税的法律环境

除了政治、经济与伦理因素的影响，中国传统社会中"道德化的法律"也在制度层面制约了遗产税的产生。中国传统社会是一个典型的德治社会，虽然法家思想对儒家的德治有重要的补充作用，但中国一直没有建立完善的法治社会，尽管各个朝代有自己的法律，诸如唐律、大明律等，但无论是法律精神还是法律程序，都有很深的道德痕迹，孔子很早就言了道德在国家政治中的重要价值，认为"道之以政，齐之以刑，民免而无耻；道之以德，齐之以礼，有耻且格"①。国家治理应当借助道德的作用，德礼为政教之本，刑罚为政教之用，这就明确了道德与法律的主次关系，因此，在中国传统文化中，"道德是法律的目的，法律是道德的工具。法律的唯一使命就是保障道德"②。在中国传统法律语境中，更多强调法律的道德教化作用，而在一定程度上忽略了法律制度本身的建构，诚如我国学者张国华在论述中国传统法律的特点时，如此论述："儒家素倡'德治'，鼓吹'仁政'，主张省刑薄税。在治国方法上重视道德感化作用，相对轻视法律（主要是刑法）及其强制作用，即所谓'德主刑辅'。"③ 这种思想虽然有助于整个社会道德水平的提高，但并不利于法律自身的发展，因为儒家的德治思想较多地关注个体的道德塑造，而对制度的建立与完善缺乏足够的理论考察，按照当代西方学者罗尔斯的观点，制度必须建立在正义的基础之上，并且制度本身应当是正义的。显然作为制度的正义美德并没有在中国传统法律体系中得到体现，一方面源于诸如正义、权利这样的范畴在中国传统道德文化中被仁、善等概念遮蔽了，另一方面则源于中国的法律本身只是道德的外在表现，因此，中国传统的法律不仅在法律精神上缺乏独立性，也缺乏具体的、完善的法律程序。在法律学科方面，不仅

---

① 《论语·为政》。
② 田默迪：《东西方之间的法律哲学——吴经熊早期法律哲学思想之比较研究》，中国政法大学出版社，2004年版，第99页。
③ 张国华：《中国法律思想史新编》，北京大学出版社，1998年版，第11页。

缺乏调节民事关系的民商法，更缺乏产生以调节财富公平分配为目的的遗产税的法律机制，这些因素不只对中国传统的法律产生了很大影响，对今天的各种法律仍然影响很大，既使我们今天再次考察遗产税，我们必须对遗产税的理念、具体的征收程序、与各种相关制度进行认真思考，否则无法真正实现遗产税的公平价值。

以上我们从政治经济、道德文化与法律制度三个层面论述了中国为何未开征遗产税的原因，我们更多地从历史维度而非现实维度进行考察，主要是突出中国传统文化对今天遗产税的影响，虽然今天影响遗产税开征的因素还有很多，包括所有权的界定、财产登记等相关制度的建立，这些因素同样重要，我们将在后文中进一步进行阐述。

第二节　中国当前遗产税征收的道德理由

中国历史上由于各种原因未曾稳定地开征过遗产税，但并不能因此推出中国缺乏开征遗产税的环境，实际情况是，中央集权与小农经济的结合既阻碍了中国政治民主的发展，也严重阻碍了国家经济的发展，这些因素一方面抑制了制度正义产生的可能性，另一方面抑制了整个社会对公平正义的追求，这是中央集权专制政治与小农经济相结合的必然逻辑。随着新中国的成立，无论是政治制度还是经济制度都发生了改变，尤其在改革开放后的几十年中，政治、经济、法律与道德态度都相应变化，经济迅速发展，人们生活水平提高，个人财富显著增加。然而，与之同步出现的是，财富逐渐集中在部分人的手中，贫富差距扩大，地区经济发展不平衡，在这种情况下，我们需要思考财富在整个社会中的分配问题。同时，改革开放促进了中西文化之间的交流，促进了市场经济秩序、文化意识形态、法律制度与法律理念诸领域的发展，并进一步影响了中国文化结构的各个领域，这些范畴有助于我们倚借西方的视角来观察中国的整体结构，因而，与经济、政治与法律联系紧密的税收，特别是遗产税应当在经济全球化的背景下被重新考察。尽管新中国成立后进行了若干次税收改革，但都没有直接涉及遗产税的开征，即使 2004 年讨论了遗产税征收的草案，也仍然没有实际开征。我们认为即使不立即征收遗产税，也必须认可遗产税在财富分配维度上的公平价值，各种具体的原因，包括财产登记制度未完全建立、遗产税信息上的不对称以及财产核算制度未建立并不能成为阻碍遗产税开征的充分理由，我们完全可以在实际征收的过程中同步完善相应的制度。故此,我们认为当前中国已具备了征收遗产税的环境,并有必要开征遗产税。

一、 中国经济发展水平与贫富差距现状

改革开放后,随着市场经济体制的不断发展与完善,我国经济得到了飞速发展。1979—2007年,我国国民经济年平均增长9.8%,1978年,我国国内生产总值(GDP)只有1473亿美元,到2007年达到32801亿美元;1978年我国人均GNI只有190美元,2001年突破1000美元,2007年又迈上新的台阶,达到2360美元,比1978年增长了11倍。① 可见,中国的整个国民经济有了巨大发展,但在整个经济发展的过程中,财富并没有均衡分布在每个地区与每个人手中,由于国家政策的偏向与地区优势产生了区域经济的不均衡,而个人之间也在整个经济的发展中扩大了财富拥有上的差距,从中国整个经济结构来看,政策倾斜与地区差异导致了区域经济差异,并在此基础上进一步导致了个人财富之间的差异,我们可以通过反映财富分配的基尼系数予以考察②,根据国内学者王祖祥等人对国家收入分配的计算,认为在1995年至2004年间,农村收入与城镇收入之间的比例发生了显著变化,财富被集中在少部分人的手中,基尼系数从1995年的0.36上升到2004年的0.44,远远越过了警戒水平0.4。在高收入与低收入人群中,二者在财富占有上的比例逐年扩大,人口份额5%的高收入层所拥有的总收入的份额由1995年的14.52%上升到2004年的20.37%,人口份额为10%的高收入层所拥有的总收入的份额由1995年的24.78%上升到2004年的32.12%。在2004年,人口份额为20%的高收入阶层拥有近50%的总收入。而这些年中低收入阶层所拥有的收入份额则持续下降,人口份额10%的低收入层所拥有的收入份额由1995年的2.34%下降到2004年的1.68%,人口份额为20%的低收入层所拥有的收入份额由1995年的

---

① 数据来自国家统计局年度报告:2008年11月17日,国家统计局发布"改革开放三十年中国经济社会发展成就系列报告之十六"。

② 基尼系数是20世纪初意大利经济学家基尼,根据洛伦茨曲线所定义的判断收入分配公平程度的指标,它是国际上用来综合考察居民内部收入分配差异状况的一个重要分析指标。它的区间是0~1之间。数值越低,表明财富在社会成员之间的分配越均匀;反之亦然。若低于0.2表示收入绝对平均;0.2~0.3表示比较平均;0.3~0.4表示相对合理;0.4~0.5表示收入差距较大;0.5以上表示收入差距悬殊。一个国家的基尼系数超过0.4就需要通过一定的方式进行调节,从洛伦茨曲线来说,洛伦茨曲线讲的是市场总发货值的百分比与市场中由小到大厂商的累积百分比之间的关系,洛伦茨曲线的弧度越小,基尼系数就会越小,在考察一个国家收入的分配时,通常将二者结合起来。

6.13%下降到2004年的4.66%，2004年中人口份额为50%的低收入阶层只拥有大约20%的总收入。而且，除1996年外的任何年份中，人口份额为50%的低收入层所拥有的收入都没有超过25%。在1995年，高收入端10%的人口所拥有的收入是低收入端10%群体的10.59倍，到2004年时，这一数字差不多翻了一番，达到了19.12倍①，可以看出，低收入与高收入群体在财富的拥有上不仅没有相互靠近，反而扩大了差距。在2004年至2006年的统计数据中，收入上的不均衡进一步扩大，依据国家发展改革委员会在2006年作出的"中国居民收入分配年度报告"，我们可以清晰地发现以下结论：一是城镇居民收入与农村居民收入之间的差距近3年一直保持在3.2倍左右。二是城镇居民之间的收入差距扩大，2005年最高10%人群与最低10%人群的人均收入之比为9.2倍，比2004年扩大0.3倍；五等分组显示收入差距呈加速扩大趋势，1990—2000年的10年间，最高10%人群与最低10%人群收入比从3.2倍上升到4.6倍，扩大了44%，而在2000—2005年的5年间，此比从4.6倍上升到9.2倍，扩大了一倍；高低收入人群的收入增长不平衡，收入越高增长越快。三是农村居民之间的收入差距扩大，通过抽样调查，2005年度农民人均纯收入的基尼系数为0.3751，比2004年提高了0.6个百分点，并高于2004年提高的幅度；农村最高收入人群人均纯收入与最低收入人群人均纯收入之比为7.3倍，比2004年扩大了0.4倍。② 可见，在中国经济得到迅速发展的时候，每个人、每个群体与每个区域的发展并不一致，而是经济的整体发展背后是财富分配的不均衡，并且这种不均衡随着经济的持续发展时进一步扩大了。

依据基尼系数反映的收入分配现状，0.4以上就表示社会财富的分配不合理，应当通过一定的方式进行矫正，税收无疑是一种有效的财富调整手段，诸如消费税、个人所得税等超额累进税在抑制高收入群体的财富积累有一定的效果，然而，拥有巨额财富的群体往往不是以流通的货币财富来衡量，而更多地包括他们拥有的固定资产与流通资产的总和，在这种情况下，以流转税的形式抑制这部分人的财富就具有一定的局限性，同时，消费税与个人所得税等税种课征的群体范围很广，并不会对巨富者有特别突出的抑制作用，并且这些税种的主要目的是增加财政收入，缺乏调整财富公平分配的突出价值，从代与代关系来说，它们偏向财富在当代群体之间的有序流动，并不关心后代在财富拥有上的起点公平，因此，我

---

① 王祖祥、张奎、孟勇：《中国基尼系数的估算研究》，《经济评论》，2009年，第3期。

② 禹奎：《中国遗产税研究：效应分析和政策选择》，经济科学出版社，2009年版，第147页。

们应当寻找更有效的税种来调整财富的公平分配,遗产税就是一种以调整财富公平分配为目的的税种。

遗产税是一种财产税,它课征的对象是被继承者留下的财产净余额,因此,除了反映收入分配比例的基尼系数之外,我们还需要同时考察个人财产在不同群体中的分配,我国学者李实等人在《中国居民财产分布不均等及其原因的经验分析》一文中考察了1995年至2002年中国财产的分布状况,他们得出结论:在1995年至2002年之间,城镇、农村和全国居民的财产分布呈现不均衡发展状态,低财产组的财产份额在下降,高财产组的份额在上升,财产分布不均的程度也呈上升趋势,2002年全国最穷的10%人口拥有的财产份额不足1%,而最富的10%人口拥有的财产份额超过了40%,后者是前者的59倍。1995—2002年,个人财产分布的基尼系数从0.40上升到0.55。2002年金融资产和房产价值在总财产中所占的份额为22%与58%,分别解释了总财产分布不均等的25%和66%。[1]在这种不均衡的财富分布中,一部分人占有了太多的财富,而另一部分人在财富的拥有上相当少,并且从整个中国来说,巨大的人口基数在客观上影响了财富的公平分配,有如辽阔的区域影响了经济的均衡发展,因此,中国仍有很大一部分地区、一部分人口处于贫困状态,2005年一份调查显示,按当年美元购买力评价,中国仍然有2.54亿人口每天的花费少于国际最新贫困线。虽然中国加大了对贫困人口的扶持力度,2009年3月,中国国务院将扶贫标准提高到人均1196元,扶贫对象覆盖4007万人,比2007年的绝对贫困人口增加了2528万。[2]然而与这部分处于贫困线之下的人群相比,2009年富润百富榜上,排在财富榜最前的富翁拥有财富的总资产达350亿元人民币,即使第1000位的富人也拥有高达10亿元的人民币,财富在不同群体中的分配可见一斑。从时间上看,30年的改革开放促进了经济的飞速发展,也导致了财富分配不均的进一步扩大,无论是财富上的赤贫者,还是拥有巨额财富的富人,都还处于历史中的同一代,财富的代际转承才刚刚开始,如果不对财富分配的悬殊状态进行矫正,贫富差距必然会在下一代进一步扩大,因此,具有调整财富公平分配价值的遗产税就具有了开征的必要,它可以有效抑制财富在代际转移过程进一步扩大差距,进而实现后一代人的起点正义。

---

[1] 李实、魏众、丁赛:《中国居民财产分布不均等及其原因的经验分析》,《经济研究》,2005年,第6期。

[2] 数据来源于国务院扶贫办网站:http://www.cpad.gov.cn/data/2009/0314/article_340019.htm。

二、 现行税制在调节财富分配正义上的不足

从税收的源流上来说，任何一种税收在本质上都是个人权利与公共利益以及国家权力之间的博弈，作为个体的人通过权利的部分让渡获得相应的安全、福利与其他利益，虽然税收本身是一种恶，它侵犯了个人的部分权利，但它在结果上能满足个体的利益期待，因此，税收有其必要性，并且合理的税收总是建立在个人能力与财富数量的基础之上，在实践中区别征税，然后通过国家权力的作用对税收进行再分配，最终实现税收的结果正义，所以正义的税收应当有助于社会公平的实现，社会公平包括两个向度：一是每个人在权利的拥有上都是平等的，任何制度、任何行为都必须保证这种平等的优先性，这是公平的最低含义。二是社会的不平等应当向处于弱势地位的人倾斜，矫正事实上的不平等以助于抽象平等的实现。这就是罗尔斯两个正义原则的内涵，正义的税收应当同时蕴含两个正义原则的理念，在税收征收的前提上充分尊重个人的权利，在目的上以提供公共利益为旨归，调节社会财富的公平分配，将税种、税率的确定与个人能力、资源的占有结合起来，既保证个人权利的优先性，又有效抑制社会差距的进一步扩大，关注弱势群体。因此，在一定程度上，税收具有劫富济贫的作用，财富越多的人应当缴纳更多的税收，对于收入少者、贫穷者，税收应当予以宽容，实行低税政策。并在税收分配过程中向这部分倾斜。尽管如此，税收虽然具有一定的财富矫正价值，但不是所有的税收在促进社会正义方面具有相等的力度，每个税种的价值偏向并不相同，大部分税种的价值在于增加财政收入，包括增值税、所得税与流转税等，这些税种在调节社会财富的公平分配方面效果并不显著，难以有效抑制贫富差距的扩大，更难以实现财富在代际之间的公平分配，我们可以通过对现行税制的考察来作出结论。

首先，个人所得税虽然有助于调整财富的分配，但个人所得税在课征对象、课征税率以及税收收入等方面决定了它在调整财富公平方面的不足。个人所得税是调整个人权利与国家权力与公共利益之间关系的税种，它以个人的可支配收入为征收对象，只要满足税法规定的要件，个人就应当缴纳相应的个人所得税。那么，首先在课征对象上，公民中的绝大部分都需要缴纳个人所得税，只要具有获得收入能力的人都是潜在的个人所得税课征对象，从工资、报酬、财产转移到个人消费，满足了这些条件中的任何个体都会成为纳税人，这就扩大了个人所得税课征的范围，并没有在课征对象层面体现出差异性，当每一个人都是纳税人的时候，税收并没有对处于弱势地位的人做到公平上的倾斜，尽管在个人所得税的免征额上，中国进行了几次调整。2008 年 3 月 1 日，个人所得税的免征额从 1600 元

/月上调至2000元/月,但如果将物价上涨的因数与人均消费指数考虑在内的话,个人所得税的课征对象仍然极为庞大,难以在课征对象上表现出个人所得税的公平价值。其次,在课税率上,个人所得税主要采用累进税率,在工资与薪金所获得的财富中,设置了九级超额累进税率,税率从5%到45%。个体工商户在经济交往中获得的财富采用5%到35%的超额累进税率。尽管以累进税率可以调整财富在不同个体之间的重新分配,缩小财富差距,实现税收正义,但还有部分个人收入采用比例税率,包括稿酬、劳务报酬与财产转移等方式获得的财富均采用20%的比例税率,比例税率对于税收的课征来说,虽然简单清晰,也充分尊重了每个人在财富权利上的平等,但无助于体现财富占有与分配过程中的差异性,因此从课征税率来说,个人所得税在调节财富公平分配上的价值并不突出。再次,从个人所得税的总收入来说,它虽然不是财政收入的主要来源,但仍然是一笔很大的收入,在2007年,中国税收收入总和是49449.3亿元,个人所得税收入是3185亿元。① 个人所得税收入占整个税收入的6%左右,并且从1999年至2007年之间,个人所得税总收入在整个税收入的比重有所上升,虽然个人所得税收入的增加有助于财富在每个人中的公平调整,但个人所得税在增加财政收入上的价值远大于调整财富公平的价值,并且从个人来说,收入高的群体往往通过一定的方式转嫁高额的税收,这样个人所得税的征收对象就主要集中在收入的中间阶层,以致个人所得税难以做到对财富分配的矫正,由此表现了它在税收公平价值上的局限性。

其次,消费税在调节财富分配、促进税收公平方面具有较强的效果,但消费税是一种间接税,容易进行税负转嫁,故消费税的税收公平价值同样具有局限性。我们知道,消费税是在征收增值税的基础上,再选择少数消费品进行二次征税,消费税的目的是为了调节产品结构,引导消费方向,增加国家财政收入,它同时具有调节财富公平的价值,在这些方面表现出来:第一,课征对象主要集中在一些高档产品,诸如烟、酒及酒精、鞭炮、化妆品、成品油、贵重首饰,以及珠宝玉石、高尔夫球及球具、高档手表与游艇等,消费这些产品的主体往往拥有较多的财富,因而消费税在课征范围是相对狭窄的,有助于通过消费税改变富人群体的财富结构,缩小收入分配之间的差距。第二,在税率的设置上,消费税通过超额累进税率调整财富的分布,设置了从1%到45%的多级税率,其中香烟采用了最高的45%税率,从总体上来说,消费税通过调节消费品价格对高消费者收入具

---

① 数据来源于国家税务总局网站:http://www.chinatax.gov.cn/n8136506/index.html.

有有效的抑制作用。在整个税收收入格局中，消费税与个人所得税一样，都只占有较低的比例，2007年消费税收入是2374.7亿元，与个人所得税相近。因此，消费税通过课征对象与课征税率的确立，将课征对象主要限定在拥有较多财富并消费中高档产品的人群身上，而将大部分低收入者排除在消费税的课征范围之外，有助于调整财富的合理分配。尽管如此，我们认为消费税在税收正义价值上并不够，因为消费税的课征对象虽然很大部分是拥有较多财富的人，但公民的消费方式与消费态度往往影响到消费税的公平价值，一些主张高档消费的群体可能并不拥有较多的财富，那么征收消费税并不会有效改变财富分布的现状，即使这部分人在缴纳消费税的过程中出于心理上的自觉与自愿，但仍然不会在客观上有效地促进财富的分配趋向公平。

再次，以流转税为主体的税制模式更多地追求税收的财政收入价值，一定程度上削弱了税收的公平价值。在现行税收结构中，流转税特别是增值税在整个税收收入中占很大比例，2007年增值税收入达21595.4亿元，几乎占整个税收收入的五成，加上营业税、企业所得税与关税等税收的收入，使流转税构成了中国税制的主体，这与原先定位的双主体税制（即所得税与流转税平行的税制模式）并不相符。从两种税制模式来说，流转税为主体的税制模式有助于增加国家财政收入，同时有助于资源配置的效率化和促进经济增长，而以所得税为主体的税制模式虽然在增加财政收入方面弱于流转税模式，但在稳定经济方面以及实现公平分配方面有自身的优势，目前西方国家在选择税制模式的时候，发达国家更多地突出所得税对社会公平的调节，发展中国家与欠发达国家则突出流转税在整个税制中的地位。而中等发达国家则选择将两种税制结合起来，中国在税制模式的选择上，原先的定位是将所得税与流转税统一起来，在发挥所得税的财富调节作用的同时，以流转税模式增加国家财政收入，但近几十年所得税一直只占很少的比例，虽然1994年税制改革后所得税收入占税收收入的比重有所上升，但流转税收入占税收收入的比重依然超过50%，而所得税一直未超过10%，因而我国税制仍然是以流转税为主体的税制模式，这对调节当前日益扩大的贫富差距效果不大。

三、中国开征遗产税的道德价值

通过以上分析，可以看出中国改革开放30年来经济取得了快速发展，人们的整体经济水平有了显著提高，但伴随经济发展的同时，财富在分布上呈现出两极分化，贫富差距逐渐扩大，反映财富分配的基尼系数早已超过警戒线，社会的不公平程度越来越突出，必须对这种现状进行矫正，有学者如此论述中国经济领域的不公平情况："中国在过去的20多年间取得了非凡的经济成就……在巨大的成就下面也潜伏着巨大的危机,这个危机的核心是社会的空前分化……半个世纪以来社会分化从来没有像今天这样强烈地撞击着中国人的视觉和情感。收入差距和权力不平等已经不仅仅局限于城乡之间,而且广泛存在于乡村和城镇之中。尽管几乎每个人的收入水平都提高了,但相当一部分人却无奈地发现自己处在被相对剥夺的境地:当周围的人的境况飞速改善的时候,他们自己的境况却止步不前……普遍的相对剥夺感是社会动乱的根源。但是仅仅注意到这一点是不够的,当前中国最大的危机不是社会动乱,而是没有一个明确的社会认知体系来容纳社会分化所导致的社会思潮和社会力量,也没有一个明确的社会目标来指导政府的政策。一个社会认知体系不仅仅具有消解矛盾的工具性意义,更为重要的是,它为一个国家设定一组价值目标——我们称之为社会公正的东西,并由此指导它的长远发展。"① 对社会公正的追求必然需要建立一定的机制,否则难以真正实现社会的整个正义,因此在经济领域,需要通过有效的方式来矫正财富分配的不平等,通过对贫富差距的矫正进一步实现整个社会的正义。虽然具有财富分配功能的税收在一定程度上发挥了财富公正分配的作用,但当前的税制模式主要偏向财政收入的增加,个人所得税与消费税尽管具有较强的正义价值,但在课征对象与税率等方面的设置上仍体现出较大的局限性,所以需要建立更有效的财富分配机制来促进社会财富公平分配的实现,遗产税就是一种有效的调节社会财富公平分配的手段。

首先,遗产税能够弥补所得税与消费上的局限性,更有效地实现财富的公平分配。遗产税在课征对象上,集中在拥有巨额财富的富人群体,并且课征的是财富的净余额,在课征对象的范围比所得税与消费税更加狭窄,有助于发挥遗产税的杠杆调节作用,调节社会财富的再分配,遗产税抑制人们不劳而获的心理,追求社会公众的起点平等。个人所得税与消费税虽然也是调节社会收入分配差距的工具,但个人所得税更多地体现出社会正义的第一个层面,即每个具有纳税能力的人都必须缴纳满足法定要件的个人所得税,相同的人相同对待,而对社会正义的第二层含义,即对纳税能力差的人在税收上的倾斜度不够,个人所得税并没有在最大程度上关注弱势群体。同样,消费税对享受高档消费的人征高税率的税收,在一定程度上减少了这部分的财富,但消费税与社会公众的消费方式联系紧密,高收入的人并不一定是享受高档产品的人,低收入的人也往往受自己消费理念的影响消费高档产品,这样,即使对这两部分征收消费税,并不必然缩小二者之间

---

① 姚洋主编:《转轨中国:审视社会公正与平等》,中国人民大学出版社,2004年版,第1~3页。

的贫富差距。进一步来说，个人所得税与消费税都是转嫁性很强的税种，高收入者与拥有较多财富的人往往通过理性计算进行避税，从而使个人所得税的大部分收入负担在中间阶层。而遗产税能够有效防止富人群体的避税行为，因为遗产税的课征对大部分是固定资产，这种形式的财富往往难以进行转嫁，当然，其他诸如保险收入、证券收入与利息等收入都有明确的产权性质，只要建立完善的核算制度，遗产税就具有确定的征收数量。此外，可以将遗产税与赠与税结合起来征收，以防止富人在生前以财富赠与的方式避税。可见遗产税在课征对象的范围上与防止避税的功能上有效弥补了个人所得税与消费税的局限性，更有助于调整财富的公正分配。

其次，遗产税扩展了个人所得税与消费税在调整财富分配方面的范围，有助于实现财富分配的代际正义。从财富公平分配的角度来看，个人所得税与消费税主要关注的是个人财富在代内的分配，所谓财富的代内分配是指财富拥有者转让出来的财富仍然在自己生命存在的时空中流动，个人以税收的形式转让给政府的财富在进行再分配后，个人还能获得相应的公共服务，因此个人所得税与消费税是在代内间调整财富的公平分配，它对财富分配的代际正义缺乏足够的关怀。而遗产税能够弥补并扩展了财富分配的时空维度，遗产税的课征对象是财产所有人去世以后遗留的财产，依据遗产税制的类型，包括对被继承人遗留下来的财产进行征税与对继承人所继承的财产进行征税，无论哪种征收方式，遗产税都关涉到被继承人与继承人之间的代际关系，那么，对财产的代际转让进行课税，就能有效调节财富的分配并抑制财产在代际传递过程中的集中化。对于当前中国来说，个人财产积累的速度超过了社会整体财富的增长速度，贫富差距越来越大，通过遗产税的开征有助于从整体上抑制个人财富累积的速度。从时间上说，我国个人财产积累已近30年时间（以改革开放时间为参照），第一代富人群体已开始进入财富的代际转移阶段，在这时期征收遗产税能更有效地发挥遗产税对财富代际分配的矫正功能，通过高额的遗产税征收抑制第一代富人群体的财富在下一代的集中，缩小下一代的财富分配差距，实现下一代的起点正义。

第三节　当今中国开征遗产税已具备的正义环境

中国当前必须通过有效的方式矫正财富分配的不公正，虽然部分税种在调整财富分配的功能上有较强的杠杆价值，但都具有一定的局限性，所以开征遗产税就显得极为必要。从遗产税开征的环境来说,经济发展到一定水平是遗产税开征的必要条件,只有经济发展到一定水平,人们才会在财富的拥有上出现差别,经济学上的马太效应才会在财富的分配上突显出来,当贫富差距越来越显著时,就有必要开征遗产税来抑制这种差距的进一步扩大。同时,一定的经济水平又是开征遗产税的可能性条件,经济发展水平越高,人们才能获得更多的财富,储备更多的财产,才能满足法定的遗产税课征要件,遗产税的征稽才得以可能。可见,经济发展水平既是遗产税开征的必要条件,又是开征遗产税的可行性基础。此外,一个国家的文化环境、法律制度与政治环境都会影响到一个国家遗产税的开征,在道德层面,整个社会对公平正义开始追求的时候,就会有助于遗产税的开征,同样,相应的法律制度的建立是遗产税开征并完成征收的条件,在政治维度上,遗产税的开征建立在民主达到一定阶段的基础上。

一、 中国遗产税开征具备的经济环境

遗产税的开征必须建立在经济发展到一定阶段的基础之上,并且整个社会的储蓄达到相应的程度,遗产税的开征才能获得积极的效果。虽然古罗马与古埃及时曾开征遗产税,但与现在的遗产税开征的目的并不相同,当时开征遗产税主要目的是为了增加财政收入,而不是为了调节社会财富的公平分配,并且当时遗产税开征的环境不是建立在贫富差距很大的前提上,社会的整体经济发展水平不高,没有较高的财富储蓄,也就不存在通过遗产税来调整社会财富的公平分配。当前中国早已具备了遗产税开征的必要条件,贫富差距扩大,整个经济发展水平较高,尤其在改革开放后的三十年中,中国经济发展迅速,1978 年,我国国内生产总值(GDP)只有 1473 亿美元,到 2007 年达到 32801 亿美元;1978 年我国人均 GNI 只有 190 美元,2001 年突破 1000 美元,2007 年又迈上新的台阶,达到 2360 美元,比 1978 年增长了 11 倍。[①] 然而与整个经济发展水平相比,每一个人在财富的积累上并不一致,很多人发现身边的人财富获得增长的时候,自己仍停留在原地。改革开放促进了经济的整体发展,也在结果上促进了一小部分人先富了起来,而这部分人财富增长的速度相当快,美林集团在一份年度报告中指出,中国是世界上富裕人口增长最快的国家之一,凯捷咨询公司在上海的"2006 年中国财富管理论坛"上表示,中国目前拥有 100 万美元以上的"高资产净值人士"达到了 32 万人,并且数量正在迅速增长中;波士顿咨询公司发表最新报告称,到 2005 年末,

---

① 数据来自国家统计局年度报告:2008 年 11 月 17 日,国家统计局发布"改革开放三十年中国经济社会发展成就系列报告之十六"。

全球有 720 万百万富翁，中国有 25 万，中国的富翁年增 11%。① 富人群体数量的增加，一方面促进了经济的整体增长，另一方面增加了贫富差距扩大的可能性，对于个人来说，财富增长的同时增长了个人的储蓄能力与实际储蓄水平，为此提高了遗产税开征的财富水平。

从遗产税的课征性质来说，它是对被继承人财产的净余额予以课税，这就规定了富人群体不仅要拥有一定数量的财富，并且这些财富在与所有债务相抵后，净资产仍为巨额数字，这种境况才是遗产税得以课征的必要条件。美林与凯捷集团在 2008 年发布的《亚太财富报告》显示，在 2007 年底，中国共有 41.5 万名富裕人士——财富报告所称的富裕人士是指拥有 100 万美元以上资产的个人，这些资产并不包括自住的房地产——较 2006 年增加了 20.3%；2007 年中国富裕人士拥有的财富总值达 2.12 万亿美元，财富总值增加了 22.5%。从亚太地区来看，中国富裕人士平均资产值增长至 510 万美元。报告还显示，中国共有 6038 位超富裕人士，其拥有的资产超过 3000 万美元。② 若进行美元与人民币的兑算，中国拥有 500 万人民币以上的富人群体就远远超过了 50 万。依据西方国家遗产税免征额的界定，美国曾以 65 万美元为起征点，如果中国也采用美国的遗产税起征点，那么应当课予遗产税的群体就是一个巨大的数字。2009 年招商银行的一份报告称，2008 年中国可投资资产 1000 万人民币以上的高净资产人群高达 30 万人，人均持有可投资资产约 2900 万元人民币，共持有可投资资产 8.8 万亿元人民币。2009 年，预计中国此部分人群数量将达到 32 万人，持有可投资资产规模将超过 9 万亿元人民币。③ 由此可见，中国目前拥有巨额资产的个人数量已相当庞大。2009 年 4 月 2 日，全球管理咨询公司麦肯锡在北京发布一份调研报告，该报告显示，截至 2008 年，中国富裕家庭数量为 160 万人（富裕家庭是指家庭年收入超过 25 万人民币的城市家庭），且未来五到七年将以每年 15.9% 的速度递增，到 2015 年，这个数字将达到 440 万；而同期美国、日本富裕家庭数量年均增速只有 2.1% 和 1.7%。报告预计，到 2015 年，中国将拥有 400 多万个富裕家庭，成为仅次于美国、日本和英国的全球富裕家庭数量第四多的国家。④

在拥有巨额财富的个人越来越多的中国并没有在财富的公平方面有效抑制贫

---

① 禹奎：《中国遗产税研究：效应分析和政策选择》，经济科学出版社，2009 年版，第 81 页。
② http://www.china.com.cn/aboutchina/txt/2008_09/27/content_16544028.htm.
③ 《数字》，《三联生活周刊》，2009 年，第 13 期，总第 523 期，第 26 页。
④ http://news.sina.com.cn/c/2009_04__02/163517536412.shtml.

富差距的扩大，从2003年之后，反映财富分配的基尼系数就一直超过了0.4的警戒线，李实等人考察了1995年至2002年中国财产的分布状况，有结论认为1995年至2002年之间，城镇、农村和全国居民财产的分布是不均衡的，财富拥有越多的群体数量越来越多，并在财产的占有份额上不断提高，而拥有较少财富的群体在整个财富份额的地位逐渐下降，财富分布的不均衡状态越来越突出。从数字上看，2002年全国最穷的10%人口拥有的财产份额不足1%，而最富的10%人口拥有的财产份额超过了40%，后者是前者的59倍。1995—2002年，个人财产分布的基尼系数从0.40上升到0.55。富人群体拥有的财富远远大于低收入者的财富，因此，通过遗产税的开征抑制巨额财富的进一步增长就尤为必要。进一步从遗产税的功能来说，遗产税并不在于增加财政收入，尽管遗产税在客观上增加了国家税收收入，但它的主要价值在于矫正财富分配的不公平分布，所以从经济发展水平来说，当前中国的财富分布与贫富差距的现状使遗产税的开征既是必要的，又是可行的。

二、 中国遗产税开征具备的政治条件

明确了遗产税的公平价值与遗产税开征的必要性，还需要进一步明确遗产税开征的政治环境，洛克的契约论思想指出了税收的征收必须建立在人民同意的基础之上，同样，无代表则无税收、无同意则无税的思想也是现代财政国家税收的基础，只有建立在人民同意基础上的税收才是合理的，税收的合理性证成了国家政治的正当性，而国家在税收上的正当性又构成了税收开征的基础。那么，如何界定人们在税收上的意见就成了国家税收在政治层面的核心，政治制度本身必须是正义的，同时对制度正义的证明也应当是正义的，洛克认为政治的正当性在于人们的自愿认可，他主张大多数人的意见一致就可以成为政府决策的正当理由，卢梭也持同样的观点，他认为公意可以作为一种行为的选择标准，公意本身代表了普遍利益而非虚假的多数利益，只要自愿居住在一个国家之内的公民就暗示了它对这个国家的服从，那么以投票的方式得到的结果就是正当的，他说："投票的大多数是永远可以约束其他一切人，这是契约本身的结果。"[①] 公民通过投票的方式表示自己对国家政治的认可与否，也就是说一个国家的公民必须具有充分参与国家政治的机会与权利，并具有对各种决策发表看法的权利，这是对国家政治正当性的界定，只有在这样的基础上的国家税收行为才具有合法性。尽管如此，以

[①] 卢梭：《社会契约论》，何兆武译，商务印书馆，1980年版，第136页。

投票的方式虽然能获得有效的结果,但并不助于结果本身的正当性,这也是洛克与卢梭等人以大多数人的意见为标准的局限,随着西方政治认可理论的发展,西方现代政治理论认为公民参与国家政治的方式还应当具备一个前提,法律秩序的完善,在这个基础上,公民才有保障与国家之间进行平等的交流,因此,西方政治理论主张在公民与国家的交往关系上采取审议民主的方式,审议民主是一种民主决策方式,科恩指出:"当且仅当(民主决定的)结果是在平等的公民之间通过自由和理性的同意所得出的时候,它才具有民主的正当性。"① 审议民主不仅指涉了民主的程序必须合理,同意参与民主程序的公民必须是理性的个体,并且审议民主经历了从"以投票为中心"走向"以对话为中心",从"个体利益和意见的简单合计"走向"集体利益和意见的转换与成型",从主体哲学的"认可"走向主体间的"共识"。② 通过交流、沟通与对话获得共识的审议民主无疑构成了现代民主政治的正当性基石,并且政府的任何行为都通过审议民主的方式产生,这是现代政治国家民主的基本要求。

对于中国当前的政治环境来说,政治的民主化虽然与西方国家的民主进路有较大差异,但仍在近几十年来表现出了积极的发展趋势,正如周光辉教授所总结的那样,改革开放以来,中国民主政治发展有以下特点③:(1)国家权力与社会权力的角色有所改变,改革前的国家权力无限膨胀,但随着市场经济的发展,社会权力在整个政治权力体系中比重越来越大。(2)政府权力从中央高度集权转向寻求中央和地方集权与分权的相互协调。1992年提出建立社会主义市场经济体制目标后,中央与地方关系正在向着合理化和法制化方向调整并取得一定进展。(3)政治权威从神圣化转向世俗化。制度在政治生活上的作用逐渐超越政治人格的权威作用。(4)社会控制从以行政权力为主转向以法律控制为主。(5)对权力主体从强调道德自律转向注重制度约束。(6)政治参与从动员型转向自主型,政治参与制度化程度在提高。人民在政治生活中的参与机会与参与的态度发生了明显改变,政治环境的宽容促进了公民参与政治决策的积极性,同时,随着西方民主程序的影响,中国政治民主决策程序在尊重民意方面有所发展,通过听证会的形式与民众进行交流,获取民众的意见。俞可平教授认为当前中国的公民政治文化逐

---

① 周濂:《现代政治的正当性基础》,生活·读书·新知三联书店,2008年版,第202页。

② 周濂:《现代政治的正当性基础》,生活·读书·新知三联书店,2008年版,第202页。

③ 周光辉:《当代中国政治发展的十大趋势》,《政治学研究》,1998年,第1期,第29~42页。

步形成，人们已经用现代民主价值观为标准来评判国家的政治决策；公民社会开始出现；直接选举和自治的范围在扩大。政治生活中公民的理性自觉与正义的社会制度是现代政治国家的重要基础，中国虽然没有形成完善的市民社会（公民社会）形态，但当前的政治环境孕育了市民社会的土壤，并且必然会形成具有中国自身特色的市民社会，邓正来先生中国语境下的市民社会应当是与政治国家良性互动的关系，他认为："一方面国家承认市民社会的独立性，并为市民社会提供制度性的法律保障，使其具有一个合法的活动空间，同时，国家对市民社会进行必要的干预与调节，包括立法与仲裁；另一方面市民社会具有制衡国家的力量，在维护其独立自主性时力争自由并捍卫自由，使自己免受国家的超常干预和侵犯，同时，市民社会在经济领域促进经济的发展，并在政治上表达它们的利益。"① 邓正来先生认为虽然中国市民社会的最终建构是一个长期的过程，但当前市场经济体系的逐步完善使市民社会的实现成为可能，在经济生活领域自主程度的加强必然促进公民参与政治生活的积极性，而国家在听取民意、进行基层选举方面的政治改革使公民与国家之间的对话成为现实，正是政治方面诸如此类的发展，使遗产税具备了开征的政治环境。

三、 中国遗产税开征的道德环境

遗产税的开征不只是一个经济问题，它与其他税种一样，在政治层面关涉到国家权力与公民权利的博弈，同样在道德层面关涉权利与义务的平衡，人们的道德认知与对社会公平渴求的程度则是遗产税开征的道德环境。在霍布斯、洛克与卢梭等契约论思想范式中，税收是个人权利与国家权利的一种交换，个人要获得外在力量的保护，包括安全与其他基本需要，必须将自己的部分权利让渡出来组成国家与政府的形式，再通过国家权力的行使保证个人权利的实现，尽管在霍布斯的契约理论中，个人让渡的是整个权利，在这种情况下，国家就有绝对的权力来行使自己的行为，这显然与现代民主国家理念并不相符，也不能成为现代税收的合理依据。在洛克的契约论中，个人让渡的是部分权利，国家的存在必须依靠个人让渡出来的权利才能运行，因此，洛克说道："政府没有巨大的经费就不能维持，凡享受保护的人都应该从他的产业中支出他的一份来维持政府。"② 个人权利的让渡是国家权力得以运行的基础，卢梭在他的契约论思想中如此表述个人与国

---

① 邓正来：《国家与社会——中国市民社会研究》，北京大学出版社，2008年版，第13页。

② 洛克：《政府论》（下篇），叶启芳、瞿菊农译，商务印书馆，1964年版，第89页。

家之间的关系，他说到"要寻找出一种结合的形式，使它能以全部共同的力量来卫护和保障每个结合者的人身和财富，并且由于这一结合而使得每一个与全体相联合的个人又只不过是在服从其本人，并且仍然像以往一样地自由"①。在自由主义契约论思想理论中，个人让渡了权利，同时又服从由让渡出来的权利转换而成的权力，前提是这个权力是正当的。所以，以税收形式表现出来的个人权利就具有了产生的必要性。尽管如此，以税收形式表现出来的个人权利在进行让渡的时候应当出于人们的自愿，洛克在论述税收的必要性之后，同时指出："支出的经费……仍须得到他自己的同意，即由他们自己或他们所选出的代表所表示的大多数的同意。"洛克将个人的权利视为税收的前提，没有得到人们同意便征税就是非正义的，就会个人先在的财产权构成伤害，洛克说道："若主张有权向人民征课赋税而无须取得人民的那种同意，他就侵犯了有关财产权和基本规定，破坏了政府的目的。因为，如果另一个可以有权随意取走我的东西，那么我还享有什么财产权呢？"②在洛克的政治哲学中，政府向人民征税一方面要基于尊重个人财产权的基础之上，另一方面又必须保证政府征税的目的必须是正当的，他站在自然法的立场上，认为政府的行为必须出于由自然法限定的法律目的，而这些法律"除了为人民谋福利这一最终目的之外，不应有其他目的"③。那么，政府征税的动机就只能是为了增加人民的福利，而非其他。而人民福利的增加一方面表现为社会的整体福利提升，另一方面表现为社会财富的分配更加合理，对于所有税种来说，不同税种在这两个方面的价值偏向并不相同，增值税可视为增加财政收入的典型税种，再通过税收收入提供公共服务，提升人民的福利水平。个人所得税既能增加财政收入，又能调节社会财富的公平分配，然而，在调节社会财富公平分配方面最有效的则是遗产税，它的主要目的是缩小贫富差距，促进社会公平。

对公平的追求并不只是当前中国的重要任务，它本身就具有很深的文化传统，在中国传统道德视阈中，重义轻利一直是指导个人行为的重要标尺，孔子曾说"不义而富且贵，于我如浮云"④。为儒家伦理设定了个人在经济利益与道德品格上的基本要求，董仲舒进一步发展了孔子的思想，提出"正其谊不谋其利，明其道不计其功"，将道义与利益的排序进行了定位，虽然没有直接表达对社会公平的态度，但道德对利益的优先性暗示了儒家伦理对社会公平的表达。受儒家伦理影

---

① 卢梭：《社会契约论》，何兆武译，商务印书馆，1980年版，第19页。
② 洛克：《政府论》（下篇），叶启芳、瞿菊农译，商务印书馆，1964年版，第89页。
③ 洛克：《政府论》（下篇），叶启芳、瞿菊农译，商务印书馆，1964年版，第90页。
④ 《论语·述而》。

响的中国若干次革命就明确打着"等贵贱、均贫富"的口号，反抗社会的极度不公正。在中国传统道德文化理论中，公平就是平均，但现在对公平的理解已扩展了传统的公平概念，公平一方面要求人人平等，一方面又要体现出差异，但这种差异必须保持在一定的限度之内，诸如衡量财富分配的基尼系数就是对公平的一种限定。到今天，虽然中国政治与经济均取得了很大的发展，但贫富差距的扩大使社会的不公正越来越突出，而财富分配的不公正只是社会整体不公正的范畴之一，诸如环境的非正义、教育资源的不公正。从总体上说，中国在一段时期内以经济的发展为首要目标，过分追求效率的最大化，而在一定程度上忽视了社会公平的调节，以致各种不公正现状频频突显，在经济不公正视阈下，每个人在财富的分配上不一致，并且这种不一致已远远超出了基尼系数的警戒线。同时，经济不公正还表现在地区经济发展的差异，包括东部与西部经济发展的差距，内陆与沿海发展的差距，此外，城乡经济二元结构也是经济不公正的重要方面，因此，中国社会中的种种不公正现象使整个社会对公平的渴望越来越强烈，而在道德层面对公平的理解程度就成了追求社会公平的重要坐标，在中国当前的社会发展过程中，既要充分发挥每个人获取财富的能力，多劳多得，又要合理抑制财富在整体社会中的扩大，实现财富的公平分配。

四、 中国遗产税开征的法律准备

现代财政国家的税收必须处理个人权利与国家权力以及公共利益之间的关系，个人权利是税收正义的前提，公共利益是税收正义的目的，因此对个人权利予以认可并在法律上得到承认是税收行为得以进行的前提，而对个人权利的部分占有也必须出于公共利益的目的。故中国遗产税的开征不只需要经济、政治与道德的准备，还需要在法律层面获得相应的条件准备，其一以财产表现出来的个人权利是否构成了遗产税开征的先在性价值，其二是这种先在性价值在怎样的语境下可以被让渡，其三是在中国的法律背景下个人权利的先在性价值与被出让的行为是否获得了法律的承认。

首先，我们认为以财产权形式表现出来的个人权利构成了遗产税开征的先在性前提。罗斯巴德认为财产权几乎是人唯一的人权，故将个人的财产权置于绝对优先的地位，然而，更早的自由主义思想家在比罗斯巴德保守的基础上论述了财产权在税收中的位置，洛克认为政府的目的是为了保护人们的财产，但政府的力量又源于个人让渡出来的权利，故此无论在哪种进路上，个人权利都具有先在性的价值，没有个人权利的既在事实，政府就失去了保护的对象与存在的意义，同样，没有个人权利的先在性，也就产生不了建立在个人权利基础之上的政府。洛克说道："因此，在社会中享有财产权的人们，对于那些根据社会的法律是属于他们的财产，就享有这样一种权利，即未经他们本人的同意，任何人无权从他们那里夺去他们的财产或其中的任何一部分，否则他们就并不享有财产权了"①。洛克认为个人拥有财产的支配权，只有出于个人的自愿才能进行财产的转让。休谟认为个人对财产权利可以自由支配表现在三个正义法则上：稳定占有财物、根据同意转移所有物与履行许诺的法则。违反个人意愿占有他人财产的行为是不合法的。现代自由主义理论强化了个人权利在与国家行为中的地位，诺齐克认为只要是通过合法的手段获得的财产权就具有绝对优先的价值。德沃金同样在继承洛克关于个人权利的先在性价值基础之上，进一步指出了"个人权利是个人手中的政治护身符"②。他认为个人权利并不是一种抽象的权利，必须在具体的法律事实中得到体现，在现实生活中，个人的财产权利构成了税收行为的前提，没有合理的理由不能对个人财产进行征税。在中国语境下，个人权利与财产权在遗产税开征方面的先在性前提同样应当得到实际的体现。

其次，我们认为个人权利的先在性价值只有当且仅当出于公共利益目的的时候才能被让渡，而要证成这种让渡的正当性，只有证明了个人与政治社会相互依赖的内在联系才得以可能，在霍布斯与洛克等古典自由主义思想理论体系中，国家是个人存在的保障，个人要获得安全、福利与其他需要，就必须出让自己的部分权利，税收就是个人权利与国家的一种交换。按照当代思想家霍尔姆斯与桑斯坦的观点，个人权利概念的本身就暗含了个人在政治社会中的角色，没有政治社会就无所谓个人权利，政治社会即是个人权利生成的土壤，又是个人权利能够实现的保证，因此，个人权利本身就具有公共性的元素，他们认为要保证个人权利的完整性，必须向国家交税，"自由不是不需要依赖于政府，相反，积极的政府为自由提供了条件"③。也就是说，税收就是个人权利得以实现的成本。那么个人向政府缴税的义务就是合理的，但政府必须明确税收的目的只能是保证具有公共属性的个人权利，通过提供公共服务与满足公共需要加以实现。诚如当代经济法学家波斯纳所主张的，税收只能出于公共服务的目的，他说道："税收……主要是用于为公共服务支付费用。一种有效的财政税应该是那种要求公共服务的使用人

---

① 洛克：《政府论》（下篇），叶启芳、瞿菊农译，商务印书馆，1964年版，第88页。

② ［美］德沃金：《认真对待权利》，信春鹰、吴玉章译，中国大百科全书出版社，1998年版，导论第6页。

③ ［美］史蒂芬·霍尔姆斯、凯斯·桑斯坦：《权利的成本——为什么自由依赖于税》，毕竞悦译，北京大学出版社，2004年版，第153页。

支付其使用的机会成本的税收。"① 也只有在这种情况下,一种新税的开征才具有合理性,遗产税的开征同样如此。"税收取之于民、用之于民,税收国家有义务为社会提供公共服务,除此之外,不能另有独立目的","国家的存在本身不是目的,而是为了满足公共需要,最终是为了更好地实现个人需要"②。

再次,我们认为在中国法律语境下个人权利的先在性价值已得到法律的承认,已具备了遗产税开征的法律环境。遗产税是对个人财产予以课征的税种,它必须建立在个人财产得到承认的基础之上,遗产属于物权之一种,如果在法律层面缺乏对个人财产的有效规定,就必然导致个人在所有权上的虚假权利,并且会进一步导致国家政府对个人权利的随意侵犯,因此,中国遗产税的开征必须建立在个人财产权得到法律承认的基础之上,2007年10月1日施行的《中华人民共和国物权法》实现了对个人权利的法律界定,物权法规定"所有权人对自己的不动产或者动产,依法享有占有、使用、收益和处分的权利"。这就在法律层面承认了个人对自己财产享有的各种权利,由此满足了税收开征的前提。但物权法同时规定:"为了公共利益的需要,依照法律规定的权限和程序可以征收集体所有的土地和单位、个人的房屋及其他不动产。"③ 当然,即使出于公共利益的名义,也必须充分尊重个人的合法权益,包括关注个人的基本生活水平与基本需要,并对此进行合理的补偿。可见,物权法以法律的形式承认了个人在财产支配方面的权利,这是遗产税开征的基础,与此相一致,中国在遗产税的开征方面出台了《中华人民共和国遗产税暂行条例(草案)》,虽然至今仍未实际地开征遗产税,但《草案》对遗产税的相关要求进行了设定,包括遗产税的税率、课征对象、免征额以及财产的核算方法等,并且遗产税草案是在借鉴了其他西方国家遗产税征收经验的基础上产生的,因此中国在法律层面已具备了开征遗产税的条件。

所以,从整个遗产税开征的环境来说,无论是经济发展水平,还是政治民主的程度,或是道德认知的水平都已具备了开征遗产税的条件,而法律上的准备对遗产税的开征则具有直接的影响,它规定着个人在财产权上的地位,以及遗产税开征的具体程序,这些显然都已具备。总之我们认为中国目前已具备了开征遗产税的条件。

---

① [美]理查德·波斯纳:《法律的经济分析》(下),蒋兆康译,中国大百科全书出版社,1997年版,第625页。
② 刘剑文、熊伟:《税法基础理论》,北京大学出版社,2004年版,第35、37页。
③ 《中华人民共和国物权法》。

第四节 中国遗产税的道德对策与制度选择

中国当前的贫富差距现状必然要求采取一定的方式来矫正财富分配的不平衡，诸如国家的政策调节与行政干预，这些方式能取得一定的效果，但这种政治化的方式会过度侵犯公民的权利并难以获得社会大众的认可与支持。个人所得税与消费税等税种虽具有较强的调节财富分配功能，但正如在前文中分析的，两大税种由于税率与课征对象的偏向而削弱了调节财富公平的效用，故需要更具效率的遗产税来承担调节财富公平分配的使命，这是中国遗产税开征的必然逻辑。而中国当前的经济发展水平与政治民主的发展提供了开征遗产税的必要基础，并且对整个中国社会来说，公平正义一直是中国文化的追求，这是遗产税开征的道德准备，此外，直接影响遗产税开征的法律环境也已形成，这些要素共同构成了遗产税开征的可行性基础。因此，我们应当进一步思考遗产税的道德对策与制度选择，遗产税的主要价值是调整财富的公平分配，进而实现起点正义，但仍然要考虑公平价值与效率价值的平衡，做到公平优先、兼顾效率，由于遗产税的课征对象是拥有巨额财富的富人群体，他们有更多的财力与方式进行避税，因此有必要在遗产税开征的同时征收相关税收以有效防止避税行为，以保证遗产税正义价值的真正实现，同时，在遗产税征收过程中应当将实质正义与程序正义结合起来，既要做到遗产税本身是正义的，又要做到遗产税正义地实现，这是遗产税建构中的道德对策。与遗产税道德对策相一致，在中国遗产税的制度选择方面，应当合理设置遗产税的课征对象、税制模式与免征额，将个人权利与公共利益以及国家权力的关系直接渗透到遗产税的制度选择之中。

一、中国遗产税的道德对策

中国遗产税开征的目的是为了调节社会财富的公平分配，这是遗产税与其他税种的主要区别，故应当以此作为遗产税设置的道德准则，在遗产税的建构过程中突出遗产税的正义价值，同时考虑遗产税公平与效率的关系，公平优先、兼顾效率。尽管遗产税不是以增加财政收入为目的，但在客观上增加了国家政府的货币储蓄，因此在重新分配遗产税收入的过程中应当追求效率的最优化，做到遗产税公平与效率的平衡。此外，为了有效地防止避税，有必要将遗产税与赠与税结合起来征收，并且在征收程序上实现程序正义。

第一，在遗产税的建构思路方面，以公平优先、兼顾效率为原则。诚如在前文中所说，公平与效率是社会发展的一组矛盾，强调公平必然会削弱效率，同样，突出效率也会影响公平。但是公平与效率并不是在所有领域都面临两难的选择，诸如在文化、教育等领域，效率并不是一个重要的范畴，应当始终突出公平在这些领域的优先性，此外公平与效率的排序具有显著的历史性，不同的历史阶段二者的排序不同。在生产力水平较低的时候应当追求经济发展的效率最大化，兼顾公平，当经济发展水平达到一定程度，贫富差距较大时，就应当对公平与效率的排序重新进行思考，突出公平的优先地位。中国自改革开放后，以效率优先于公平作为政策选择的指导理念，经济迅速发展，人们生活水平有所提高，但贫富差距的扩大超过了人均收入增长的速度，因此应当重新调整公平与效率的关系。我国学者安体富与王海勇在考察财政领域的公平与效率问题时，认为公平与效率的选择应当坚持两个原则：第一，二者要兼顾，不能偏废；第二，二者可以有所侧重，在不同时期、不同国家和不同领域，可以有所不同。并进一步指出，在中国当前社会背景下，公平与效率在不同领域的选择是不同的，认为在经济生活中，要把效率放在第一位；在社会生活中，要把公平放在第一位；初次分配要注重效率，发挥市场的基础作用；再次分配要注重公平，加强政府对收入分配的调节作用。虽然以效率优先的政策选择带来经济的迅速发展，但对公平的强调不够，两位学者认为在现阶段的中国，应当把公平与效率二者兼顾起来，不再提"谁优先、兼顾谁"。但在具体领域，尤其是在财政税收领域，应当提倡并实行"公平优先、兼顾效率"的理念和原则。① 对于最能体现公平价值的遗产税来说，必然应当突出公平对效率的优先性，这要求在遗产税的设置上，从横向公平与纵向公平两个维度体现出来，横向公平要求只要满足遗产税的法定要件，就应当缴纳相应的遗产税，斯密强调税收应对所有国民一视同仁，不应有免税特权的存在。在符合纳税条件的情况下，所有遗产税的课征对象都应当缴纳遗产税。尽管如此，遗产税的税基与个人财产的净余额联系在一起，要真正达到财富分配的公平目的，还需要进一步依据财富净余额的多少设置不同的税率，按能力征税，实现遗产税的纵向公平。瓦格纳认为征税要考虑纳税人的纳税能力，纳税能力越强，纳税的额度应越高，在遗产税方面，以遗产的净余额表征个人的纳税能力，遗产额越多，课征的税收应越大。当然，在追求遗产税的公平价值时，仍要考虑遗产税的效率，即遗产税征稽程序的效率，包括财产的登记制度、财产的核算与估算制度，简化

---

① 安体富、王海勇：《公平优先 兼顾效率：财税理念的转变和政策的调整》，《税务研究》，2006年，第2期。

遗产税制，节约遗产税的征收成本。

第二，在维护遗产税正义价值的完整性方面，将遗产税与赠与税结合起来。按照税制结构来说，直接税有利于调整财富的公平分配，间接税则有利于增加财政收入。遗产税属于典型的直接税，不易进行税收转嫁，然而遗产税的开征发生在财产的代际转移过程中，如果遗产税的课征对象采取一定的方式进行避税，就难以实现遗产税的正义价值。由于遗产税的课征对象是个人拥有的财产，只要将财产进行转移就可以有效避税，因此我们认为中国在开征遗产税的同时与赠与税结合起来，防止富人群体通过财产赠与的方式逃避遗产税。从财产的代际转移本身来说，它是被继承人与继承人之间的物权让渡，遗产税的开征必然导致财产转移数量的减少，也就是个人权利受到一定程度的侵犯，那么财产拥有者进行避税就具有心理上的必然，通常采取财产赠与的方式以保证财富转移的完整性，往往以赠与的方式转让给他人，他人再以赠与的方式转回给最初的财产拥有者的后代，这种方式显然能有效地逃避遗产税。要有效防止避税就必须对财产的赠与行为进行征税。所谓赠与税，是以赠送的财产为课税对象而向赠与人或受赠人征收的一种税，当前世界上开征遗产税的国家，一般将遗产税结合起来征收。如果只征收遗产税，就难以有效控制财产拥有者的财产赠与行为。故有学者认为，如果只征遗产税而不征赠与税，遗产税的征收只会是形同虚设，因为纳税人在生前可以通过有计划的析产、赠与财产来达到规避遗产税的目的。① 当然，当前世界上并不是所有的国家都在开征遗产税的同时征收赠与税，有三种情况：（1）只开征遗产税，但设置遗产税的预谋时间。这是基于人的道德品质而设置的税制模式，它对超过"死亡预谋年限"的生前赠与不征税，这种模式并不阻止生前赠与，认为生前的适当赠与，尤其是慈善捐赠有利于社会财富的主动矫正，容易被纳税人接受。2006年，美国超级富豪巴菲特承诺向比尔·盖茨基金会捐款300亿美元，同时向其他四个基金会承诺不等数量的捐款，共计达370亿美元，占自己个人财产的85%。显然，通过社会慈善行为来调整社会财富的公平分配，与财富拥有者的道德利他性是分不开的。（2）将两种税结合起来征收。既征收遗产税又征收赠与税，将赠与税作为遗产税的辅助税种，有效防止避税行为。当前世界上大多数国家采用这种方式，并且在两种税制结合上，无论是税率的设置，还是累进级的设置，遗产税与赠与税都采用相近的比例，这有利于遗产税与赠与税的征管，同时做到税制的统一，提高两税的效率。（3）将遗产税与赠与税交叉起来征收。这种方式既有

---

① 朱大旗：《关于开征遗产税若干问题的思考》，《中国人民大学学报》，1998年，第5期。

第一种方式的元素，也有第二种方式的内容，它同样设置了遗产税预谋年限，对生前若干年内的赠与财产进行征税，同时又将赠与的财产合并入遗产总额（或继承额）再次征税，但扣除原已缴纳的赠与税。这种方式能够有效防止生前大量的财产赠与，但在实际操作过程中，核算复杂，以致税收征管不便，故很少国家采用这种模式。

第三，在保证遗产税实质正义的基础之上，同时保证遗产税征收的程序正义。程序正义在一定程度上具有独立的价值，即使没有完善的正义目标，只要达到目标的手段是正义的，这种行为本身就具有相对的合理性，这正是罗尔斯在其正义理论中主张的观点，从运行方式上看，程序正义是指以"看得见的方式"实现预期的目标。当然，我们并不支持将程序正义与实质正义或者结果正义区分开来，二者的统一才是完整的，因此，在中国遗产税的设置上，坚持了公平对效率的优先性之外，我们必须进一步在遗产税的整个运行过程中实现程序正义。首先，实现遗产税的立法正义。遗产税作为具体的法律应当尊重宪法精神，同时，遗产税作为税法之一种，又必须符合税法的法律规定，那么遗产税在立法过程中，一方面要求遵守严格的法律规定，另一方面要求体现遗产税的本身特点，突出遗产税的开征目的，在个人权利与国家权力以及公共利益关系上做到正义的界定，进一步来说，遗产税作为典型的公法，必须在公共利益与个人权利之间的博弈中寻找平衡。其次，营造遗产税的正义环境。遗产税必须建立在公众同意的基础上，这是遗产税开征并逐步完善的前提，虽然在不同的政治环境下，对公众同意的界定不同，但诚如我们在前文中所说，公民拥有与政府平等对话的权利至关重要，只有在这样的语境下，公民才能真正参与到政治生活中去，与政府对话，达成共识。同时，遗产税的正义环境要求政府的征收行为必须是公开的，包括遗产税立法的前期信息、征收过程的信息与遗产税的分配信息，这是遗产税程序正义的内在规定。再次，实现遗产税具体征收程序的正义。税收征稽人员有义务向公众传达遗产税的相关信息，包括遗产税申报、缴纳以及行政诉讼等事宜；在个人财产的登记与核算方面，必须科学合理，准确核算个人财产，避免重复计算，建立科学的个人财产管理体系，完善财产评估制度；在征收过程中，必须公平公正，对所有的纳税人平等对待，不能存在特权对象的现象。

二、 中国遗产税的制度选择

在遗产税的制度选择上，既要考虑中国的自身特点，又要充分借鉴西方国家的成功经验，这是实现遗产税整体正义的必然要求。从罗尔斯的正义理论来说，社会正义的基础是制度正义，制度必须是正义的，故遗产税在制度的选择上应该蕴含正义的理念，突出遗产税的公平正义价值，但同时应当依据中国的具体情况，诸如经济发展水平、政治民主环境与法律运行机制设置具体的遗产税制度。在税制模式上，我们认为应当选择总遗产税制；在税率方面，我们认为宜采用累进制税率；在遗产税免征额，即遗产税的起征点方面，我们认为以 80 万人民币为起征点较为适合中国的经济发展水平。

  第一，选择总遗产税制模式。在三种税制模式中，总遗产税是对遗产总额予以征税，以被继承人去世后遗留的财产总额为课税对象，世界上选择总遗产税制的国家包括美国、英国、丹麦、新加坡等，中国台湾也采用这种模式。总遗产税的具体特点是"先税后分"，并不考虑遗产继承人与遗产拥有者之间的亲疏关系，也不在纳税能力上考虑继承人的具体情况，因而遮蔽了遗产税在继承人之间的正义取向，但总遗产税制模式简便，有利于遗产税的征收与分配，并且先税后分的模式对继承人在缴纳高额税时的心理上影响较小。分遗产税则是对每个继承人所获得的财产进行征税，它表现为"先分后税"，在具体的税率与也按照继承人的纳税能力设计不同的累进税率，并且将继承人与被继承人之间的亲缘关系考虑在内，与总遗产税相比，分遗产税能弥补总遗产税在公平价值方面的不足，但分遗产税在征收程序上比总遗产税较为复杂。当前选择分遗产税的国家包括日本、法国、德国与荷兰等。第三种税制模式是混合遗产税制模式，它进行两次征税，即对被继承人的遗产总额进行征税之后，再对继承人的税后遗产进行征税，它表现为"税后再税"，混合税制显然比前两种税制更能体现财富分配的公平性，但计算程序最为复杂，而两次的高额征税往往促使避税行为的发生，反而表现不出税收的正义价值了。目前选择混合遗产税制的国家不多，伊朗仍在采用此种税制模式。

  从我国当前实际情况来看，贫富差距显著，似乎应当选择更能体现遗产税公平的税制模式，诸如分遗产税。但以下情况使我们更有必要选择总遗产税制模式。首先，当前中国正处于经济发展时期，国家政策支持一部分人先富起来，这部分先富起来的人往往能带动其他人的生产与生活积极性，若采用分遗产税制模式，对拥有较多财富的人征收高额的遗产税，虽然更能体现遗产税的正义价值，但会影响大部分人的生产积极性。其次，中国传统文化的代际转移思想根深蒂固，父母为儿女筹备嫁衣的传统理念很深，这在很大程度上制约着遗产税的开征与实现，故采用分遗产税必然会受到传统文化的阻碍，在这种情况下，采用总遗产税更为合理。其次，中国还未建立完善的法律机制，诸如财产的登记制度、财产核算制度与财产评估制度等，虽然《宪法》、《民法通则》、《继承法》和《婚姻法》等法律对个人财产的权利进行了界定，但具体的财产登记体系并未建立，包括固定资产与金融体系之间的网络体系仍未建设起来，因此分遗产税所需要的程序计算难以解决，而且税制改革主张"统一税法，公平税负，简化制度，合理分权"，分遗产税并不能有效地实现税收制度的简化。所以，我们认为中国目前更宜选择总遗产税制模式，虽然总遗产税制在财富分配的公正价值上有所不及，但我们可以在税率的设置上、财产的核算上进行更加细致的安排，尽可能地发挥总遗产税制的正义价值。

第二，在税率的设置上，我们认为中国遗产税应当采用超额累进税率。从税率的设置上来说，比例税率具有征收程序上的简易性，但无法应对税收纳税人的具体情况，不能有效实现税收的正义价值，超额累进税率虽然计算相对复杂，但充分考虑了纳税人的财富差异与经济能力，故更能体现遗产税的公平价值。从当前世界各国的遗产税征收现状来说，遗产税率的设置通常与该国的经济发展水平与贫富差距的现状进行确定，在分遗产税制模式的国家，一般根据继承人与被继承人之间的亲缘关系予以设置，法国2000年时的遗产税率设置上，配偶和子女适用税率为5%~40%，而非直系亲属则适用60%的单一比例税率。在采用总遗产税制的美国，2002年的数据表示，采用16级的超额累进税率，最低边际税率为18%，最高边际税率为50%，同样采用超额累进税率的韩国，在2000年时采用5级税率，最低边际税率为10%，最高边际税率为50%。① 并且作为遗产税的辅助税种，赠与税的税率与遗产税极为接近，主要是利于遗产税与赠与税的征收。

对于中国遗产税的税率来说，很多学者主张遗产税的边际税率应超过50%，以打击不合理因素形成的超级巨富。② 但税率如果过高，会强化财富拥有者的避税心理，不仅难以完成遗产税的实际征收，并且增加了遗产税征收的成本，此外，过高的遗产税率会抑制人们的生产积极性，增加人们的消费，减小储蓄，虽然能体现遗产税的代际正义，但不利于社会经济的发展。故有的学者主张边际税率为35%。③ 我国学者王乔与席卫群认为遗产边际税率不应过高，主要源于两个原因：①大多数人是合法致富，过高的边际税率会打击公民积累，创造财富的热情，不符合国家鼓励一部分先富起来的政策；②过高的边际税率，会使被继承人担心遗产被交纳而产生替代效应，过度挥霍，浪费财富，或纳税人认为花更多的钱，采取更复杂的手段和冒更大的风险来避税是值得的，造成更多的人偷逃避税。④ 现实

---

① 刘佐主编：《遗产税制度研究》，中国财政经济出版社，2003年版，第148页。
② 郭明瑞、房绍坤：《继承法》，法律出版社，1996年版，第168页。
③ 雷根强：《遗产税赠与税的国际比较与我国相应税制建设》，《中国经济问题》，2002年，第2期。
④ 王乔、席卫群：《比较税制》，复旦大学出版社，2004年版，第147页。

情况正是如此，过高的税率会影响纳税人的心理，中国传统文化认为财富的代际转移具有相当的合理性，通过征税的方式减少财富的继承容易受到公众的心理抵触，因此，太高的遗产税率并不可取。从整个世界的遗产税来说，过高的边际税率不符合国际税收发展趋势。西方税收学者总结20世纪80—90年代期间税制改革的共同趋势时指出，收入和所得的高边际税率应该予以降低。① 然而，如果遗产税率低，则难以达到遗产税开征的目的，即实现社会财富的公平分配并缩小贫富差距，故我们认为遗产税率在最高边际税率上可定为50%，使遗产税的正义价值得到充分体现，同时，在税级的设置上尽量做到平缓的过渡，在税级上可适当增多，级次之间的差距予以缩小，诸如设置为5%、10%、20%、30%、40%与50%等6级超额累进税率。同时，我们在赠与税率的设置上可采用与遗产税一致税率，以方便两种税制的核算与征收。

第三，在遗产税的起征点上，我们主张以80万元为起征点；在遗产税的扣除项目，我们认为应当放宽。起征点如何确定与遗产税的财富调节功能紧密相关，我们认为，一个国家的经济发展水平与贫富差距的现状影响着起征点的设置，在经济发展水平较高，社会整体生活层次较高而绝对贫困人口较少的国家，适宜设置较高的起征点，虽然纳税人的数量减少，但遗产税的公平价值仍能得到体现，若一个国家虽然贫富差距较大，但整体经济发展水平不高，且存在较多数量的贫困人口，则应当设置较低的起征点，即使如此，遗产税的起征点仍不能太低，否则难以实现遗产税对财富的公平矫正。同时，遗产税的起征点要充分考虑人民的生活水平与国家经济政策以及其他政策的因素，诸如通货膨胀率的情况、人均收入、人们的消费习惯与消费水平。从当前世界各国的遗产税现状来看，遗产税的起征点随经济的整体发展有所提高，美国1990年的遗产税起征点是60万美元，1999年则达到65万美元。就中国财富分布情况来说，至2005年末，中国的百万富翁就达到25万，若按照11%的速度增长的话，到2010年将超过50万的百万富翁，从中国贫富差距现状来看，基尼系数已超过0.4的警戒线，并且存在较大数量的贫困人口，因此我们认为遗产税的起征点不宜太高，可以80万元为起征点。②

---

① 杨斌：《治税的效率和公平》，经济科学出版社，1999年版，第233页。
② 国内学者关于起征点的讨论较多，有学者主张以10万元为起征点，也有主张以100万元为起征点，还有学者主张以300万元为起征点，大部分学者主张以100万元为起征点。参见：《开征遗产税遭遇三道难题》，《中国民航报·经贸周刊》，1999年8月23日；禹奎：《中国遗产税研究：效应分析和政策选择》，经济科学出版社，2009年版，第203页。但我们认为，遗产税具有显著的财富矫正价值，虽然巨富人数不多，但存在较大数量的贫困人口，因此，遗产税的起征点应适当降低，以充分发挥遗产税的正义价值。

第四，在遗产税的扣除项目上，我们认为扣除项目的范围应当放宽。扣除项目的范围与纳税人的实际生活水平以及国家的整体生活环境联系密切，同时与一个国家的公众储蓄习惯与消费习惯有关，而这些建立在一个国家的传统文化基础之上，从西方国家来说，受个人主义文化传统的影响，社会公众倾向于现时消费或超前消费，并不刻意追求创造大量财富遗留给后代，因而易于形成社会慈善心理，在这种文化传统的影响下，遗产税的扣除项目需要考虑各种慈善捐赠等费用，除此之外，基本的生活费用与管理费用也包含在扣除项目之中。从中国文化传统来说，孝文化影响父辈为儿女增加个人储蓄并减少个人消费，通常为后代置办家产，在这种文化语境下，中国社会公众的大规模慈善行为要少于西方国家，并且经济的整体发展水平也制约了个人慈善心理的形成，以致财富的代际转移往往通过实体的资产发生，故在遗产税的扣除项目上，中国更应该关注人们的生存环境与生活水平，尽可能地尊重自身的文化传统，既保证遗产税正义价值的实现，又最大限度地与传统文化精神相一致，因此我们认为遗产税的扣除项目应适当放宽，可包括这些方面：被继承人生前与其配偶、子女或父母共同居住不可分割的居住房子；用于公益事业的遗产，以鼓励社会慈善行为；被继承人生前未偿还的债务，其中包括被继承人生前应缴纳的税款、罚款以及滞纳金等，遗产税的课征对象必须是财产净余额；处理后事的费用和执行遗嘱、管理遗产费用；以及其他具有充分理由能够扣除的费用。

以上我们考察了中国遗产税的制度选择，包括遗产税制的模式选择与税率的设置以及遗产税扣除项目的确定，我们认为无论哪一层面的选择都应当立足于遗产税的公平价值，因为调节财富的公平分配是遗产税的主要目的，任何具体的制度都应以此为圭臬，出于篇幅与行文的目的我们没有对纳税人以及遗产税的具体计算进行细致的考察，但我们认为纳税人的确定与具体计算方法的设置同样必须出于遗产税正义价值的考虑，这是遗产税本身的内在要求决定的。

第六章　中国的税法实践及税收正义实现的路径

在前文中我们考察了遗产税的正义价值，遗产税作为税收之一种，它主要目的在于调整社会财富的公平分配，遗产税的开征需要具备一定的经济与政治条件，以及相应的法律与道德环境，只有在经济水平达到一定程度，贫富差距较大的情况下，遗产税才具有开征的必要性，而民主的政治环境、法律制度的相对成熟以及人们对正义的诉求则是遗产税开征的可能条件。因此，遗产税的开征并不只关涉遗产税本身，它与政治、经济与道德以及法律紧密相关；同时，遗产税追求财富分配的起点正义，既关涉到社会正义的代内维度，又关涉到财富代际转移的代际维度，故遗产税在财富分配方面具有比其他税种更显著的杠杆效应。虽然个人所得税与消费税在财富分配的代内转移方面表现出较强的正义价值，但由于课税对象与税率以及纳税人范围等因素的影响制约了个人所得税与消费的正义效果，尽管如此，我们在考察遗产税的时候，仍必须将遗产税置于整个税收的语境之下予以考察，不仅要突出遗产税的独特价值，而且要在实践中促进整个税收正义的实现，所以我们将进一步考察税收正义实现的相关因素，从法律与道德两个层面展开我们的思考，其中在法律层面考察中国的税制改革，以此突显税制改革在税法实践中的意义，然后从道德层面考察税法实践的相关范畴，最后对税收正义的实现路径进行思考。

第一节　中国税制改革的伦理反思

新中国成立后，我国进行了若干次税制改革，并主要集中在改革开放之后的几十年中，我们以改革开放后的税制改革为对象，分析并考察税制改革在社会正义方面的意义，按照一般的观点，改革开放后中国主要进行了三次较大的税制改革，分别是1983～1984年第一次重大税制改革；1993～1994年第二次改革；2004

年至今第三次改革。① 从总体上看，三次税制改革具有渐进性，政治与经济的发展促进了税制改革的进程，尤其是经济发展推动了税制改革，我们也可以说在一定程度上税制改革本身构成了经济改革的一部分。

一、中国的税制改革概观

历史上的诸多社会改革都源于人们与国家政治之间的矛盾冲突，而矛盾的基础往往集中在经济领域，诚如美国独立战争就源于税收方面的冲突，当时美国仍为英国殖民地，英国政府为了增加财政收入，不断增加美国本土的税收，对人们进行蛮横的压榨和残酷的剥削。终于在独立战争前夕，爆发了抵制英货、赶走税吏、焚烧税票、武装反抗等革命活动，最终建立了独立国家，而"无同意则无税收"的思想因此成了美国法律的核心精神。更早的英国宪章运动同样与税收有关，为了限制国王随意征税的行为，贵族与国王发生冲突，最终国王妥协，进而确立了世界历史上最早的"无代表不纳税"精神。从中国历史来看，中国历史上陈胜吴广起义就源于秦朝的繁重苛捐杂税，宋朝农民起义更是清晰地高举"等贵贱、均贫富"的革命口号，要求获得政治经济上的正当地位，实现社会正义与社会公平。可见，税收往往成为一个国家政治经济出现大变革的重要原因，这既源于税收本身与国家的经济命脉相关，更与人们的政治经济权利紧密相连，诚如马克思所说"税收是国家的经济体现"，当人们的合理权利得不到保证时，必然通过一定的方式表达自己的要求，非正义的税收形态必然要求政治经济结构发生改变，而政治经济结构的变化又必将会推进税收制度的改革。中国改革后的税制改革并不是建立在尖锐的政治斗争之上，而是在保持政治结构自身稳定的状态下进行的，并通过经济层面的改革直接促进税制的改革。

第一，中国税制改革的政治动因。税收是个人与国家之间的权利交换，在契约主义理论中，国家权力来源于个人让渡出来的权利，因此税收构成了一个国家政治正当性的重要评价指标，税收是否正义能够衡量一个国家的政治正当性程度，同样，一个国家的政治正当性程度影响税收是否正义，二者相互证成。然而在西方政治哲学语境中，国家与税收的关系往往植根于个人与国家的关系之上，自由主义理论认为国家在社会生活中只需扮演消极角色，只需在保护个人安全、预防犯罪等方面发挥作用，而无需关心社会的整体福利，政府不需要向人民征收高额税收，按照诺齐克的自由主义理论，政府即使以公共利益的名义向个人征税也是

---

① 倪红日、谭敦阳：《税制改革 30 年进程、经验与展望》，《税务研究》，2008 年，第 10 期。

非正义的。在哈耶克的自由主义理论中，政府角色应让位于越来越发达的社会组织，这些自生自发形成的社会有机结构更能获得人们的认可，故哈耶克认为，人们在税收上的认可程度构成了政府组织规模的基础，他认为："只有人们就税收水平做出的决定才应当成为确定公共部门总规模的依据。"① 由此指出了国家政治的正当性应当与正义的税收联系起来。但对社群主义者来说，人的共同体生存方式是个人存在的证明，个人不可能脱离社会与国家而单独存在，黑格尔更是认为国家是人类精神的完善，国家是自由与伦理的直接现实，个人只有在国家形态中才能获得真正的自由，因此，个人将自己的部分权利让渡给国家以获得保护就是合理的。在福利经济学理论中，国家与政府应当不只保护个人的安全与满足基本需要，而且要提高国家的政治使命，促进整个社会福利的增加，追求社会的幸福，这一思想直接影响了凯恩斯主义在政治经济生活中的渗透，国家要完成这些使命，必须需要相应的资金支持，个人以税收的形式转让自己的权利就是必要的，正是基于这样的理由，霍尔姆斯与桑斯坦认为税收构成了个人权利的成本，而国家在政治经济方面的政策选择就决定了其在税收方面的相关安排。中国自新中国成立后，就确立了以人民整体利益为圭臬的政治经济目标，但由于对经济体制的片面理解，以致长期选择大包大揽的计划经济体制，在这种经济体制下，难以形成有序的市场经济模式，政府凌驾于市场之上，在与人们的关系上，政府总是站在自身的立场上，与社会大众保持距离，这些方面直接影响到政府对税收政策的选择与制定，无论是政策选择还是税收制度的设计，都仅仅是基于政府自身的利益考虑，在这种体制下，政府利益优先于民众利益。但诚如我们所考察的，政府本身的合理性只能在保护个人安全与增加民众福利上才能得到证成，任何出于自身利益的考虑都是非正义的，政府的使命是运用社会公众让渡出来的公共权力，提供公共服务以满足人们的公共需要，政府只是社会公众的受托人，它只具有工具性的价值。因而随着计划经济的弊端的日益突显，全能政府的局限性也突显出来，国家不仅需要重新思考政府在经济领域中的地位，而且需要重新思考个人权利与国家权力在税收领域中的关系。正是这些思考促进了政府对市场经济体制的选择，进而促使政府在税收领域进行了若干次的税制改革。从基本的税制范畴来说，在税制改革进程中需要结合民众的认可与接受心理，同时思考合理的税制理念，并依据税制理念选择具体的税制，诸如民众对税制的认同程度，税种与税负能否适宜民众的承受能力，税制程序的繁简程度，如此等等。并且最为关键的是，税收

---

① ［英］弗里德里希·冯·哈耶克：《法律、立法与自由》，邓正来、张守东、李静冰译，中国大百科全书出版社，2000年版，第345页。

必须建立在人们普遍同意的基础之上,这就要求新税种的确立与税率、课税对象的确立应当以社会公众的利益为基础,将税收与个人权利结合起来,把税收的目标确定在公共利益的维度,正是这些与政治相关的因素推动了中国税制改革的进行。

第二,中国税制改革的经济动因。经济原因通常是一个国家税制改革的直接推动力,在契约论思想语境中,国家要维护个人的权利,必须获得一定的财力支持,诚如洛克所说,政府没有巨大的经费就不能维持,无论是古罗马的遗产税征收,还是中国历史上的若干次税收改革,都首先基于增加财政收入的目的,尤其在现代财政国家与福利政策的背景下,政府要提供公共服务就必须增加税收收入,才能增加公共设施的投入。其次,当经济发展到一定程度,社会财富分配出现不合理分配时,国家需要通过税收制度的变革来调整社会财富的公平矫正。再次,从中国社会发展本身来说,新中国成立后经济基础薄弱,国家需要更多的财富储备来指导整个经济发展,而20世纪六七十年代的自害灾害与政治动乱严重削弱了中国的经济能力,以致国家频现财力困境,每次财力困境都推动了税制改革的进行。我国学者杨志勇对此进行了较为详细的考察,认为自改革开放后中国出现过三次财力困境,正是这三次财力困境,催生了改革开放之后的三次税制改革①:第一次是在"文革"后期和改革开放初期。由于长期的国内政治动乱,经济遭到重大破坏,而计划经济的体制模式加重了经济的破坏程度,故为了获得一定的财政收入,必须进行税制改革,这一次税制改革的目的是为了促进经济的发展,发挥税收的经济作用,故采用"利改税"的形式重点促进企业的发展,尽管如此,中国的财力困境并没有在根本上得到解决。第二次是在20世纪80年代中后期至90年代初期。在这一阶段,国家一方面发展公有制经济,另一方面人力发展非公有制经济,在税收制度的安排上,非公有制经济形式享有更多的税收优惠,随着非公有制经济的发展,在增长速度上超过了公有制经济,但非公有制经济仍享有一系列税收优惠,进而使国家的税收收入增长缓慢,这要求对税制进行相应的变革,以补充国家财政上的赤字。第三次是在1994年之后。第三次财力困境出现在1994年财税体制改革之后,虽然财政收入占国内生产总值的比重持续上升,但随着分税制改革的运行,中央与地方财政收入的比例随之发生变化,在财政收入上,中央财政收入远远高于地方财政收入,但在财政收入的支出上,地方远远高于中央,故这一阶段的中国财力困境并不是全国性的,而主要表现为地方财力困境,尤其

---

① 杨志勇:《中国30年税制改革的逻辑》(上),涉外税务,2008年,第10期。

是县乡财力困境。虽然诸多因素导致了地方财力困境，包括基层政府机构人员膨胀、经济发展水平相对落后以及财政体制不完善，但财政体制是最突出的影响因素，因此，要缓解第三次中国财力困境，必然需要从税制上再次进行改革。

第三，中国税制改革的阶段及内容。我们以中国改革开放30年之后的三次税制改革为考察对象，这三次税制改革主要出于政治与经济的原因，在政治层面，个人权利与国家权力以及公共利益之间的互动构成了税制改革的动因，国家既要通过税收的资金来保证个人权利的实现并促进社会的整体幸福，又要通过税收来调节社会财富的公平分配，同时要在经济领域与市场保持一定的距离，从大包大揽走向宏观调控与微观发展的结合，从粗放型经济形态走向集约型经济形态，这些方面共同促进了中国税制改革的发生。学者杨志勇认为这三次税制改革发生的背景具有差异性：第一次是在以计划经济为主、市场调节为辅背景下发生的税制改革；第二次是在有计划的商品经济背景下进行的；第三次是为了适应社会主义市场经济需要而进行的税制改革。[①] 在三次税制改中，诚如前文所说，国家财力上的困境必然要求税收设置与税收理念发生相应的改革，以增加国家财政收入并促进经济发展，我国学者倪红日与谭敦阳对三次税制改革进行了详细考察[②]：（1）第一次税制改革的主要内容。这是改革开放初期的第一次税制改革，时间集中在1983~1984年间，这次改革的指导思想是贯彻"调整、改革、整顿、提高"的方针，有序调节各方面的经济利益，正确处理国家、企业与个人之间的关系，同时合理安排好中央与地方之间的关系，发挥税收的经济作用，促进整个国民经济的发展。在改革内容上，首先改革流转税体制，划分为产品税、增值税与营业税以及盐税四种主要税制，将以前的流转税体进行了整合与重新安排。其次，对所得税，尤其是企业所得税进行了改革。开征了国有企业所得税与调节税，进行利改税行为，将国有企业的笼统财政形势予以打破，使个人、企业与国家之间的关系梳理得较以往清晰，在地方税种上，将原有的工商所得税改为集体企业所得税，并通过降低税率的形式减轻集体企业的税收负担。在个人所得税方面，陆续开征城乡个人收入调节税、个体工商户所得税与私营企业所得税等税种，并增加了中外合资经营企业所得税和外国企业所得税，至此我国的所得税体系初步形成。再次，开征资源税，建立我国的资源税体系。资源税是对开发天然气、原油以及煤炭等自然资源的企业征收的税种，以有效地利用国家资源，并将盐税纳入到资源

---

① 杨志勇：《中国30年税制改革的逻辑》（上），《涉外税务》，2008年，第8期。
② 倪红日、谭敦阳：《税制改革30年进程、经验与展望》，《税务研究》，2008年，第10期。

税体系之中。再次,健全涉外税制,涉外税制建立在改革开放的基础之上,改革开放促进了外资经济的发展,故有必要对外国人在我国境内的经济活动进行征税,为此开征了中外合资经营企业所得税、个人所得税以及外国企业所得税,并对当时的经济特区与经济开发区以及沿海开放城市,设置了一些特殊的税收优惠政策,随着改革开放的进一步深入,进一步将中外合资经营企业所得税和外国企业所得税进行合并,统一为外商投资企业和外国企业所得税。这一次税收改革实现了三个统一:统一税率、统一税收优惠待遇与统一税收管辖权。这次税制改革以涉外税制的建立为起始点,与中国经济体制改革起步的经济状况相适应,也与改革开放的步伐相一致,第一次税制改革对贯彻国家的经济政策,调节生产与分配以及消费,发挥了积极的意义。(2)第二次改革的主要内容。这次税制改革集中在1993~1994年间,是新中国成立后规模最大、范围最广、内容最深刻的一次改革。其指导思想是:统一税法、公平税负、简化税制、合理分权、理顺分配关系、规范分配方式、保障财政收入为原则。① 从税制改革的目的来说,主要是建立与社会主义市场经济体制相一致的税制体系。首先,改革所得税制,对个人所得税与企业所得税与两个领域进行了改革,在个人所得税改革方面,建立了统一的个人所得税制,将原个人所得税与个人收入调节税以及城乡个体工商业户所得税进行合并。在企业所得税改革方面,分为两步:第一步是从1994年起将所有内资所得税统一为企业所得税,取消国有企业所得税、私营企业所得税和集体企业所得税;第二步,确立企业所得税的发展思路,待条件成熟后再将内外资企业所得税进行统一。其次,改革流转税制。在保持原有税负的基础上借鉴国际上的税收制度,改变原来的流转税制度,在生产和批发零售商业全面实行增值税制度,并在此基础上选择一些消费品再征收一道消费税,同时对不动产保留营业税,故这次改革后的流转税由增值税、消费税和营业税组成,在内外资企业同时适用。再次,改革财产税与其他税种。将土地纳入财产范畴,开征土地增值税。在资源税方面,扩大资源税的征收名目,包括原油、天然气与其他非金属矿原矿、黑色金属矿原矿以及有色金属矿原矿等矿产,并将盐税并入资源税。在其他税种上,改革城市维护建设税,将特别消费税和燃油特别税并入消费税,取消奖金税和工资调节税。③第三次税制改革的主要内容。开始于2004年至今的第三次税制改革进一步深化了中国的税收制度,这次税制改革的指导原则是"简税制、宽税基、低税率、严征管",围绕公平税负、统一税法、规范分配方式以及促进税收与经济协调发展,

---

① 倪红日、谭敦阳:《税制改革30年进程、经验与展望》,《税务研究》,2008年,第10期。

以保持税收收入的稳定增长为前提，对现行税制进行有增有减的改革以适应经济形势和国家宏观调控的需要。首先，完善增值税与消费税制度，在原有增值税的基础上，进一步将现行的生产型增值税改为消费型增值税；在消费税制中，调整消费税的课征范围，剔除税目中的普通消费品，而将一些高档消费品纳入征税范围，并有选择性地扩大税基。其次，改进和完善个人所得税制。在个人所得税制度中实行综合与分类相结合的形式，更加合理地确定税前的扣除项目与标准，并适当调整税率。这次个人所得税制范畴中，力图进一步强化对高收入者的税收调节力度，并在税收制度的理念中向低收入者倾斜。再次，统一企业税收制度。包括统一纳税人的课征范围、税基的确定、税率以及税收优惠等方面内容。通过这次税制改革，统一了内资企业和外资企业的税负上的地位，对内外资企业一视同仁，不再进行区别对待。再次，完善地方税制度与深化农村税费改革。在第二阶段分税制改革的基础上，赋予地方适当的税政管理权，以协调中央与地方的税收权利，加强地方税收的效率。在农村税费改革方面，以减轻农民负担为目的，逐步取消农业税和相关税收，逐步统一城乡税制，努力实现城市与农村的税制统一。

二、税制改革的伦理反思

三次税制改革在政治与经济层面的意义是显著的，刘佐先生如是评价改革开放后三次税制改革的意义："通过这些改革，我国的税制进一步简化、规范，税负更加公平，宏观调控作用增强，在促进经济持续快速增长的基础上实现了税收收入的连年大幅度增长。据初步统计，2007 年，全国税收收入达到 45613.9 亿元，分别占财政收入和国内生产总值的 88.9% 和 18.3%。"[①] 显然，三次税制改革在经济方面的意义尤为显著，并且税制改革本身的直接意图是为了应对新中国成立后的若干次财力困境，虽然单纯依靠税制改革来增加财政收入的方式具有局限性，但仍然增加了国家的整体财富储蓄，有助于提高政府的经济能力，进而加强经济宏观调控方面的作用，与此一致，国家经济能力的提高促进了政府提供公共服务的能力。与税制改革的经济作用相比，在政治层面，税制改革促进了政府职能的转变，在计划经济体制下，政府事无巨细都要过问，并且过度干扰市场的自身运作，以致在税收政策上以自身的利益为重，缺乏对民众利益的关心，并且税收政策的制定没有建立在与民众对话的基础之上。税制改革在一定程度上矫正了政府这种片面的行政方式，促进了政府在政策执行方面民主化的发展，通过税制改革，

---

① 刘佐主编：《艰苦的历程，辉煌的成就——改革开放 30 年来中国税制改革的简要回顾》，《中国流通经济》，2008 年，第 9 期。

中国政府不再坚持"效率优先，兼顾公平"的主张，逐步突出税收的公平价值。因此，我们认为中国税制改革不只是一个政治或经济问题，它同时是道德与法律问题，并且在道德层面与法律层面产生了积极的意义，在道德领域，税制改革开始突出个人权利与公共利益在税收制度中的地位，将税收的公平价值突显出来；在法律领域，虽然没有建立独立的税收基本法，但已初步建立起税收征收管理条例，并且对一些重叠的税收制度进行了整合，通过借鉴国家税收逐步确立中国自己的税收制度。尽管如此，从道德哲学层面来说，税收是个人权利与国家权力以及公共利益的博弈，只能以公共利益为目的，它必须建立在承认与尊重个人权利的基础之上，任何未经人们同意的税收行为都是非正义的，而国家权力只是个人权利让渡而成的形式，它本身不是税收的目的，只是维护个人权利与实现公共利益之间的媒介。所以，改革开放后的三次税制改革虽然取得了一定的成绩，但在伦理层面仍未很好地处理个人权利、公共利益与国家权力之间的关系。

第一，税收三重关系并没有在税制改革中得到必要的强调。既然税收本身的发展就是个人权利与国家权力以及公共利益的博弈运动，那么税制改革应当围绕这三重关系进行展开。在税收三重关系中，公共利益是税收的目的，个人权利是税收的前提与基础，而国家权力则是税收实现的手段。在西方自由主义理论中，公共利益是国家税收的理由，洛克认为政府的任务就是追求人们的福利，但这种任务的指定必须建立在不伤害个人权利的基础之上，个人的认同与自愿是政府税收的前提。在现代福利经济学派看来，政府的使命不只在于保护个人的安全与基本生存权，而是进一步促进整个社会的福利提升，他们并不主张政府与市场的分离，而是通过宏观调控的方式保证市场秩序的有序进行，也就是说政府在税收方面的理由应当是公共福利与社会保障。而公共财政学家马斯格雷夫在与自由主义经济学辩论的过程中认为，社会公共部门的存在有其必然性，并且应当增加公共资金的投入，而公共收入的来源就是税收，马斯格雷夫同时认为，社会财富分配的不均也是税收存在的原因，故税制的设置应当突出税收的公平价值向度，既要照顾税收的经济效率价值，也要照顾税收的社会正义价值。社会经济法学家波斯纳也认为税收必须出于公共服务的目的，认为税收主要用于为公共服务支付费用。尽管如此，中国税制改革并没有在改革的目标理念中突出公共利益的地位，而是出于增加国家财政收入的目的，主要突出税收在增加财政收入中的作用，通过税收获得的财富解决财力困境，以致税制改革遮蔽了公共利益与个人权利的价值体现。但在国家权力的维度上，则将政府职能狭隘地定位在政府自身的利益之中，把政府利益等同于人民利益，以致在税收制度的设置中，既缺乏税收制定的民主程序，也没有在税收的征缴与分配方面体现出税收的公平价值。可见，中国进行的三次税制改革中，个人权利与公共利益的地位被遮蔽了，过分突出国家权力的作用，以致税收的正义价值没有真正体现出来。

第二，税制改革没有突出个人权利的基础性地位，也没有突出税收调整个人财富的公平价值。税收源于个人与社会、个人与国家之间的契约关系，古典自由主义认为税收是个人为了获得安全等需要而将自己的部分权利让渡给国家的行为，国家再通过税收获得的财富保证个人的安全，并提供公共服务，从这个维度上说，个人的先在性存在是税收的前提，故任何税制的确定在根源上必须突出个人权利的基础性地位。这就要求中国在进行税制改革的过程中，充分体现社会公众在新税制的参与性作用，尊重民众的意见，并在开征新税种的时候进行民意问卷或其他的形式，以获得民众的同意，使民众在税收信息的知情权上得到充分的表达，最为重要的是，任何税种的确立都应当建立在不伤害社会公众的基本生存的基础上，否则就会伤及税本，然而中国的税制改革，尤其是第一次税制改革与第二次税制改革并没有给予民众足够的对话权与参与权。进一步来说，税收具有调整个人财富分配的公平价值，个人权利虽然具有逻辑上的先在性，但诚如霍尔姆斯与桑斯坦所说的，个人权利并不是自足的，它需要他人的认可与证成，他们在论著中说道："个人权利是'共同体资产'的个人权利。"① 因此，税收既要保证个人权利的优先性，又要依据人的差异性而调整社会财富在每个人之中的公平分配，这与亚里士多德的矫正正义思想相一致，故税制改革应当反映个人财富在每个人之间的差异性流动，进而在税制的设置上对财富的不均衡分布进行重新矫正，促进社会财富的公平分配，这正是税收在个人权利维度上的德性。在中国改革开放后的三次税改中，虽然进行了个人所得税与消费税方面的改革，然而最具调整财富公平分配价值的遗产税与增值税并没有纳入到改革的结构中来，这与当前中国的贫富差距与人们对公平正义的追求并不相符，故中国目前的税制改革在个人权利与个人义务层面需要进一步加强。

第三，税制改革在国家政治正当性的证成方面没有表现出应有的品格。税收虽然必须承认个人权利的前提性价值，但诚如洛克等古典主义思想家所说，社会中的个人只有在更强大的外部力量的保护下才能更安全，每个人转让自己的部分权利组成国家，再由国家保护每个人的权利，税收由此产生，因此税收就是一种个人与国家之间的权利交换行为，它不只在个人权利层面上有德性价值，诸如调整个人财富的公平分配、为每个人提供公共福利，还在政治层面具有证成国家政

---

① [美]史蒂芬·霍尔姆斯、凯斯·桑斯坦：《权利的成本——为什么自由依赖于税》，毕竞悦译，北京大学出版社，2004年版，第163页。

治正当性的德性价值。首先,国家征税的合理性只能建立在人们同意的基础上,虽然按照霍尔姆斯与桑斯坦所言税收是个人权利的成本,但如果不经人们同意而随意向人们征税必将破坏个人与国家之间的契约关系,并且从根本上说,如果国家可以随心所欲向人们征税,就意味从源头上否认了个人财产权利的先在性,也就无需考察税收本身的合理性,因此税收既是个人让渡给国家的权利,同时也是对国家权力的一种制约,国家的征税行为必须出于人们的认可,从西方税收理论来说,国家的税收行为必须遵守法律规范的限定,包括税收权利与义务、税法的各类构成要素,并且税收所依据的法律本身也必须建立在人民普遍同意的基础之上。然而中国三次税制改革仍没有建立完善的税收法定原则,税收基本法至今没有创制起来,这对中国的税收发展来说极为不利。其次,税制改革应当体现税收的公平价值,通过参与社会的再分配过程实现财富的公平分配,进而提高人们的生活水平,增强每个人的幸福感,增加社会的总体福利。马斯格雷夫认为政府公共部门的存在是必要的,它有助于更好地分配由税收积累起来的财富,并实现财富在社会各领域的公平分配,同时更好地提供公共服务,如公共高速公路、公费教育与社会保险,进而促进社会整体福利的增加。中国改革开放后的三次税制改革虽然增加了国家财政收入,并通过公共基础设施的建设提高了社会福利,也通过改革个人所得税与消费税等税种促进了社会的财富的公平分配,但中国贫富差距并没有因此缩小,反而进一步拉大了,从中国的宏观税负上来说,已超过了20%[①],人们的税负痛苦感增加,这必然影响到社会公众对国家的认同感。因此,中国在未来的税制改革中,不仅需要考察总体的税负水平,还必须通过税制的改革促进社会财富的公平分配,缩小社会贫富差距,以此提高人们对国家的政治认同感。

第二节　中国税收实践的道德考察

中国的税制改革促进了税收实践的完善与发展,在经济层面增加了财政收入,缓解了新中国成立后的若干次财政困境,在政治层面促进了国家政治民主的发展,尤其在保证个人权利、促进社会整体福利方面成绩显著,同时,在法律层面促进

---

① 林赞、李大明、邱世峰:《宏观税负的国际比较:1994~2007年——基于OECD的概念界定》,《学习与实践》,2009年,第1期。

了税收制度的规范化与制度化，在道德层面也促进了税收调整社会财富公平方面的价值。从总体上说，税制改革反映了中国改革开放后税收的发展轨迹，这一发展过程同时受到中国社会的经济、政治、法律与道德的同步影响，故对税制改革的考察是一种历史的视角，但显然，历史维度的税制改革并没有关照税收的现实实践，包括税收的立法、税收征稽与纳税人的缴纳行为，从一定意义上说，对税收现实维度的考察具有更直接的现实意义，它直接反映中国税收与宪法、政治、经济与道德的有机联系，中国的税收实践虽然越来越理性化与有序化——税收理念的公平价值凸显、税收政治意味渐淡以及税收立法程序有所发展，但整个税收实践仍不完善，包括没有创制税收基本法，没有在税收范畴中真正体现以权利为本位的法律精神，从纳税人角度来说，没有形成自觉的纳税意识与纳税责任感，而这些与中国的现时税收实践紧密相关，故此，我们有必要在对税收实践从历时维度考察税收改革之外，更需要从现时的维度对税收实践作进一步的考察，我们认为中国的税收实践仍有诸多缺陷，包括税收在宪法层面的偏颇，税法本身正义理念的缺失，税收征稽过程未实现程序正义，以及纳税人在税收意识与税收行为上的责任缺失，我们可进行如下考察：

一、税收入宪规定的偏颇

在税收关系上，个人权利与国家权力以及公共利益的关系不仅应当在具体的税法上体现出来，而且应当在更为根本的宪法层面得到体现，因为税收直接牵涉到个人的基本权利，国家的任何征税行为都在一定程度上造成对个人权利的侵犯，因此对个人的征税必须出自正义的理由，并且这种理由需要以法律的形式确定下来，包括税种的开征、税率以及征稽程序等，进一步来说，即使确定了具体税收行为的法律依据，还必须在根本的层面为个人的税收权利与义务寻找依据，以及对国家的税收权力进行限定，这就要求，税收不仅应当出于法律的理由，还必须受到宪法的规定，二者共同构成了税收法定的整体结构。我国学者刘剑文如是论述税收与宪法的关系，认为"税收立宪不仅是税收法治的根本前提，而且是近代法治和宪政的开端与标志。世界各国无一不将税收立宪作为本国迈向法治国家和宪政国家的第一步重大举措"[①]。在西方国家，税收立宪最早以不成文宪法的形式得到确认，随着宪法的完善与宪政国家的确立，税收最终在宪法层面确立下来。英国最早萌芽出税收法定的思想。自1215年英国大宪章形成"无代表则无税"的

---

① 刘剑文：《关于我国税收立宪的建议》，《法学杂志》，2004年，第1期。

思想后，国家的征税开始以法律的形式确立下来，到了1627年，英国《权利请愿书》正式规定："没有议会的一致同意，任何人不得被迫给予或出让礼品、贷款、捐助、税金或类似的负担。"美国1781年《宪法》第1条规定了税收的相关要求，一切征税案都必须在众议院获得通过，并规定了税收的目的必须出于公共福利的理由。意大利《宪法》第23条规定："不根据法律，不得规定任何个人税或财产税。"西班牙《宪法》第31条规定："全体公民视经济能力并据平等和渐进原则制定的公正的税收制度为维持公共开支作出贡献。"并规定"所有涉及国家税赋之财政收入，均应根据法律规定予以规定，公共行政部门按照法律承担财政义务和进行开支"。从税收法定来说，税收立法具有更加根本的意义，它以最权威的法律语言确定了各种税收关系，任何具体的税收法律都必须符合宪法精神，否则应当进行违宪审查。

　　按照刘剑文先生对税收立宪的考察，中国的税收立宪并没有真正确立起来，中国宪法虽然在第56条对税收进行了规定："公民有依照法律纳税的义务"，但只对国家征税的权利与公民纳税的义务进行了规定，并没有体现公民在税收过程中的权利，即使以此作为中国税收的宪法依据，也是不完善的，虽然有学者认为这一规定揭示了税收法定主义的意旨。① 但我国学者张守文认为该规定仅能说明公民的纳税义务要依照法律产生和履行，并未说明更重要的方面，即征税主体应依照法律的规定征税，因而该规定无法全面体现税收法定主义的精神。故中国宪法在税收法定层面存在缺失与不完善。② 学者王鸿貌从税收对象、内容与权力的角度上对宪法第56条进行了考察，认为宪法上的规定并不足以构成税收立宪的真正内涵，他如是进行论述："从其所规范的对象来讲，它的对象是公民而没有涉及国家及国家税收权力的实际占有者（税收立法机关）和实际行使者（税收行政执法机关），也没有涉及非公民纳税人的纳税义务问题；从其所规范的内容来看，它所规定的仅仅只是纳税人要依法纳税的，而没有涉及税收立法者要依法设税和税收执法者要依法征税；从其所规定的性质来看，它所规定的仅仅只是公民的纳税义务，而没有规定公民及其他纳税人在税收征纳中的权利，也没有规定国家立税的权力和国家行政机关征税的权力。所以我国宪法第56条的规定是不能看作是税收法定原则在我国宪法中的规定或体现。"③ 从税收法定的语境来说，税收立宪在税收法

---

① 陈清秀：《税捐法定主义》，《当代公法理论》，台湾月旦出版公司，1993年版；张守文：《财税法疏议》，北京大学出版社，2005年版，第51页。
② 张守文：《财税法疏议》，北京大学出版社，2005年版，第51页。
③ 王鸿貌：《税收法定原则之再研究》，《法学评论》，2004年，第3期。

定范畴中具有更为根本的意义，它以最权威的语言确立个人权利与公共利益以及国家利益之间的关系，尽管中国宪法规定了国家的征税权力与个人的纳税义务，但没有将税收的目的，即公共利益以明确的语言体现出来，遮蔽了国家税收的正义理由，并且宪法没有体现个人的税收权利，仅仅对个人的税收义务予以规定，这与中国法律从义务为本位转向权利本位的精神并不相符，诚如王鸿貌所说，中国宪法没有从根本上揭示税收法定原则的实质与内涵，也没有揭示税收法定原则的真正目的是为了从法律上防止对税权的滥用，以导致对纳税人正当权益的损害。因此中国宪法在税收立宪上的偏颇极易导致国家税权的滥用，如此具体的税收法律在实践上对个人的权利造成侵犯，也无法在宪法上找到最具有权威的法律保障。所以，缺乏宪法约束的税收实践不足以构成税收法定的完整结构，可见中国的税制实践在税收立宪的维度上是不完善的。

二、税法正义理念的缺失

从税收法定的结构来说，税收立宪构成了税收法定的基础，而具体的税收法律则构成税收法定的直接依据，然而无论是税收立宪，还是具体的税收法律，都没有使中国的税收实践真正完善起来，税收立宪仅仅规定了个人的税收义务，却没有规定个人的税收权利与国家的税收限度，以致个人权利在税收实践中被遮蔽了。同样，具体的税收法律在税收关系上没有真正体现出正义理念：一是税收的概念上没有直接体现出正义理念；二是税收的法律关系遮蔽了税收正义理念；三是税法所蕴含的价值缺乏对税收正义理念应有的关注。

第一，中国的税收概念未直接体现出税收的正义理念。在法学领域，税收概念一直是一个基础性的范畴，并得到广泛的关注，有学者认为"税收是为了满足一般的社会共同需要，凭借政治权力，按照国家法律规定的标准，强制地、无偿地取得财政收入的一种分配关系，在这种分配关系中，其权利主体是国家，客体是人民创造的国民收入和积累的社会财富，分配的目的是为了满足一般的社会共同需要"[1]。这种观点较为全面地界定了税收的多维关系，包括税收的主体与客体以及税收的目的，正确地指出了税收的目的是为了满足社会的共同需要，也指出了国家的税收应当出于法律的规定，但是仅仅将税收的主体限定在国家这一维度，显然忽略了每个公民在税收关系中的地位，即没有明确指出个人的税收义务，更没有体现个人权利在税收概念中的地位。还有学者认为"税收是国家为了实现其

---

[1] 严振生编著：《税法》，北京大学出版社，1999年版，第1页。

公共职能而凭借政治权力，依法强制、无偿地取得财政收入的一种活动或手段"①。虽然较前者的观点更为简洁，但同样只突出国家在税收关系中的权力，没有对个人的税收权利给予应有的关注。我国学者刘剑文与熊伟在他们的著作中对国内学界的税收概念进行了归纳，认为税收是"国家或其他公法团体为财政收入或其他附带目的，对满足法定构成要件的人强制课予的无对价金钱给付义务"。并在此基础上认为税收具有七个方面的特征②：（1）税收的权利主体是国家或地方公法团体；（2）税收的义务主体包括自然人和社会组织；（3）税收以财政收入为主要目的或附带目的；（4）税收以满足法定构成要件为前提；（5）税收是一种公法上的金钱给付义务；（6）税收是一种无对价的给付；（7）税收是一种强制性的给付。从内容的完善上来说，二人的观点显然更为全面，但仍然过度强调国家与公法团体的税收权力，以及税收的财政收入价值，对个人在税收关系上的权利以及税收本身的公平价值未给以足够的关注，这显然是不全面的。

第二，税收的法律关系遮蔽了税收的正义理念。税收的法律关系是指由法律规范所确定的税收关系，它包括对税收主体与客体地位的确立，也包括税收实体与税收程序之间的关系，以及更为重要的由法律规范所体现出来的税收关系性质，税收关系的性质决定了税收的主体与客体以及主客体在税收关系中的地位。在税收法律关系上，有"税收权力关系说"与"税收债权债务关系说"两种。"税收权力关系说"以德国行政法学家奥特·麦雅（Otto Mager）为代表，他认为的税收法律关系是国民对国家课税权的服从关系，税收的主体是国家，个人在税收的法律关系中处于被动的服从地位，税收关系突出的是国家的行政权力。"税收债权债务关系说"则以德国法学家阿尔巴特·亨塞尔（Albert Hensel）为代表。亨塞尔认为税收的法律关系属于公法上的债权债务关系，税收的成立不以国家行政权的介入为必要条件。把税收法律关系定性为国家对纳税人请求履行税收债务的关系，国家与个人具有法律上的平等性。在税收法律关系上，我们更倾向于亨塞尔所主张的"债权债务关系"说，因为债权债务关系说矫正了权力关系说中国家与个人之间的不平等地位，更容易体现出税收的正义理念。然而在中国税收的法律关系中，显然受到权力关系说的影响更深，在税收的主体关系上，只以国家为税收的主体，而纳税人则处于承担义务的客体地位，纳税人的主体地位在无形中被忽略了；虽然突出了税收以公共需要为一般目的，但国家却具有不可反对的政治权力。可见，中国在税收法律关系上突出的是个人对国家税权的服从关系，以致税收理

---

① 张守文：《税法原理》，北京大学出版社，1999年版，第10页。
② 刘剑文、熊伟：《税法基础理论》，北京大学出版社，2004年版，第4～10页。

论始终未能跳出权力关系说的樊篱。① 在宪法与具体的税法领域均是如此，在税收的宪法规定上，仅仅提出个人对于国家征税的义务，对国家税权的限定与税收的目的未给出明确的语言表述，同样在税法的规定上，也较多突出国家出于公共需要的名义向纳税人征税的政治权力，只见义务不见权利，将个人与国家之间的平等性遮蔽了。

第三，税法所蕴含的价值缺乏对税收正义理念应有的关注。从哲学上说，价值是客体满足主体需要的属性，它建立在主体与客体发生关系的基础之上。法律作为社会规范的一种，它具有自身的价值，这种价值是对于作为主体的人的意义。我国学者卓泽渊认为，法的价值是法对人的意义，主要表现在两个方面：一是法对人的需要的满足，这是法的价值的最基本内容，是法对于人的首要意义。二是人关于法的绝对超越指向，是指法的价值具有永远的、不断递进的、而又不可彻底到达其极致的性质，它作为人关于法的永恒追求，总是超越于人的客观能力，总是高于法和法的价值的现状。② 也就是说，法律不只应当具有指导人类具体实践的意义，更应该对人类的整个生存理念予以关照，美国法哲学家博登海默在考察法律的整个历史时，认为法律的价值既具有"实然"的一面，即指导人类的具体行为，更具有"应然"的一面，即法律的超越价值。并认为"应然"的一面适用于各种法学流派，"这些不尽相同的法理学流派就法律控制所要达到的确当目标和目的提出了繁复多样的观点，平等、自由、服从自然或上帝的意志、幸福、社会和谐与社会连带、公共利益、安全、促进文化的发展——所有这些和其他一些价值被不同时代的不同思想家宣称为法律的最高价值"③。在所有这些法律价值范畴中，博登海默认为有两个价值是最重要的，即秩序与正义，并主张法律旨在创设一种正义的社会秩序，法律就是秩序与正义的综合体④。反观中国的税法，无论在满足人的需要的"实然"价值层面，还是在税法追求超越的"应然"价值层面，都没有真正突出税收对主体的人的价值，首先，在主体层面，传统税法理论的三大特征："强制性、无偿性和固定性"，都是以"国家"作为特定主体⑤，人的主体地位被遮蔽了，只突出个人的税收义务，人反而成了税收的客体。其次，在职

---

① 刘剑文、熊伟：《税法基础理论》，北京大学出版社，2004年版，第71页。
② 卓泽渊：《法的价值论》，法律出版社，2006年版，第12~15页。
③ [美]博登海默：《法理学——法律哲学与法律方法》[M]，邓正来译，中国政法大学出版社，2004年版，第216页。
④ [美]博登海默：《法理学——法律哲学与法律方法》[M]，邓正来译，中国政法大学出版社，2004年版，第330页。
⑤ 刘剑文主编：《财政税收法》，法律出版社，1997年版，第142页。

能层面,税收具有"财政职能、经济职能和监督职能",这些职能直接反映在税法中,表现的是税法对国家而言的工具意义。① 并没有将税法对人的意义体现出来。再次,在超越价值层面,税法所界定的税收是为了国家或公法团体获得一定的财政收入,突出的是税收的经济效率,而对税收正义价值,诸如促进整个社会的福利、调节社会财富的公平分配等方面的价值均没有体现出来。

三、 税收执法中的道德缺位

如果说中国的税收实践在理论层面尚未确立完善的税收法定精神,那么也可以说在现实层面的税收执法同样是不完善的,从税收关系来说,税收立宪与税收立法都是税收征稽的前期准备,税收执法则是税收的直接实现,国家行政机关与行政人员通过具体的行政行为完成税收的征稽与分配。税收执法是一种关乎税收程序的行为,既包括国家税收权力在行政机关中的分配,也包括行政机关的执法方式以及税收自由裁量权的行使,同时,税收执法是行政人员与纳税人直接发生关系的行为,税收执法本身的正当与否直接影响到纳税人对国家税权的态度。由于税收执法所依据的法律并不完善,加上行政权力过度渗透到税收执法行为中,以致纳税人的权利在税收执法中极易受到直接侵犯。在 2004 年 4 月 15 日,重庆市城口县地税局巴山税务所在对一下岗职工经营的饮食店进行检查时,因其未按规定办理税务登记,依法对其核定税额并责令缴纳。纳税人认为所定税额不合理,并与执法人员发生争执。为确保执法检查顺利进行,税务所立即实施税收强制措施,当场扣押了部分经营物品,责令缴纳罚款 1500 元。当日晚上,该纳税人认为自己蒙受羞辱,服毒自杀。② 这样的税收执法事件虽然较为偶然,但却体现出税收执法的不足之处:一方面要求纳税人依法纳税,另一方面所依之法本身存在模糊性;一方面追求税收征稽的效率,另一方面却对纳税人的权利缺乏重视。之所以如此,有三个方面的原因:一是税收行政权力与税收责任极不对等;二是税收程序缺乏正义性;三是自由裁量权模糊。

第一,税收行政权力与税收责任极不对等。我国的《税收征管法》虽然较为详细地规定了各种税收征稽方法,但在行政权力与行政责任两个范畴上,税收执法权的条款占了绝大部分比例,包括税款征收权、税收管理权、税收检查权与税收复议权等各项内容,但对税收行政机关及行政人员的行政责任与法律责任规定甚少,只在第 78 至第 85 条等条款做了阐述,可见,税收执法所依据的法律本身

---

① 刘剑文主编:《财政税收法》,法律出版社,1997 年版,第 143~144 页。
② 重庆市地方税务局编:《政策与调研》,2004 年,第 6 期。

是不完善的，它更多地突出国家行政机关在税收实践中的权力，而对行政机关与行政人员自身的责任规定较少，这样的法律极易导致行政机关对个人权利造成侵犯。因为从权力自身来说，它本身具有膨胀的特性，若缺乏有效的约束机制，权力就会成为一种危险的破坏力量，而能对权力进行约束的只能是另一种权力，孟德斯鸠认为权力的边界就是法律，因此，要完善中国的税收执法环境，就应当首先完善税收执法所依据的法律本身。从行政机关与纳税人关系来说，税收征管法只强调行政机关与行政人员的执法权力，而完全遮蔽了税收执法对纳税人权利的尊重与维护，如果缺乏对纳税人权利的应有关注就不可能在法律自身获得完善。从总体上说，中国税收执法的环境与建立在"权力关系说"基础上的法律理念是一致的。

第二，税收程序缺乏正义性。任何制度或法律既要保证实体的正义，也要保证程序上的正义，并且程序正义是实体正义的最终实现，程序作为"看得见的方式"与实体正义同样重要，故罗尔斯认为程序正义本身具有独立的价值，进一步来说，正义的程序可以制约权力，因此，税收执法能否做到程序正义影响到税收实践本身的正义性。中国在长期的税收执法实践中，并没有建立完善的税收法治程序，这与中国法律精神重实体、轻程序一脉相承，当前，在税收执法的程序中，税收立法程序欠完善，立法权分散，虽然人大会是唯一立法机关，但国务院与税务总局均有创制税收法规的权力；税收政策缺乏稳定性，税收政策与纳税人的信息不对称，纳税人在税收信息的掌握上滞后；税收具体程序不合理，诸如在信息发布方面应告知未告知、证据提取不全、审批手续不完备以及法律文书不规范等。

第三，自由裁量权的界定模糊不清。从法哲学上说，自由裁量权的出现是必然的，因为再聪明的立法者也不可能想到所有的法律可能性，即使立法者足够聪明，人类的语言也制约了立法者将所有的法律可能性转换成文字的可能，再进一步说，即使法律语言相当精确，法律使用者也难以完全理解法律语言的意思。故法律使用者在法律执行中运用自由裁量权就具有必要性。因此在税收执法实践中，同样需要自由裁量权，税收执法的自由裁量权指税务机关及其工作人员在法律事实要件确定的情况下，在法律授权范围内，依据立法目的和公正、合理原则，自行判断行为条件、自行选择行为方式和自由做出行政决定的权力。[①] 虽然如此，自由裁量权必须建立在法律规定的基础之上，法律规定越精确，自由裁量权越符合法律本身的精神，但我国的税收法律对自由裁量权边界的设置模糊，极易导致自

---

① 李华：《论税收自由裁量权制度控制体系的完善》，《税务与经济》，2007年，第2期。

由裁量权的滥用。如《税收征收管理法》规定，对违反税务登记管理、纳税申报管理的违法行为情节严重的，税务机关可以对纳税主体处以两千元以上一万元以下罚款。对偷税等违法行为的处罚，可以处以所偷税款50%以上五倍以下罚款。从这些法律语言中可以看出，以"可以"而非"必须"或者"应当"表述出来的法律语言为行政机关的自由裁量权留下了很多选择，不利于税收执法的公正。同时，法律违法行为适用的处罚形式只规定了一个幅度，这个幅度的空间很大，税务机关可以在此幅度范围内自由裁量，如"……的，处以……倍以上，……以下罚款"，极易促使行政人员因自身或外部原因随意使用自由裁量权，以致当罚不罚，有些不必处罚的进行处罚，有些本应处以轻罚的却给予重罚。

四、纳税人税收责任的缺失

完整的税收实践既关涉税收的法律维度，也关涉到纳税人的税收缴纳行为，诚如我们在前文所分析的，税收入宪的偏颇、税法正义理念的缺乏以及税收执法的去道德化使税收在法律层面欠完善，从税收的多重关系来说，税收法制的欠缺必然影响到社会公民对国家税收权力的认可，诚如亚里士多德与西塞罗所主张的，"完全不正义的法律不具有法律的性质"①。那么，公民不遵守法律的规定就具有法理上的理由。尽管如此，若社会公众在纳税实践中出于对法律的抵制而拒绝纳税，虽然有助于促进税收制度的完善，但对当下的税收实践并没有太大帮助，政府在税收实践中若不能获得足够的收入，就无法为社会提供公共服务与社会福利。因此，对于纳税人来说，既有义务促进税收法制实践的发展，更有义务通过税收缴纳行为为国家提供财政支持。但在现实实践中，纳税人在税收实践中的态度往往并不积极，对于纳税人来说，税收的缴纳是个人权利的无偿让渡，虽然纳税人能在公共服务中获得一定的回报，但由于公共服务具有不可分割的特性，使个人让渡的权利与获得回报的公共服务并不对等，这必然影响到纳税人在税收实践中的主观态度与税收行为，加上税收法律规定的不完善，进一步影响了纳税人的税收责任感与缴税的积极性。在更深的层次上，税收是国家权力、社会公共利益与个人权利三者之间的力量博弈，税收在本质上是个人获得国家保护与福利而付出的代价，在古典契约论思想中，税收建立在人性恶的基础上，这就预示了作为理性经济人的纳税个体在税收实践中往往处于被动地位，只要有机会就会逃避税收的缴纳，故完善的税收制度虽然可以有效地规约纳税人的行为，但如果纳税人缺

---

① [美]博登海默：《法理学——法律哲学与法律方法》，邓正来译，中国政法大学出版社，2004年版，第19页。

乏自觉的缴税态度，税收实践必然会艰难得多。从实际表现来看，纳税人责任感的缺乏会影响税收实践的展开，一方面会造成税收收入的流失，减少国家财政收入。另一方面会影响到整个税收环境，扩大税收责任缺失的范围。

第一，纳税人税收责任感缺失的直接表现是税收收入的流失。虽然税收流失的原因很多，诸如地方保护主义、国有资产流失以及行政权的过度干预都会造成税收流失，但纳税人在缺乏税收责任感的情况下也会通过一定的方式拒绝缴税，包括偷税、抗税、避税、欠税等手段。有学者通过经济学模型的计算，认为在1997—2006年间，我国每年流失的税收规模占GDP的比重为10%左右，均占当年实际入库税收总额的70%~80%左右。与社会公众直接相关的个人所得税，2006年流失规模为1502.619亿元，个人所得税流失额占应交个人所得税的38.0%。[①]个人所得税虽然不是中国税收收入的最大税种，但它有利于调整财富的公平分配，按照个人所得税的课征对象与税率，中等收入及以上的人群虽然对应更高的累进税率，但高收入者更易通过有效的避税行为来逃避税收的缴纳，这就使得中等收入及以下成了个人所得税收入的主要人群，因而无法实现个人所得税在调整社会财富公平分配方面的价值。

第二，纳税人责任感的缺失会影响税收环境的营造。虽然纳税人未完成税收缴纳行为的原因是多元的，诸如纳税人主观上并无避税动机，由于自身对税法的无知或对税法理解有误，使纳税人在税收缴纳行为上发生偏差，造成少缴或未缴的结果；或由于政府税收支出的透明度不高，使得纳税人在权利和义务之间得不到平衡，以致纳税人产生拒绝缴纳税收的心理；或者出于自身利益的维护而逃避税收的缴纳。无论基于哪种原因发生的避税行为，都在客观上破坏了税收的环境，从中国传统文化的特点来说，人际交往的人情化模式极易感染与之相联系的社会他者，彼此影响并形成非正义的税收环境，而非正义的环境往往比正义的环境具有更强大的渗透力量，这既缘于正义本身的脆弱性，也缘于环境对人的影响，故纳税人责任感的缺失会在文化传递上影响税收实践的环境，并扩大税收责任感缺失的范围。从法制建设的角度来说，仅仅通过个人的消极拒绝并不有利于法律规范的完善，而应当通过每个人对法律规范的主动建议来促进法制的发展，并且这正是每一个人对法律必须承担的责任，纳税人通过各种方式进行避税虽然可以刺激税收制度的改善，但对于法制本身的发展来说代价过大。从道德教化的维度来说，责任与义务属于相近的概念，每个公民在认可了与国家建立的契约之后，就

---

① 伍云峰：《我国税收流失规模测算》，《当代财经》，2008年，第5期。

有义务以缴税的形式出让自己的权利,并以此获得国家权力的保护。因此,纳税人在税收责任上的缺乏本身就是非正义的,是对契约的破坏。可见,纳税人对税收责任感的缺乏会同时影响到税收实践的文化环境与法制环境以及道德环境。

第三节 中国税收正义实现的路径选择

从总体上说,中国的税收并不完善,无论是税制的整体结构还是税收的具体实践,都表现出或这或那的偏颇,在整体结构上,双轨制的税收体制没有建立起来,以增加财政收入为目的的流转税体系仍是整个税收结构的主要部分,而具有调节财富公平分配价值的所得税体系略显薄弱,这与中国当前的经济发展现状与财富分布现状不相符。在具体的税收实践上,税收的立法与入宪仍有欠缺,国家行政权力对税收实践中的干预较多,而纳税人的权利与税收支出的透明度没有得到必要的强调,这些不仅影响到税收本身的合理性,同时影响了纳税人在税收实践中的态度与行为。因此中国的税收在很大程度上是非正义的,它没有将个人权利与公共利益以及国家权力之间的博弈关系体现出来,诚如我们在前文所说,正义的税收必须以个人权利为前提,以公共利益为目的,而国家权力则只是实现公共利益并保护个人权利的工具,虽然改革开放后的若干次税制改革促进了中国税收的发展与完善,也蕴含了税收正义的元素,但收效并不大。我们认为,税收正义的真正实现必须将历时性的税制改革与现时性的税收法定结合起来,局部的税制改革若没有足够完善之税收法律的保障,则难以形成稳定的税收政策,并缺乏有效力的法律依据;同时,税收正义的实现应当建立在"看得见"的税收程序之上,没有公正的税收司法与税收执法,则无以实现税收的程序正义;再则,纳税人在税收实践中的态度与行为也是税收正义能否实现的重要因素,纳税人不仅应当具有积极的、理性的态度,而且需要将这种态度转化为行为上的自觉。

一、税收法定

税收法定是税收正义得以实现的法律保障,任何具体的税收实践都必须建立在税收法定的基础之上,并且税收法定已构成了税收实践的重要原则,它与刑法中的"罪刑法定"原则等量齐观,有学者甚至认为"税收法定(主义)是推动近代法治的先驱"①。虽然税收法定的概念界定在学界未达成一致,但都承认了税收法定原则的基础性意义。日本学者金子宏称税收法定为"租税法律主义",台湾学者称之为"税捐法定主义",中国学者一般称之为"税收法定主义",张守文先生将税收法定如此概括:"税收法定主义,是指税法主体的权利义务必须由法律加以规定,税法的各类构成要素皆必须且只能由法律予以明确规定;征纳主体的权利义务只以法律规定为依据,没有法律依据,任何主体不得征税或减免税收。"② 刘剑文先生认为传统的税收法定由两部分组成,即税收要件法定原则与税务合法性原则,前者要求有关纳税主体、课税对象、归属关系、课税标准、缴纳程序等,应尽可能在法律中作明确详细的规定。后者则要求税务机关严格依法征税,不允许随意减征、停征或免征,更不能超出税法的规定加征。③ 以上学者均对税收法定的主体内容进行了表述,指出了税收法定涉及的各个面向,其中的核心是税收的开征与执行必须出于法律的依据,否则就缺乏合法性。尽管如此,我们认为仅仅指出税收法定的法律依据是不够的,因为这只指出了税收法定的一个层面,还需要在更深的层面上指出税收法定所依之"法"本身是正义的,只有在正义之法的基础上,税收法定才具有合理性。显然对于税收法定后一层面的考察不只是法律本身的任务,必须将道德与法律结合起来才能界定所依之法的正义性,进一步来说,只有保证了所依之法的正义性,才能保证现实的税收实践对税收法定的遵守。

第一,必须保证税收法定所依之法本身的正义。仅仅明确了税收法定的精神并不够,还必须保证税收法定所依之法本身的合法性。法本身的合法性,按照西方自然法学派的观点,不能从法本身得到证明,必须借助更加形而上的自然法,即道德的力量,诚如英国法学家布莱克斯通所主张的:"自然法(即道德规范——布莱克斯通将道德规范与自然法一视同仁)是法律约束力的最终标尺,法律规范必须接受自然法的检验,并从后者那里汲取自身全部的力量或权威。"④ 我们在此没有必要进一步考察法律与道德的关系,但必须对税收法定所依之法本身进行道德维度的考察。既然正义的税收是对个人权利、公共利益与国家权力的合理安排,三种关系中以个人权利为基础,以公共利益为目的,而以国家权力为税收正义实现的工具,那么,税收法定所依之法必须直接体现税收关系之间的正义排序,既

---

① 刘剑文、熊伟:《税法基础理论》,北京大学出版社,2004年版,第100页。
② 张守文:《财税法疏议》,北京大学出版社,2005年版,第48页。
③ 刘剑文、熊伟:《税法基础理论》,北京大学出版社,2004年版,第105页。
④ [美]罗斯科·庞德:《法律与道德》,陈林林译,中国政法大学出版社,2003年版,第1页。

能突出个人权利的基础地位,又突出税收的公共利益目的,对税收关系之任何一种的忽略都不能成为税收法定所依之法,并且在突出三者之间的正义关系之外,还应当在具体的原则上突出税收的其他目标,诸如税收的公平价值、税收的量能承担原则,唯有在整体上照顾到税收的各个方面,税收法定所依之法才是正义的。日本学者北野弘久认为税收法定经历了三个发展阶段,每一次发展都在前一阶段的基础上有所提高,他认为第一阶段,即传统的税收法定只是以法定的形式规定税收,并不关心税收法律的内容,故传统的税收法定缺乏实质上的合理性。第二阶段是在现代宪政条件下,从禁止立法机关滥用权力、制约议会课税权出发,构建租税法律主义的法理,这个阶段已蕴含量能负担原则、公平负担原则与保障生存权等税收原则,并将税收实体法与程序法相结合,突出了对人权的维护。到了第三阶段,也就是现在所说的税收法定阶段,以维护纳税者基本权为出发点,立足于租税的征收和使用的统一,立足于将税收作为财政民主的一环。此时,纳税者有权只依据合宪的法律纳税,有权基于税收法律主义的原理,关注和参与税收的支出过程。① 在此,我们认为北野弘久对第三阶段的归纳比较符合税收法定所依之法的精神,它应当成为中国税收法定的理论渊源。

第二,税收法定必须建立在税收立宪的基础之上。税收立宪与税收法定并不是相互独立的两个范畴,从税收法定的整个结构来说,税收立宪是税收法定的一部分,如果没有在宪法层面对税收予以关照,那么税收法定就会缺乏最终的权威,因此,我们认为税收立宪构成了税收法定的基础,税收法定只有建立在税收立宪的前提之上,才能进一步对税收关系以及税收的具体要件进行规范。诚如我国学者刘剑文所说:"税收立宪不仅是税收法治的根本前提,而且是近代法治和宪政的开端与标志。"② 然而,我国至今仍没有真正现实税收立宪,在前文中我们已对此进行考察,虽然如此,税收立宪的重要性不可回避,并且我们必须在这一难题上有所作为。刘剑文先生在其学术论文谈及了中国税收立宪的重要性,并对税收立宪的具体事项提出了建议,他认为税收立宪是一个多层的法律行为,第一步应当是确定哪些税收事项入宪,其中包括三个方面,即税收法定原则的确立、税收公平原则的确立与征税权的划分。第二步是确定税收立宪的形式,包括分散式与分散加集中式两种形式。他建议中国的税收立宪应当立足于中国宪法的当前结构,认为中国宪法的当前现状不适于采用一步到位的方式完成税收立宪,可以采用分

---

① [日]北野弘久:《税法学原论》(第4版),陈刚、杨建广等译,中国检察出版社,2001年版,第73~80页。
② 刘剑文:《关于我国税收立宪的建议》,《法学杂志》,2004年,第1期。

散立法的形式。主张在第二章"公民的基本权利和义务"中规定公民的纳税义务，具体的表述可保持不变。而在第三章"国家机构"的第一节"全国人民代表大会"中增加全国人大及常委会制定税法的专属权力，以实现税收法定原则与公平原则。还可规定全国人大和全国人大常委会均有税收立法权，但基本的税收制度应由全国人大确定。并主张在条件成熟时再考虑设置专门的财政章节，最终实现财政立宪。①

第三，必须确定税收法定的具体内容。在保证了税收法定所依之法的正义与税收立宪的先在性之后，我们仍要对税收法定的具体内容予以规范，我国学者张守文在综合众多学者观点的基础上，将税收法定的具体内容概括为课税要素的法定原则、课税要素明确原则与依法稽征原则。② 首先，课税要素应当遵守法定原则。这是税收法定的实体原则，界定了纳税人的具体义务，课税要素包括税法主体、征税客体、计税体系、税率与税收优惠等。③ 在中国法治环境下，这些要素必须且只能由人大在法律中加以规定，只能由狭义上的法律来规定税收的构成要件，并依此确定主体纳税义务的有无及大小。其次，课税要素明确原则。这也是税收法定的实体原则，它指出了税收要素不仅应当由法律加以规定，并且要以明确的语言加以表述，以避免歧义的产生。尤其对有关个人税收权利与义务的内容应当使用明确的法律语言，同时对税收的内容、范围以及其他税收的具体要素进行明确表述，以使纳税义务人可以预测其税收负担。当然，任何立法者都不可能想到所有的法律可能性，加上人类语言的局限性，课税要素的明确原则必定只具有相对的正确性，这就为法律人的自由裁量留下了空间，即使如此，对课税要素的明确原则仍是我们不能放弃的追求。再次，依法征稽原则。这是税收法定的程序原则，在课税要素法定与课税要素明确的基础上，关涉纳税人权利与义务的程序法要素同样必须由法律予以规定，并且更为重要的是，税收行政机关必须严格遵守法律的规定进行税收稽征，任何人无权变动税收法定的征收程序。没有法律的依据，税收行政机关不能擅自开征、停征与减免税收，税收行政机关也无权决定税收的征纳与否，必须严格按税法的实体法要素和程序法要素执行。

此外，税收法定还要求必须将纳税人的权利与政府的税收支出明确地反映到税收相关法律中，按照西方法律传统，个人的权利应当在法律中得到体现，法律

---

① 刘剑文：《关于我国税收立宪的建议》，《法学杂志》，2004 年，第 1 期。
② 张守文：《财税法疏议》[M]，北京大学出版社，2005 年版，第 51~53 页。
③ [日] 金子宏著：《日本税法原理》，刘多田等译，中国财政经济出版社，1999 年版，第 93 页。

不只是对个人行为的限定,更要首先保障每个人的权利,无论是洛克的政治哲学,还是当代的自由主义政治哲学,都将个人的权利视为社会制度的首要因素。在税收领域,虽然罗斯巴德认为税收是个人为自由付出的代价,但若不能承认个人权利在税收关系上的前提性地位,那么个人的自由就无从谈起,正是在这个意义上,个人权利构成了税收法定的重要范畴,必须在法律条文中将纳税人的权利用明确的语言表述出来。进一步来说,纳税人权利一旦成为税收法定的重要内容,那么对政府在税收支出方面的监督就成为必然,税收只有出于公共利益的需要才能支出,政府本身的利益不能成为税收的支出理由,故政府应当在公开税收的支出,保证政府税收行为的透明度,这同样是税收法定的内在规定。

二、程序执法

税收正义不只需要建立税收法定的实质正义,更需要通过正义的程序来实现税收法定的实质正义,在一定程度上,税收法定的实质正义构成了税收程序正义的基础,唯有税收法定本身是正义的,税收的程序执法才能实现税收的结果正义,但诚如罗尔斯所说,在一种社会制度的安排中,"完善的程序正义如果不是不可能,也是很罕见的"①,既要保证目标的正义,又要保证达到目标的程序正义显然很难,但即便如此,我们仍要努力追求实体与程序的整体正义。进一步来说,即使实体不够正义,若程序足够正义的话,也能减轻实体非正义带来的伤害,反之,若实体是正义的,却没有正义的程序,则会直接伤害到法律程序的对象,因为程序正义与社会公众的关系是直接发生的,它直接影响到社会公众的相关权利。如此,在税收的执法程序中,不仅要求以"看得见的方式"实现税收法定的实质正义,并且这种"看得见的方式"本身是正义的。在税收执法关系中,税收行政机关与具体的税收行政人员是主体,而纳税人是税收执法的对象,故我们在此主要考察执法主体在税收征收程序中应具备的品格,对于税收行政机关来说,它必须保证自身行政行为的正当性,不滥用行政权力,不侵犯纳税人的权利;对于行政人员来说,它应当严格依照法律的精神展开自己的行政行为,同时由于行政人员是一个具有多重身份的社会角色,故行政人员还需在行政执法行为中协调自己的角色与任务,保证税收执法的程序正义;再则,税收执法行为是个人权利与国家权力之间的直接交往,由于法律自由裁量空间的存在以及道德与法律本身的冲突,税收执法主体往往会面临多重矛盾的冲突与对立,因此,税收执法主体在道德冲

---

① [美]罗尔斯:《正义论》,何怀宏、何包钢、廖申白译,中国社会科学出版社,1988年版,第86页。

突时所作的选择必须以税收的程序正义与实质正义为圭臬。

第一，税收行政机关的品格规定。税收行政机关既是税收的执行机构，又是税收的权力机关，政治国家将每个人让渡出来的权利转化为实际的权力，再委托具体的行政机关来执行，因此税收行政机关具有政治层面的正当性，尽管如此，税收行政机关在税收实际执行过程中，还必须同时保证自身在法律与道德层面的合理性，我们认为，税收行政机关在法律层面应当具备三个品格：首先，执法主体必须合法，要求税收行政机关必须具有依法执行的主体资格，任何进行税款征收、管理活动的税务机关都必须得到法律的授权，没有依法成立的行政机关不具备法定的主体资格，也就不能行使税收执法的功能。其次，执法权力必须以法律的规定为界限。执法主体在法律上是国家权力的代表，故它的权力不能越过法律设置的边界，否则就会导致国家权力对纳税人权利的侵犯，因此执法主体只能在法律规定的范围内做出与纳税人权利义务相关的决定。再次，执法主体的行为必须符合法定程序。在税收实践过程中，税收行政机关必须依照法律、法规规定的程序行使税收征稽职权，公开相关税收信息，接受纳税人的信息咨询，充分尊重纳税人在税收实践过程的地位。税收行政机关需要在法律层面保证自身的正当性之外，还应当在道德层面塑造正义的品格，税收行政机关作为一个整体，它应当在执法过程中尊重纳税人的权利与合理要求，在行使自由裁量权时，应当以公共利益与个人权利为优先选择，突出税收的公共利益目的，尤为重要的是，税收行政机关必须塑造诚信品格，维护税收政策的稳定性与连续性，使纳税人对自己的纳税行为保持连贯性，纳税人对国家权力的信任一般寄托在行政机关的诚信品格之上，若税收行政机关执法方式捉摸不定，就容易使纳税人丧失对国家权力的信赖。

第二，税收行政人员的执法品格。任何税收执法行为都是通过具体的执法个体完成的，即使在现代电子技术的背景下，仍需要税收行政人员的直接执法，因此，税收人员的品格直接影响到税收正义的实现，这就要求税收行政人员具备专业的税收知识，特别是税收执法的相关知识，包括知晓税收稽征程序、税收核定程序以及税收处罚与税收诉讼等方面的知识，对专业知识的掌握本身就是一种优良品格，诚如苏格拉底所说的美德即知识。然而只具备税收专业知识的职业品格是不够的，税收执法人员还需要具备一般行政人员的角色道德，这是由每一个人在社会中具有多重身份的事实决定的，而多重身份的基础是各种利益的存在，"任何社会角色首先是一种利益角色，总是体现一定的权利与义务的关系，而道德又是以利益为基础的，所以角色道德是更多地体现了一种以客观利益为基础的社会伦理关系，而不仅仅是某种主观的善良愿望"①。由于各种利益之间常常发生冲突，以致处于利益冲突中的个人必须作出恰当的选择以达致结果的最优化，那么税收行政人员必须具备相应的品格来应对各种利益冲突，我们认为公正、廉洁、诚信是税收行政人员应当塑造的品格。公正意指税收行政人员在税收执行过程中，对纳税人必须公平对待，一视同仁，法律面前人人平等，执法过程中每个人同样平等，执法者必须恪守公正的道德理念，抵制权力与其他力量的威胁，保证税收执法的公正；廉洁指税收行政人员应当保持不为物质利益所诱惑的品德，马克思曾经说过："不可收买是最崇高的政治美德。"② 税收执法本身就是一种关于经济利益的行为，如果不能坚持廉洁的品格，极易造成税收经济的巨大破坏。诚信意指作为税收行政人员应当真诚实在，不欺骗纳税人的感情，对于纳税人来说，税收执法者是政治权力的代表，他们的言行直接影响到纳税人对国家政府的态度，因此税收执法者应当真实地传达税收相关信息，诚实守信，并真诚地对待纳税人。

第三，税收执法面临冲突时的道德选择。税收执法的整个过程就是不断进行选择的过程，在税收执法过程中，情与理、法律与政策、法律与法规之间的冲突是不可避免的，尤其是情与理的冲突，它是中国税收实践的显著特点，传统的中国社会就是一个人情社会，即使在现代财政国家的视阈下，情与理仍然影响到行政人员的行为选择。同样，由于法律制度本身欠完善以及法律的滞后性、法律与政策以及部门法定之间的冲突构成了税收执法人员的多难选择，如何作出合理的选择成为了行政人员的使命，亚里士多德正是在这样的维度上将选择视为一种德性，他认为："德性是一种选择的品质。"③ 在越艰难的情况下作出的正确选择，品质越卓越。那么，税收执法者在面临冲突时应当如何作出选择，以什么为标准作出的选择才是正当的？我们认为，税收执法行为的标准只能是税收正义维度下的公共利益，无论是自由裁量的选择，还是在情与理的冲突下，税法执法都必须以公共利益为最终的选择标准，在税收正义范畴中，公共利益是目的，个人权利是前提，而国家权力只是工具，当三者发生冲突时，应当突出公共利益的目的性价值，当然前提是公共利益必须是真实的、正当的。诚如有学者所说，在税收执法实践中，执法人员必须始终坚持以公共利益为标准，站在公正的立场上，代表

---

① 李建华：《中国官德》，四川人民出版社，2000年版，第43页。
② 《马克思恩格斯全集》（第1卷），人民出版社，1956年版，第374页。
③ ［古希腊］亚里士多德著：《尼各马科伦理学》，廖申白译，商务印书馆，2003年版，第47页。

公众的利益与要求，作出正确的伦理行为选择。①

三、 道德守法

台湾学者林火旺在其《正义与公民》中说到，"一个理想的社会需要良好的制度，但是徒法不足以自行，还需要良善的公民"，以及"一个正义的制度需要具有正义感的公民，才能良好的运作"②。从税收正义的实践来说，既需要在法律层面做到税收法定，以保证税收制度的正义性，又要求执法者在现实过程中做到程序执法，此外，还要进一步考察作为纳税人的公民在税收实践中的地位，做到对税收法律的遵守。税收本身是个人与国家之间的权利交换关系，即使以法律形式确立起来的税收关系仍需要纳税人通过现实的缴税才能实现，因此，在税收正义的关系中，纳税人既是法律上的权利主体，又是法律上的义务主体，这就要求作为纳税人的每个公民应当遵守以法律形式确立的税收正义关系，即遵守法律。实际上任何一种法律的最终实现都依赖于法律的对象，即人类本身对法律的实际践履，无论这种践履是出于被迫的接受还是出于自觉的践行，法律的实现与社会公众本身的实际行为联系在一起，因此，一种法律是否有效与社会公众的法律行为紧密相关，而社会公众的法律行为又与公众对法律的态度联系在一起，唯有在内心主动接受一种法律才能更加自觉地接受它，正如美国法学家伯尔曼所说，"法律必须被信仰，否则它将形同虚设"。社会公众若不能在内心中自觉接受一种法律，就很难做到对法律的自觉践履，因此，我们应当具备一种守法的精神，将外在于精神之外的法律渗透到我们的心理之中，形成一种自觉的守法品格，再自觉地指导我们的法律行为。当然，伯尔曼在讨论一种法律必须被信仰时，它本身应当是正义的，若法律本身不正义，那么作为公民有义务、也有权利对有偏颇的法律提出建议，以促进法律的完善，我们称之为守法的能力。

第一，树立守法精神。日本法学家川岛武宜在考察法律的实际运行时，认为每一个公民都应当遵守已制定的良好法律，而公民对恶法则有不服从的权利，但应当通过正当的程序进行修改，在对待恶法的态度上，若"一方面承认'恶法'，另一方面却不努力去改正它，而只要求去遵守它这简直是无聊透顶的事"③。尽管

---

① 万俊人主编：《现代公共管理伦理导论》，人民出版社，2005年版，第399~400页。
② 林火旺：《正义与公民》，吉林出版集团有限责任公司，2008年版，序言。
③ [日]川岛武宜：《现代化与法》，王志安等译，中国政法大学出版社，1994年版，第79页。

如此，他认为良法并不必然会获得每个人的服从，法律要得到遵守还必须要求公民具有相应的守法精神。"法不是只靠国家来维持的，……大凡市民社会的法秩序没有法律主体的个人守法精神是不能维持的。"① 即使具有强有力的执法机关也不必然保证法律的持久运行，还需要作为法律主体的个人对法律的自觉遵守，川岛武宜进一步认为，个人的守法精神不是在法律之外独立形成的，它只能建立在个人对法律的自觉认识基础之上，他说道："近代法意识最根本的基础因素是主体性的意识。其内容为：第一人要认识自己作为人的价值是有独立价值的存在，是不隶属于任何人的独立存在者；第二这种意识在社会范围内同时是'社会性'的存在。大家相互将他人也作为这种主体人来意识，并尊重其主体性。"② 唯有个人将自己视为法律的真正主人，并意识到自己在法律关系中的价值，才能真正形成法律的主体性意识，也才能进一步将法律的意图转化为自己的心理意识，这是公民守法精神的形成路径。并且，公民的守法精神不是一个固定的范畴，它体现在三个方面：（1）公民应当具备法律的规则意识；（2）公民应当具备正义感；（3）公民应当具备公共理性。③ 这三个方面规定了公民守法精神的结构，公民既要在理性层面产生对法律规则的认识，又要做到这些认识本身是在理解的基础上获得的，并最终将这种理性的认识扩展为公共理性，只有以上三个层面的规定都具备了，才是完整的守法精神。对于税收实践来说，纳税人同样需要具备相应的守法精神，依据以上三个层面的界定，我们认为纳税人应当首先形成税收正义关系的规则意识。税收正义的规则不是别的，正是税收关系的博弈安排，即个人权利与公共利益与国家权力之间的有机联系，三者之间的关系不仅应当通过税收相关法律体现出来，更应当被纳税人所认识。其次，这种认识必须进一步上升到理解的高度，即形成与之相应的正义感。我们不只要认识到税收正义关涉到个人权利与公共利益以及国家权力，还要认识到这三者之间的关系的正义安排，应当以个人权利为前提，以公共利益为目的，而国家权力则是实现税收正义的工具与手段。只有在理性的基础上获得对税收关系的如此理解，纳税人的正义感才能产生，诚如罗尔斯在论述正义感时说道："假如一个社会制度是公正的并且被人们了解为公正的，那么，当这个人认识到他和他所关心的那些人都是这些社会安排的受惠者时，他

---

① ［日］川岛武宜：《现代化与法》，王志安等译，中国政法大学出版社，1994年版，第19页。
② ［日］川岛武宜：《现代化与法》，王志安等译，中国政法大学出版社，1994年版，第53页。
③ 曹刚、周蓉：《论守法的精神》，《广西民族大学学报（哲学社会科学版）》，2007年，第1期。

就会获得相应的正义感。"① 第三，即使在理性的基础上实现了对税收关系的理解仍然不够，还必须进一步扩展自己的认识，将这种认识扩展为公共性的意识。因为正义感更多的关涉到个体的法律意识，虽然能有效地指导个人的税收行为，但对整个社会税收正义意识的形成作用是有限的，必须将个人的正义感进行辐射，建立公共理性，即建立以公共善为目标的税收正义。此外，我们认为公民在税收实践视阈中的守法精神还包括促进税收法律趋向完善的积极态度，在前文中通过对中国税收实践的考察，我们发现无论是税收立法、还是执法都是欠完善的，那么作为法律主体的纳税人还应当敢于向国家税收权力机关提建议，以促进税收相关法律的完善。

第二，守法的能力。对于纳税人来说，守法精神的形成有助于税收正义环境的营造，更有助于税收正义的实现，但对于整个税收实践来说，守法精神仍只是一种观念上的形态，纳税人由此形成自觉、主动的缴税心理，并对欠合理的税收相关法律进行思考、提出建议，促进法律制度的完善。但我们认为，仅仅具备稳定的守法精神仍然不够，还要具备更加实际的守法能力，如果说守法精神指涉公民的实践理性的话，那么守法能力则指涉公民的工具理性，它与纳税人在税收征纳过程的实际操作能力紧密相关。包括掌握法律的能力与税收实际征纳的能力。其一，法律的掌握能力。了解并掌握一定的法律知识是现代法治社会公民的必要能力，而现代财政国家对纳税人的法律要求更是双重的，每一个人都是潜在的纳税人，因此每一个公民既要掌握一般的法律知识，又要了解并掌握税收方面的知识。对于前者，每个公民应当学习宪法这一根本大法，还要了解诸如行政诉讼法、民法与商法等具体法律，而对与税收更加相关的财产法、遗产法与物权法更要有所了解，这些法律对纳税人在维护自身权利方面有所帮助。对于后者，纳税人应当熟悉并了解税法以及税收相关条例，包括税收的理论知识，税收的征稽程序，尤其对于税收的各种范畴，包括税基、税种、课税对象以及税率等，此外，诸如税收的申报、税收核定以及税收担保等制度都应该有所了解并掌握。其二，税收的实际征纳能力。我们知道，税收与经济学、政治学以及法学等学科联系紧密，既要掌握税收的直接理论知识，还要学习并掌握与之相关的经济以及数学等知识，诸如税率的边际计算，税额的计算以及税收债务的变更与消亡等。此外，我们还要了解更为重要的税收救济、税收行政复议与税收诉讼的程序知识，学习并掌握与纳税人权利密切相关的税收与法律技能，在必要的时候维护自己的权利。

---

① ［美］罗尔斯：《正义论》，何怀宏、何包钢、廖申白译，中国社会科学出版社，1988年版，第86页。

当然，我们即使掌握了实际的法律能力，也形成了稳定的守法精神，仍不足以在整体上实现税收正义，正义的公民必须与正义的税收制度相结合，若一个社会并不缺少守法的公民，只缺乏正义的制度，那么，苛刻地要求每一个人成为守法的公民，则只会给公民带来更大的伤害；同样，若一个较正义的制度中缺乏守法的公民也是不完整的。故我们在文章的结尾需要再次强调，中国税收正义的实现既不能单独建立在税收法定的基础上，也不能独自依靠纳税人的守法精神与守法能力，而应当建立在税收制度与纳税人同时正义的基础之上。

参考文献

一、著作类

1. 伦理学与法学文献:

［德］马克思:《1844年经济学哲学手稿》,人民出版社,1985年版.

［美］约翰·罗尔斯:《正义论》,何怀宏等译,中国社会科学出版社,1988年版.

［德］伊曼努尔·康德:《道德形而上学原理》,苗力田译,上海人民出版社,2004年版.

［美］A. 麦金太尔:《德性之后》,龚群、戴扬毅译,中国社会科学出版社,1995年版.

［英］边沁:《道德与立法原理导论》,时殷弘译,商务印书馆,2000年版.

［英］亚当·斯密:《道德情操论》,蒋自强等译,商务印书馆,1997年版.

［英］亚当·斯密:《国民财富的性质和原因的研究》(下卷),郭大力、王亚南译,商务印书馆,1974年版.

［法］孟德斯鸠:《论法的精神》(上册),张雁深译,商务印书馆,2005年年版.

［德］弗里德里希·包尔生:《伦理学体系》,何怀宏、廖申白译,中国社会科学出版社,1988年版.

［古希腊］亚里士多德:《尼各马可伦理学》,廖申白译,商务印书馆,2003年版.

［荷兰］斯宾诺莎:《伦理学》,贺麟译,商务印书馆,1983年版.

［德］黑格尔:《法哲学原理》,范扬、张企泰译,商务印书馆,1961年版.

［德］康德:《法的形而上学原理》,沈叔平译,林荣远校,商务印书馆,2005年版.

［美］富勒:《法律的道德性》,商务印书馆,2005年版.

［美］罗斯科·庞德:《法律与道德》,陈林林译,中国政法大学出版社,2003年版.

［美］德沃金：《法律帝国》，李常青译，中国大百科全书出版社，1996年版.

［英］A·J·M米尔恩：《人的权利与人的多样性：人权哲学》，夏勇、张志铭译，中国大百科全书出版社，1995年版.

［德］卡尔·施密特：《宪法的守护者》，李君韬、苏慧婕译，商务印书馆，2008年版.

［美］罗纳德·德沃金：《认真对待权利》，信春鹰、吴玉章译，上海三联书店，2008年版.

［英］H.L.A哈特：《法律的概念》（二版），许家馨、李冠宜译，法律出版社，2006年版.

［英］H.L.A哈特：《法律、自由与道德》，支振锋译，法律出版社，2006年版.

［美］理查德·A·波斯纳：《正义——司法的经济学》，苏力译，中国政治大学出版社，2002年版.

［美］理查德·A·波斯纳：《法律的经济分析》（下），蒋兆康译，中国大百科全书出版社，1997年版.

［英］巴利：《社会正义论》，曹海军译，江苏人民出版社，2008年版.

王国银：《德性伦理研究》，吉林人民出版社，2006年版.

陈根法：《德性论》，上海出版社，2004年版.

赵汀阳：《论可能生活：一种关于幸福和公正的理论》，中国人民大学出版社，2004年版.

杨国荣：《伦理与存在——道德哲学研究》，上海人民出版社，2002年版.

张岱年：《中国伦理思想研究》，江苏教育出版社，2005年版.

慈继伟：《正义的两面》，生活·读书·新知三联书店，2001年版.

吕世伦、文正邦：《法哲学论》，中国人民大学出版社，1999年版.

曹刚：《法律的道德批判》，江西人民出版社，2001年版.

李建华、曹刚：《法律伦理学》，中南大学出版社，2002年版.

刘同君：《守法伦理的理论逻辑》，山东人民出版社，2005年版.

赵万一：《民法的伦理分析》，法律出版社，2003年版.

胡旭晟：《法的道德历程——法律史的伦理解释（论纲）》，法律出版社，2006年版.

张文显：《二十世纪西方法哲学思潮研究》，法律出版社，2006年版.

刘爱龙：《立法的伦理分析》，法律出版社，2008年版.

张国华：《中国法律思想史新编》，北京大学出版社，1998年版.

卓泽渊：《法的价值论》，法律出版社，2006年版.

何建华：《分配正义论》，人民出版社，2007年版.

钱宁：《社会正义、公民权利和集体主义：论社会福利的政治与道德基础》，中国社会科学出版社，2007年版.

2. 政治学与经济学文献：

亚里士多德著：《政治学》，商务印书馆，1996年版.

［意］马基雅维利：《君主论》，商务印书馆，1988年版.

［英］洛克：《政府论》，叶启芳、瞿菊农译，商务印书馆，2007年版.

［法］卢梭：《社会契约论》，何兆武译，商务印书馆，2006年版.

［美］哈罗德·D·拉斯韦尔：《政治学：谁得到什么？何时和如何得到？》，商务印书馆，1992年版.

俞可平：《西方政治学名著提要》，江西人民出版社，2000年版.

杨光斌主编：《政治学导论》，中国人民大学出版社，2000年版.

季卫东：《宪政新论》，北京大学出版社，2002年版.

邓正来：《国家与社会——中国市民社会研究》，北京大学出版社，2008年版.

虞崇胜：《政治文明论》，武汉大学出版社，2003年版.

［美］詹姆斯·M·布坎南：《同意的计算——立宪民主的逻辑基础》，陈光金译，中国社会科学出版社，2000年版.

［美］鲍德威·威迪逊：《公共部门经济学》，邓力平译，中国人民大学出版社，2000年版.

［美］穆斯格雷夫：《比较财政分析》，董勤发译，上海三联书店，1996年版.

［日］坂入长太郎：《欧美财政思想史》，张淳译，中国财经出版社，1987年版.

许云霄编著：《公共选择理论》，北京大学出版社，2006年版.

赵梦涵：《新中国财政税收史论纲》，经济科学出版社，2002年版.

高培勇：《西方税收——理论与政策》，中国财经出版社，1993年版.

卫志民：《政府干预的理论与政策选择》，北京大学出版社，2006年版.

张晏：《分权体制下的财政政策与经济增长》，上海人民出版社，2005年版.

段国旭：《财政资源配置学论纲》，中国财政经济出版社，2006年版.

毛程连：《西方财政思想史》，经济科学出版社，2003年版.

3. 税法文献：

［日］北野宏久：《纳税者基本权论》，陈刚等译，重庆大学出版社，1996

年版.

[日]金子宏:《日本税法原理》,刘多田等译,中国财政经济出版社,1989年版.

[日]金子宏:《日本税法》,战宪斌、郑林根等译,法律出版社,2004年版.

[美]史蒂芬·霍尔姆斯、凯斯·桑斯坦:《权利的成本——为什么自由依赖于税》,毕竞悦译,北京大学出版社,2004年版.

王乔、席卫群:《比较税制》,复旦大学出版社,2004年版.

杨斌:《治税的效率和公平》,经济科学出版社,1999年版.

刘剑文、熊伟:《税法基础理论》,北京大学出版社,2004年版.

严振生主编:《税法》,中国政法大学出版社,1996年版.

国家税务总局税收科学研究所编:《西方税收理论》,中国财政经济出版社,1997年版.

许善达等:《中国税收法制论》,中国税务出版社,1997年版.

涂龙力、王鸿貌主编:《税收基本法研究》,东北财经大学出版社,1998年版.

张守文:《财税法疏议》,北京大学出版社,2005年版.

黄俊杰:《税捐正义》,北京大学出版社,2004年版.

黄俊杰:《纳税者权利保护》,台湾翰芦图书出版有限公司,2004年版.

周全林:《税收公平研究》,江西人民出版社,2007年版.

钱俊文:《国家征税权的合宪性控制》,法律出版社,2007年版.

葛克昌:《税法基本问题》,北京大学出版社,2004年版.

陈清秀:《税务诉讼之诉讼标的》,台湾三民书局,1992年版.

叶淑杏:《财产税法规》,台北华立股份有限公司,2005年版.

刘佐:《遗产税制度研究》,中国财政经济出版社,2003年版.

刘悦:《中国财产继承制度研究》,中国海关出版社,2003年版.

禹奎:《中国遗产税研究:效应分析和政策选择》,经济科学出版社,2009年版.

二、论文类

1. 期刊论文:

陈巧玲:《试论道德是法运行的重要保障》,《伦理学》,1998(3).

汪晓红:《法治与德治关系探微》,《岭南学刊》,2002(1).

赵淑光、田树槐:《从"法律局限"论德法兼治的必要性》,《长春大学学报》，2002（2）．

刘云林：《论道德的法治价值》，《江苏社会科学》，2001（6）．

章家寿：《税收立法和执法的道德关注——关于"以德治国"的税收思考》，《涉外税务》，2002（8）．

朱发义：《道德对法治国家之建立的作用》，《江苏大学学报（社会科学版）》，2003（1）．

王新明：《法官道德对司法公正的双向协调效应》，《法学评论》，2003（1）．

许晔、陶林：《论法官的德性》，《云南行政学院学报》，2003（4）．

杨金颖：《论法治的道德支撑》，《道德与文明》，2003（5）．

刘云林：《论公民守法道德的养成》，《伦理学》，2003（11）．

陈建明：《国内法律伦理研究综述》，《苏州科技学院学报（社会科学版）》，2004（4）．

曹刚：《论法官的角色伦理》，《伦理学研究》，2004（5）．

寇东亮：《法治之于德性的价值》，《伦理学》，2005（2）．

高晓雁、卫守宇：《道德建设是构建法制社会的重要基础》，《道德与文明》，2005（6）．

马韶青：《构建法治社会的道德体系》，《兰州商学院学报》，2006（1）．

白立娟：《法治国家的道德之维》，《大连大学学报》，2006（5）．

冯国泉：《法官自由裁量权的必要性及其道德诉求》，《道德与文明》，2006（5）．

张振国、武建敏：《道德他律与民法实现》，《道德与文明》，2006（5）．

严存生：《道德性：法律的人性之维——兼论法与道德的关系》，《法律科学（西北政法学院学报）》，2007（1）．

蒋龙祥：《从德民生之维到德性之路——论德性在政治哲学发展中的历程》，《吉林师范大学学报（人文社会科学版）》，2007（1）．

杜乾举：《论警察执法道德的维度》，《中国人民公安大学学报（社会科学版）》，2007（1）．

张振国、刘雪梅：《道德自律与民法实现》，《道德与文明》，2007（2）．

刘同君：《论和谐社会语境下公民的守法主体精神》，《河北法学》，2007（2）．

郭英华、李彩虹：《中国传统伦理与公民守法精神》，《云南社会科学》，2007（3）．

刘云林：《法律伦理的时代使命：为法治建设提供道德保障》，《道德与文明》，2007（4）.

李光辉、李怡轩：《"第六次全国应用伦理学研讨会"综述》，《道德与文明》，2007（4）.

刘爱龙：《论立法者的伦理素质》，《学术交流》，2007（4）.

古祖雪、李杰豪：《论国际法的道德保障》，《国际问题研究》，2007（5）.

刘云林：《公民情感的法律确认：立法伦理的应有视域》，《伦理学研究》，2007（7）.

党崇武：《论道德性司法》，《西北师大学报（社会科学版）》，2007（9）.

石先钰：《论我国法官道德规范体系的建构》，《华中师范大学学报（人文社会科学版）》，2007（11）.

刘同君：《和谐文化语境下法治文化的伦理路径》，《江苏大学学报（社会科学版）》，2008（1）.

崔永东：《论中西司法道德》，《检察论坛》，2008（4）.

胡正昌：《司法权威的道德文化属性及其作用》，《湘潭大学学报（哲学社会科学版）》，2008（5）.

冯粤：《论积极守法》，《伦理学研究》，2008（5）.

吴新民、包利民：《柏拉图是否关心正义——从强者/弱者政治视角看司法正义》，《社会科学战线》，2008（7）.

王淑芹、曹义孙：《柏拉图与亚里士多德正义观之辨析》，《哲学动态》，2008（10）.

王鸿貌：《税收公平原则新论》，《浙江学刊》，2005（1）.

施正文：《程序法治与税收正义》，《法学家》，2004（5）.

赵立新：《论现代税收正义的宪政基础》，《社会主义研究》，2005（2）.

侯作前：《区域税收优惠法律制度：反思与重构——以税收正义和全球税制改革为视角》，《杭州师范学院学报（社会科学版）》，2007（2）.

侯作前：《从税收法定到税收公平：税法原则的演变》，《社会科学》，2008（9）.

宁晓青：《税收正义刍论》，《税务与经济》，2006（3）.

周全林：《论"三层次"税收公平观与中国税收公平机制重塑》，《当代财经》，2008（12）.

杨绍政：《税收公平与自由迁徙权——以美国为例进行的分析》，《贵州大学学报（社会科学版）》，2008（1）.

王相坤：《税收公平的法价值分析》，《河北学刊》，2007（3）.

陈培培:《刍议西方税收公平原则》,《内蒙古科技与经济》,2007(10).

秦蕾:《税收公平内涵的解析与税收制度审视》,《税务研究》,2008(1).

秦蕾:《西方税收公平思想对我国税制改革的启示》,《税务研究》,2005(12).

王家林:《对税收公平问题的几点不同看法》,《中国财政》,2006(8).

黄洪:《经济伦理视角下的税收公平》,《广西财经学院学报》,2006(6).

倪红日、谭敦阳:《税制改革30年进程、经验与展望》,《税务研究》,2008(10).

赵惠敏、李国生:《国外遗产税免征额与人均GDP的关系及我国遗产税免征额的界定》,《税务研究》,2005(10).

朱大旗:《关于开征遗产税若干问题的思考》,《中国人民大学学报》,1998(5).

雷根强:《遗产税赠与税的国际比较与我国相应税制建设》,《中国经济问题》,2002(2).

2. 学位论文:

李刚:《税法公平价值论》,武汉大学法学院,2000年.

郭明高:《税法公平原则研究》,西南政法大学,2004年.

余勇:《论税收公平原则与我国个人所得税法的完善》,湘潭大学,2006年.

施新华:《论税法的公平原则——兼论个人所得税法改革》,暨南大学,2006年.

王博:《遗产税课税制度的经济学分析——关于我国开征遗产税的思考》,青岛大学硕士学位论文,2008年.

刘双:《遗产税公平与效率分析》,山东大学硕士学位论文,2007年.

三、英文类

Ronald Pasquariello. *Tax justice: social and moral aspects of American tax policy* Lanham MD: University Press of America; [Washington, D.C.]: Churches' Center for Theology and Public Policy, c1985.

Jennifer Nadler. Hart, *Fuller and the connection between law and justice*, Law and Philosphy (2007) 27: 1-34.

Alberto Bondolfi (Translated by Jason Nye). *Ethics, Law and Legislation: The institutionalisation of moral reflection.* Ethical Theory and Moral Practice 3: 27-

37, 2000.

Michael. S. Moore. *Patrolling the borders of consequentlalist justific ations*: The scope of agentrelative restrictions, Law and Philosophy (2007) 27: 35 – 96.

Scottd. Gelfand. *The ethics of care and (capital) punishment*, LawandPhilosophy 23: 593 – 614, 2004.

Kristina Murphy. *Procedural justice and tax compliance*, Australian National University Canberra, ACT, 0200, February 2004.

Statement of Robert S. McIntyre. *Citizens for Tax Justice* 21st Before the California Commission on the 21 Century Economy Regarding Tax Fairness and Economic Growth April 9, 2009.

Amy Gangl. *Procedural Justice Theory and Evaluations of the Lawmaking Process*. Political Behavior, Vol. 25, No. 2 (Jun., 2003), pp. 119 – 149.

W. Chan Kim. *Procedural Justice, Strategic Decision Making, and the Knowledge Economy Procedural Justice*, Renée Mauborgne Strategic Management Journal, Vol. 19, No. 4, Special Issue: Editor's Choice (Apr., 1998), pp. 323 – 338.

Otis B. Grant. *Social Justice versus Social Equality*: The Capitalistic Jurisprudence of Marcus Garvey. Journal of Black Studies, Vol. 33, No. 4 (Mar., 2003), pp. 490 – 498.

Alexander Weis. *An Ethics of Care or an Ethics of Justice Warren French*, Journal of Business Ethics, Vol. 27, No. 1/2, Business Challenging Business Ethics: New Instruments for Coping with Diversity in International Business: The 12th Annual EBEN Conference (Sep., 2000), pp. 125 – 136.

Patrick Primeaux, Ranjan Karri, Cam Caldwell. *Cultural Insights to Justice*: A Theoretical Perspective through a Subjective Lens. Journal of Business Ethics, Vol. 46, No. 2 (Aug., 2003), pp. 187 – 199.

Sheldene Simola. *Ethics of Justice and Care in Corporate Crisis Management Ethics of Justice and Care in Corporate Crisis Management*. Journal of Business Ethics, Vol. 46, No. 4 (Sep., 2003), pp. 351 – 361.

Lauren Benton. *Not Just a Concept*: Institutions and the " Rule of Law " . The Journal of Asian Studies. Ann Arbor: Feb 2009. Vol. 68, Iss. 1; p. 117.

Natalya Varlamova. *Legal Positivism and Human Rights*. Social Sciences. Minneapolis: 2008. Vol. 39, Iss. 3; p. 129.

Nomi Claire Lazar. *Three Gestures Toward Justice*. Political Theory. Thousand Oaks: Oct 2007. Vol. 35, Iss. 5; p. 659.

Emma Schwartz. *A Flawed Sense of Justice*. U. S. News & World Report. Washington: Sep 24, 2007. Vol. 143, Iss. 10; p. 26.

E Peters. *The justice of Venice: authorities and liberties in the urban economy, 1550 – 1700*. Choice. Middletown: Jun 2007. Vol. 44, Iss. 10; p. 1820 (1 page).

Ernst – ulrich Petersmann. *Human Rights, International Economic Law and 'Constitutional Justice'*. European Journal of International Law. Oxford: Sep 2008. Vol. 19, Iss. 4; p. 769 (30 pages).

P D Travis. *From civil rights to human rights: Martin Luther King, Jr., and the struggle for economic justice*. Choice. Middletown: Nov 2007. Vol. 45, Iss. 3; p. 530 (1 page).

Gary Haugen. *On a Justice Mission*. Christianity Today. Carol Stream: Mar 2007. Vol. 51, Iss. 3; p. 40.

Jeff A. King. *The Justiciability of Resource Allocation*. The Modern Law Review. Oxford: Mar 2007. Vol. 70, Iss. 2; p. 197.

Alyssa R Bernstein. 4 *Human Rights, Global Justice, and Disaggregated States: John Rawls, Onora O'Neill, and Anne – Marie Slaughter*. The American Journal of Economics and Sociology. Malden: Jan 2007. Vol. 66, Iss. 1; p. 87.

后 记

本书是笔者在博士论文的基础上修改而成。转眼博士毕业已有数年，回头再看，书中诸多观点与表达尚显稚嫩，论证也有不周严之处，然值得欣慰的是书中的观点都是自己勤思好问所得，艰辛却又充满激情的求学经历已然是自己最深刻的学术旅程。

本人自幼对文字感兴趣，虽不得甚解，但好读书。因乏于才思，终不能以文字为生，亦囿于经济，书读的也极少。然对抽象的喜爱，对人生种种的浮想，使自己养成了好思的兴趣，大学以中文为业，之后热爱文艺美学，研究生则转为哲学，偏爱伦理道德，喜思考人生、人性、生活与公平、正义之类问题，学问未见长进，生活亦未有改善，但内心着实充实了不少，懂得了哲学即是生活的道理。

湘西与长沙求学五载，艰辛而快乐，久思而不得的困惑、问学却乏力的苦恼，所有的艰辛仍历历在目。求学之余，也有诸多快乐，风雨湖的丝丝垂柳，花果山的甜甜山泉，加上麓山寺的悠悠钟声与爱晚亭的片片红叶，所有的美丽依然清晰。回头再望，要说的、要写的、要感谢的都交织在一起，方知内心仍充满着对母校、对恩师、对同学的无限情谊。如今筵席早已散去，彼此各居一隅，过着自己的生活，继续做着学问，继续感恩着人生。

感谢恩师曹刚先生，先生博学通达、淡泊名利、治学谨严。在我读博期间，无论在学业上还是在生活中，先生都给了我无微不至的关爱，学习上谆谆教导，生活上颇多关怀。从博士论文的选题结构、逻辑体例、布局谋篇、观点提炼等方面，都浸透了先生滴滴心血。在此，向先生致以最深情的谢意。感谢硕导张登巧先生，先生为人敦厚，学问深刻，善于引领学生入门，学生于长沙求学期间，先生仍一如既往地关心学生，为学生授业解惑、指点迷津，学生遇此恩师，将永远铭记于心。

感谢李建华、吕锡琛、刘立夫、高恒天、易小明、龙兴海、左高山等诸位教授，他们在我的求学生涯中给予了许多指导。感谢求学中遇见的同学兼好友赵静波、莫香、王建锋等给予了我生活与学习上诸多帮助。感谢赵永刚、陈明、张洪春、梁亮、刘仁贵，感谢他们对我的诸多关心与帮助。在此，向他们表示真诚的感谢。

感谢湖南科技大学吴畏、徐德刚、廖加林、罗建文等老师及同仁对我的帮助,让我有机会在此教学,我会铭记恩情,探讨学问,过好生活。

最要感谢的是父母、长兄、小妹以及爱妻,父母纯朴善良,不善言辞,但对我的求学给予了充分的尊重与支持;爱妻可爱单纯,三两天捣鼓她的小吃,让我的生活有滋有味。我知道,没有家人的关心与爱护,我的生命永不会这般甜美,谢谢你们。

本书得到了教育部人文社会科学青年基金项目的资助,在此表示衷心感谢。最后感谢湖南人民出版社马北海先生的帮助与认可,更感谢马淑君女士为此书付出的辛勤劳动。

杨盛军

2014 年 6 月 12 日

湖南科技大学明湖畔